マルク・ミンコフスキ

ある指揮者の告解

マルク・ミンコフスキ 著
アントワーヌ・ブレ 編
岡本和子 訳
森 浩一 日本版監修

©Maroine Dib

Marc Minkowski

Chef d'orchestre ou centaure. Confessions

春秋社

7 歳の頃　スキースクールで出会った犬と

80年代半ば

1977年14歳　当時の自宅で

1984年　古楽アンサンブル Lous Landes Consort としてブルージュ国際古楽コンクール1位
(左2人目からピエール・アンタイ、セバスティアン・マルク、ユーゴ・レーヌ)

1988 年　ルーブル宮を臨む当時の自宅から

1993年
エクサンプロヴァンス音楽祭に
『優雅なヨーロッパ』でデビュー
作曲家の名前を取った
カンプラ通りで

1995年　ロンドン　ラインハルト・ゲーベル、アルヒーフ・レーベルのペーター・ショルニー、ポール・マクリーシュと

CDデビュー当時

1986年6月　パリ、サン・セヴラン教会　ヘンデル『イェフタ』　イザベル・プルナールと

1992年　ロンドン　イングリッシュ・バッハ・フェスティバル『トゥーリードのイフィジェニー』
ジェニファー・スミスと

2017年8月　ドロットニングホルム宮廷劇場『コジ・ファン・トゥッテ』

2018年10月　レジオン・ドヌール勲章授章式で（ボルドー国立歌劇場にて）

2019年5月　ヴェルサイユ宮殿オペラ劇場『町人貴族』（左は演出・主演のジェローム・デシャン）

2022年12月　ベルリン国立歌劇場『ポントの王ミトリダーテ』（左は演出の宮城聰）

2015年1月　ザルツブルク・モーツァルト週間『悔い改めるダヴィデ』
（フェルゼンライトシューレ〈旧乗馬学校〉にて）

2015年　レ島にて
指揮棒を持ち馬上から指揮する練習中

2015年　レ島にて
愛馬と

2018年　レ島にて
ジャン＝クロード・カサドシュと

2018 年 7 月　オーケストラ・アンサンブル金沢『ペレアスとメリザンド』リハーサル

2021 年 7 月　オーケストラ・アンサンブル金沢　ベートーヴェン全交響曲演奏会
オーケストラ・アンサンブル金沢提供

2023年6月　東京都交響楽団とブルックナー交響曲第5番を演奏　© 堀田力丸／東京都交響楽団提供

東京でお気に入りの寿司店「蔵六鮨 三七味」にて

2018 年 8 月　ミューザ川崎シンフォニーホールにて　東京都交響楽団の演奏会でホールの音響を称賛

© 堀田力丸／東京都交響楽団提供

写真：Franck Ferville/Agence Vu/ アフロ

特記のない写真はすべてマルク・ミンコフスキ蔵および個人蔵

日本版に寄せて

あるアーティストを愛するということは、アーティストの変化を一緒に歩んでいくことであり、時にはアーティストのもたらす驚きすらも楽しみ、喜ぶことができることだと思います。特に日本の音楽ファンの皆さまは、私が音楽を通じていろいろ驚かせることを楽しんでくれる方々だと信じております。この本の中にもそういう驚きを見つけて楽しんでいただければ幸いです。

マルク・ミンコフスキ

マルク・ミンコフスキ　目次

マルク・ミンコフスキ

MARC MINKOWSKI

chef d'orchestre ou centaure

Confessions

ある指揮者の告解

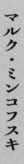

祖母エディス・ウェイドと、Fと、Rに

プロローグ　ロックダウン都市を逃げ出した二人

アントワーヌ・ブレ

ロックダウンは急に我々を襲った。

マルクはボルドーに閉じ込められ、イベント企画や指揮、そして乗馬という何よりも好きなことができずに地団駄を踏んでいた。私はそれほど深刻な状態ではなく、わずか半年前に着手したばかりの仕事が止まってしまい、若干戸惑いながらもとりあえずブルゴーニュ北部の自宅に避難して、家の前を通るシャロレーズ牛の群れを窓から眺めながら漠然と過ごしていた。パートナーが一緒にいてくれたので、どうにか救われていたともいえる。

お互いに時間ができたことで、どうにか前々から温めてきたこの本の計画が再び動き出した。機は熟していた。ズーム（Zoom）にしようかチームズ（Teams）にしようか悩んだ末、スカイプ（Skype）でのやりとりになった。毎週、二回、三回、多い時は四回。夢のような二か月間だった。

居場所は離れていたが、こんなに面と向かってじっくり話をしたのははじめてだった。

友人に「ロックダウン中、オンラインでヨガのレッスンかい？　それともパン作り？」と問われたことがあった。

「いや、ある指揮者の話をひたすら聞いている。面白いよ。ヨガよりずっと面白い」

マルクはあまり筆達者ではないが、読書家で……とにかくよく喋る。

私は、彼のファンだ。隠すこともあるまい、正直に言おう。彼の「追っかけ」だ。

マルク・ミンコフスキは何を語りたいのだろう？　何を語ってくれるのだろう？　そもそも話などしたいのだろうか？

まず、これから「何を語りたいのか」を確認することから作業を始めた。

ボルドーに亡命したパリジャン、レ島に焦がれ、スイスを夢見て、馬に乗りたくてうずうずしながらいつも街中を歩いている男は、次の点について話がしたいという。師と仰ぐ人たちに敬意を表してから、歌劇場や音楽祭の音楽監督の仕事、演出家や歌劇場の総裁たちとの仕事について、また自分の楽団とともに生きることについて話がしたい、と。

私はそこにもうひとつ、ないし二点ばかり追加してほしいとリクエストした。「マルク、きみの音楽について、どうやって音楽を生み出しているのか教えてほしい。そして、君がどこからきて、君のルーツがアーティストとしての君にどこまで影響し、影響し続けているのかについても知りたい」

すると、私の疑問に答える努力は勿論するけれど、自分は「直観」を大切にする指揮者だから、という返事がかえってきた。逆に彼が自身に投げかけたいのは、「ほぼ独学で勉強しただけで直観を頼りにここまでやってきた自分のような人間が、どうやって今やフランスを代表するまで成長した音楽アンサンブルを結成し、世界有数のオーケストラを指揮し、ザルツブルク音楽祭で独自のプロダクションを実現して、ボルドーで国立歌劇場のトップに上り詰めるに至ったのか」という、簡単な疑問だという。

マルクの答えは質問同様、いたってシンプルで、「意志と才能」、それしかないという。

彼曰く、これまでも漠然とわかっていたが、パリのサン＝テティエンヌ＝デュ＝モンで初めて指揮台に立ったとき、「自分に才能があることをはっきりと自覚した」という。あの衝撃的な瞬間は、今も明確に記憶しているとのこと。

指揮がしたい、オペラを指揮者したいと願っても、地方の音楽学校でモダンとバロックのバソン（フランス式のバスーン）の勉強しかしていなかった。ハーグでも研鑽を積んだが、指揮はアメリカでマスタークラスを少しかじった程度で、無謀な挑戦だった。それでも成功できたのは、才能があったからとしか説明できないというのだ。

才能……そして意志があったから。もう指揮しかしない、この先、一生、指揮しかしたくないという強い信念。全てを指揮に捧げる。そして、勉強、勉強、ひたすら学び続ける。父と一緒に音楽を聴いたときも、友人と一緒にいるときも、ツアー中でも休むことなく、絶えず何かを吸収し続けている。ミンコフスキはとにかく人の演奏をよく聴く指揮者だ。

疲れを忘れ、私生活を犠牲にしてまで日々勉強にあけくれるのは、身を焦がす内なる炎に突き動かされているからだ。これも才能なのかもしれない。辛いし、健康をむしばみかねない才能だ。

マルクはうなずく。「そうだね、この才能は不運でもある。運命の悪戯さ」。彼に才能があることは紛れもない事実だろう。だがその才能が、ときに苦痛をともなう熱愛のように彼を捕えて離さない。

「マルク、このことについてはまた話をしよう、君が感じている「苦しみ」は大事なことだと思うから」

意志と才能が開花するには、木の破片に火打石で着火するようにキャリアに火がつくには、友人や協力者の助けも必要だ。様々な出会いがあり、助言者、協力者、支援者……恩師が果たした役割は計り知れない。彼らにも触れなければ。

「後悔していることについても語りたい」とマルクはいう。アメリカでのマスタークラス、あれはもう一度参加するべきだった。さらに腕を磨くために、習得し始めたことを終わらせるために。でも仕事が次々と舞い込んでくるようになり、結局、「独学」で腕を磨く道を選んでしまった。「そのほうが安易だったから」と認めている。

私はマルクのファンだ。彼の指揮を聴いて涙を流したり、幸せな気分になったり一喜一憂する。フィルハーモニー・ド・パリで観た歌劇『アルミード』や、『オルフェとユリディース（オルフェオとエウリディーチェ）』の録音を聴いて、泣いたり大喜びしたりしているだけだ。何が「安易」なのか、私にはよくわからない。まあ、他の人がそう言っているのを何となく理解できるような、できないような。でも結局、彼をここまで導いてきたのは、有り余る「才能」なのだと思う。すべてを呑み込んでしまう、溢れんばかりの才能だ。

ヴァイオリンの勉強を途中で放念してしまったことも後悔しているという。まだ年もいかない優しい子供だった頃、早くも優秀なヴァイオリニストとしての頭角を現し、偉大なレジス・パスキエに師事するという恵まれた環境にあったのに、やめてしまった。まだ心の準備ができていなかった。あの頃の自分はまだ音楽家ではなかった。天のお告げのようなものがまだなかったとでもいうべきか。

三つ目の後悔は、乗馬の才能があったのに騎手になるのを諦めたことだ。若くして自分の馬を買ってもらったが、規則、規律に従って、決められた試験を受けるのは……嫌だった。

ここで本書の題名がひらめいた。『ケンタウロスとの対話』。『制御不能な男』という別案も浮かんだ。だが『制御不能』とか『制御不可能』だと……なんとなく「原子力潜水艦」みたいな感じになるし……最終的にこれはマルクの本なのだから、タイトルは彼に決めてもらうことにした。

♪

彼はぽつりぽつり語り始めた。

まず、ヴァイオリン奏者だった祖母、エディス・ウェイドについて。彼女にはとても感謝している。だが、祖母については、のちほど触れることにしよう。

「音隠しのバソン奏者」としてデビューして、ただの「音隠し師」になった。不思議な造語だ。思わず笑ってしまった。フランソワーズ・エールの合唱団で歌っていたジャン・ドゥレトレとの出会い。ペレの設計による美しい、どこかもの悲しげなランシー（Raincy）のノートルダム教会でのコンサート。パリの中心部に住む音楽好きなら、ランシーのコンサートは外せない。才能はある。だが苦労もあった。「指揮者として、私たちとオペラを上演しない？」フランソワーズとジャンの突拍子もない誘い……あの二人がいたからこそ実現した数々の感動的な音楽体験。彼らがいなければ、マルク・ミンコフスキもレ・ミュジシャン・デュ・ルーヴル（Les Musiciens du Louvre）も、日の目をみることはなかった。フランク・キャプラ監督の映画『素晴らしき哉、人生！』みたいに、二人が世の中に与えた影響はどれほど大きなものだったか。疑う者がいたら、天使に頼んで、魔法を使ってマルク・ミンコフスキのいないフランスや世界の味気ない音楽界を見せてあげたいものだ。

「ねえ、『ディドとエネアス』、やらない？」と二人がマルクに声をかけたのは、一九八二年。一九八七年まで、『ディド』、『アーサー王』、『妖精の女王』、とパーセルの三部作の歌劇を上演したのち、ヘンデルの『イェフタ』、『ベルシャザール』、『エジプトのイスラエル人』の三作が続いた。

「二人に出会い、自分は少しづつ本物の指揮者になっていった」とマルクは昔から言っている。

幼い頃から息子が様々なことに挑戦し、「伝授者」としての己の定めに気づくまで自由に、辛抱強く見守り続けたミンコフスキ夫妻も素晴らしい（両親は決してマルクに無関心だったわけではない、と私は思う）。

夜のとばりがおりて、目の前に広がる畑で（まだ三月だが）コオロギが鳴き始めた。そう、ブルゴーニュ地方にはコオロギがいるのだ。

一回目の対話の中で、炎のように情熱的なギリシャ人女性、リナ・ラランディの名前が浮上した。イギリスに帰化した、コウツ銀行会長の夫人だ。コウツといえば、英国女王を顧客に抱える銀行だ。チェンバロ奏者だった夫人は、イングリッシュ・バッハ・フェスティバルと同名のオーケストラの創立者だ。そして一九八〇年代末、イギリスの聴衆にクセナキス、ブーレーズ、シュトックハウゼンといった作曲家を紹介している。彼女のオーケストラはレコード会社エラートと契約して録音を行い、毎年一回、ロンドン王立歌劇場コヴェント・ガーデンでオペラも演奏していた。指揮者はミシェル・コルボ。素晴らしい指揮者だ。

一九八九年、リナ・ラランディが歌劇『アルセスト』を上演したい、と言い出した。当時のフランスのクラシック・レコード業界の大物で、エラート・レーベルの守護神的存在だったアーティスティック・ディレクターのミシェル・ギャルサンが企画の主導権を握っていて、彼がこのときリナに提示した条件が、マルクの人生を変えた。「ミンコフスキが指揮をするなら、協力しよう」

ギャルサンはミンコフスキに惚れ込んでいた……その理由、いきさつについては、のちほど語られるので、読者のみなさん、焦らずにお待ちくだされ！

あのときギャルサンは『アルセスト』の録音が実現しないことを理解していたのだろうか。マルクに同作品をモンテカルロとコヴェント・ガーデンの両歌劇場で指揮させたい一心で、リナ・ラランディに彼の名前を出したのだろうか。イヴァン・アレクサンドルがロンドン公演の客席に座っていたことを、彼は事前に知っていたのではないだろうか。

ここでマルクは再び「才能」に話を戻す。「才能ある者は、何事にも直観的に、夢中になって、神経を研ぎ澄まして取り組む。また才能はときに人間関係に影を落とすこともある」

才能は鋭い爪でマルクを捕え、八方塞がりの罠のように彼を憑かんで離さない。彼は「才能」という言葉をたびたび口にする。マルクはバカロレア（大学入学資格）を取得していない。通学していたアルザス学園では音楽のことしか考えていなかった。音楽は独学で学んだというべきか……その逆だったかもしれない。「なんでも貪欲に吸収する」マルクはいつでも人に直に接して交流し、演奏会や録音をむさぶるように聴いている……「他人から学ぶ」その姿勢は「独学」とは真逆の行為ではないだろうか。

オーケストラで演奏する喜びを教えてくれたアルザス学園の音楽の先生、ミシェル・ローテンビュレルにも感謝している。卓越したピアニストで、学園内に二つのアンサンブルを創設した先生だ。作曲家でもあり、ルヴァロワ音楽院の学長も長年つとめ、生徒にたいそう慕われた。ラランディやほかの人たちと出会う前のマルクに、大きな影響を与えた人だ。

素晴らしい先生だが、その前にマルク、ひとつ質問がある。君の響きの「生地」、君だとすぐにわかるあの独特のサウンド、オペラのオーケストラ・ピット、コンサートの舞台、あるいは教会のオルガン席から響いてくる、流れる、研磨されたような、躍動感あふれる魅惑的なあの音は、どこからくるのか、教えてほしい。

すかさず答えが返ってくる。「さっきから言っているだろう。僕にとっての音楽学校は、コンサートやレコードだったんだよ」

本書はここから始まる。まずは、「アーノンクール」について……

1　アーノンクール・ショック

ロックダウンは辛い。指揮もできないし、ほとんど何もできない。ボルドーにいても、ほんの少ししか働けない。乗馬もできない。感染は拡大し続けて、犠牲者は増えるばかりだ。ボルドー国立歌劇場のオーケストラ団員、ダンサー、歌手を数人集めて、市内の病院の中庭で小さな演奏会を企画して、心の「立て直し」を図った。芸術、美、音楽、ダンスは人に救いを与える。医師や看護師、介護士や患者の表情をみれば、疑う余地もない。

そうしたなか、ロックダウンはアントワーヌと話をする機会を与えてくれた。新しくも古くもない親友。知り合ってから一〇年になるだろうか。彼が音楽好きであることは明らかだが、プロの音楽家ではない。ちょっとだけ政治家で、ちょっとだけビジネスマンで、アドバイザー的存在だ。私といるときは完全に一人の音楽愛好家で、信頼できる「聞き手」だ。終演後に夕食をともにしているときでも、いつも自分を「音楽愛好家」と呼び、隣のテーブルを囲む「専門家ら」をやんわりと皮肉りつつ、「うるさい客をホールに呼び込んで『ちゃんと座席にケツを下ろさせる』には、ああいう連中も音楽業界に必要だがね」と肩をすぼめる。ケツを云々という言い回しは、オペラ・コミック座で『マルーフ』（アンリ・ラボーの歌劇）を指揮したときの公演後のディナーでジェローム・デシャンに教わった台詞で、アントワーヌは気に入ってよく口にする。

そんなアントワーヌが本を書かないかと提案してきた。友人だし、彼のためならやってもいいとずっと考えていたが、時間がなくて何もできなかった……だが今回、一切の活動を強制的に禁じられる事態が生じたことで、執筆のチャンスが到来した。話したいことは山ほどある。指揮者という職業について、宿命について、大好きなことについて。乗馬や馬についてももちろん触れたいし、これまで接してきた様々な機関、都市、省庁、尊敬する同僚たち、かけがいのない大切な人たちについても……

アントワーヌはまず、どうやって指揮をするようになったのか、私の「サウンドの生地」はどうやってできたのか、訊いてきた。「生地」とは、面白い表現をする奴だ！　直観に従って指揮をしてきただけだから、正直、自分でもよくわからない。ただある日、何人もの妖精、支援者や推薦者が現れて、私に指揮棒を握らせてくれて、オーケストラの前に立たせてくれた。そんな感じだった。そして大海に出ていくように、オーケストラの指揮を始めた。大海原の魅力に捕らわれると、二度と離れられなくなる。船乗りと同じだ。

彼は執拗にさらなる説明を求めてくる。私も一生懸命考えて応じる。真っ先に頭に浮かんだのが、「アーノンクール」の名前だった。

ニコラウス・アーノンクールはレコードで知った指揮者で、初めて演奏を聴いたときは衝撃的だった。うちの両親がファンだった天才スコット・ロスは、一三歳のときに、近所の古道具屋でハプシコード演奏を録音した一枚のレコードを手にして、それを聞いた途端、自宅の調子はずれの古いピアノのハンマーに画びょうを打ちまくった、という逸話がある。これはもう、言葉で説明できることではない。ある日、自分の心に突き刺さる演奏と出逢い、音楽がストレートに訴えてくる。「さあ、今度はおまえがこれを、自分なりの方法でやるのだ！」と。

学校の成績は不安定だった。子供の頃は俳優になりたいと思っていた。夢中だったわけではないが、映画が大好きだった。「自分が熱中していると思っていた」とでもいうべきだろうか。後から考えると、映画と音楽の関係に魅力を感じたのだと思う。一番感動したのがスタンリー・キューブリックの作品で、『バリー・リンドン』は最高だった。

恵まれた環境に生まれた私は、当時、パリ市内の高級住宅が並ぶリヴォリ通りに住んでいた。もちろん両親の家だが、ルーヴル美術館の目の前にあるアパートメントで、大好きだった。子供の頃は、親が収集したレコードを次々と引っぱり出して聴いていた。立派なコレクションだったが、いわゆる「バロック音楽」の録音は一枚もなく、古楽の世界についてはかなり漠然としたイメージしか持っていなかった。そんなある日、オーボエとバロック・バソンの製作者で、ときどき一緒に室内楽をやっていた友人のオリヴィエ・コテが、自分の家でアーノンクールが指揮するヴィヴァルディの『四季』のレコードを聴かせてくれた。

私の音楽スタイルはこのときに決まった。私の音楽観の基本となる、ありとあらゆるものが、この日に生まれたと言っても過言ではない。

雷に打たれたようだった。

アーノンクールの『四季』はあまりにも衝撃的で、すっかり虜になってしまった。それまで耳にしたことのない『四季』で、何もかもが斬新だった。原曲に付随するソネットの世界がしっかり描かれていて、雷と雨、吠える犬、太陽や雪の中にいる村人の姿が目に浮かぶようだった。美しい包み込まれるような響き、とろけるような低音、すべてを突き動かす激しい鼓動。アーノンクールが創造する世界は、とてつもなくパワフルだった。私はこの録音を、「想像を絶する万物の描写力、想像力の結晶」と呼んでいる。

速攻で同じレコードを入手して、何度も何度も聴いた。そういえば……自分は『四季』を一九八五年に一度指揮しただけで、録音したことがない。そろそろやるべきかもしれない。

『四季』を盤が擦り切れるほど繰り返し聴いたのち、両親の膨大なレコード・コレクションの中にこのアーノンクールという人のレコードがないかどうか探しまくった。するとバッハの『ブランデンブルク協奏曲』が見つかった。一九六二年の録音で、この名曲をバロック・オーケストラで録音したのは彼が初めてだった。しかし、前出の『四季』と比べて粗削りで、説得力に欠けていた。歌詞のないオペラのような『四季』と違い、『ブランデンブルク協奏曲』は芝居がかった音楽ではないからかもしれない。

いずれにせよ、私は完全にアーノンクールにとり憑かれていた。何とか「生」で彼を聴きたい。願いは父のおかげで叶った。一九八三年、パリのサル・プレイエル会場で彼が指揮するコンツェントゥス・ムジクスを聴いたときのことは、今もはっきりと覚えている。私は二一歳になっていた。当時のアーノンクールはチェロを弾きながら指揮をしていた。そういえばあの『四季』の演奏もそうだったが、当時はかなり珍しい演奏スタイルだった。

本書が出版されることが決まったのと前後して亡くなったアリス夫人は、アーノンクールのアイディアにヴァイオリンで共鳴し、彼が下から作り上げていく音楽を上から完成させていた。この「下から」音楽を作っていく考えに、バソン奏者の私は大いに共感した。私もアーノンクールを真似して、何度かバソンを演奏しながら指揮をしてみたが、案外難しい……

数年後、再び父と同じサル・プレイエルで彼が指揮するヘンデルのオラトリオ『テオドーラ』の名演を聴いた。マエストロは指揮棒を使って指揮をしていて、力強さと繊細さが入り混じるあのときの夢のような音楽体験は今でも記憶にしっかりと残っていて、こうして話をしているとあの演奏が頭の中でよみがえる。

私を長年導いてくれたアーノンクールは、ある事に気づかせてくれた。指揮者でもある一人の奏者の考えを、オーケストラという手段を介して、どうやってあれほど力強い、劇的な表現に変換させることができるのか。歌手が加われば劇的な表現が一段と増すのはわかるが、それだけではないはずで、ディスクール（「言いたいこと」）の発端はあくまでもオーケストラでなくてはいけない。私が彼の音楽に魅了されたのは、まさにこの点だった。この秘密こそが、私が「アーノンクール研究」にのめりこんでいった理由だ。

当然アーノンクールが自身の音楽について語っている著書も読んだが、面白くなかった。『音楽は対話である』は彼が書いたものの中で、もっともベーシックで論理的だが、そこからは大して学べなかった。ああいう考察本に自分は馴染めない。指揮者としての彼の音楽の「真意」は、もっと具体的な、実際の演奏からしか伝わってこないと思う。私はアーノンクールの演奏会に足しげく通い、録音も勿論全て聴いた。

彼の解釈はいつも凄く魅力的だ。アイディア、アタック、あの激しさ、音楽に没頭していく姿勢。ときに極端で、オーバーになるきらいがあって……まるでレクチャーのようだ。彼だから許されるレクチャーで、そこは私の趣向と相いれない部分もある。

例えばある日、チューリヒでモンテヴェルディの歌劇『オルフェオ』を観た父が感動して帰宅したことがあった。指揮は勿論、アーノンクールだった。早速、彼が指揮する同作品のレコードを手に入れて聴いたが、自信の加筆で楽器編成を膨らませて楽器の数を増やしたため、原曲の親密性が犠牲になっていた。私にとって、『オルフェオ』は通奏低音を伴う芝居だが、そうした作品の性格が失われてしまっていた。同プロダクションを含むモンテヴェルディ三部作の演出を手掛けたのはジャン＝ピエール・ポネルだが、全て映像化されていて、音楽的観点からはノンセンスであっても、私がこれまで観た最高に美しい公演のひとつに違いない。
ザルツブルクで彼が指揮するモーツァルトの歌劇『フィガロの結婚』も聴いたが、一貫してテンポを落としていた。それがトレードマークなのだ。アーノンクールのモーツァルト作品の解釈の根底には、反ロッシーニ主義がある。「モーツァルトはシャンパンの泡ではない」というのが彼の教えだ。非常に役に立つアドヴァイスだし、もっともな意見だ。総じてアーノンクールの指揮はいつ聴いても魅力的だが、ときに反感を買う。

話が少し脱線してしまった。話をもとに戻そう。私のサウンドの「生地」はどうやって出来たのか……パソコン画面の向こう側で、話し相手が執拗に訊ねてくる。相手の顔を見ながら話ができるビデオ会議は便利なツールだが、ロックダウンであまりにも一般化してしまって、ときどき困惑する。

アーノンクールとは何度か直接会っている。コンツェントゥスのオーディションに応募するためにバスーン奏者のミラン・トゥルコヴィッチに接触したこともあったが、入団は叶わなかった。その後、私たちはチューリヒ歌劇場で同僚になった。同歌劇場のアレクサンダー・ペレイラ総裁に、ヘンデルの歌劇『時と悟りの勝利』を指揮してほしいと頼まれて招聘されたときは、初めて「アーノンクール熱」にうなされてからだいぶ時間がたっていたが、アーノンクールは私のことを知っていて、いつも親切に接して関心を寄せてくれて、私は誉れに感じていた。彼が指揮するブルックナーの交響曲に感動して、終演後に楽屋を訊ねたことがある。

「今は何をしているのですか?」と問われ、「グルックの歌劇『オルフェとユリディース』を指揮します」と答えた。

「なるほど……私には全く良さが分からない作品ですが、あなたが取り上げてくれるのは良いことです」

こうして巨匠からかけられたわずかな言葉は、かけがいのない宝だ。馬鹿げているかもしれないが、私は今でも、両親の家でレコードを聴いて感動していたあの少年のままなのだ。

新しい視点、従来とは異なる表現を提示し続けるアーノンクールの録音は、音楽界でいつも論争を巻き起こしたが、同時に大いなる尊敬を集めていた。自分にとって大切なレコードをもう一枚あげるとすれば、彼が指揮するドヴォルザークの交響曲『新世界より』を選びたい。素晴らしい。レコードを購入する前に実際にコンサートで聴いて、とても感動した名演だ。この録音でとくに印象的なのが、コンセルトヘボウ管弦楽団、ウィーン・フィルハーモニー管弦楽団、あるいはベルリン・フィルハーモニー管弦楽団のようなモダン楽器のオーケストラを指揮するときも彼がきかせる、あの独特のアタックが見事に活きている点だ。

「自分の音楽スタイルの起源」に話を戻すが、要するにアーノンクールから学んだのは彼の「アタック」なのだ。それが私の音楽言語のベースになっている。「アタック」とは、音を発音する際、アーティキュレーション、筋力のエネルギーを使って解き放つ技術に他ならない。指揮者はジェスチャー、弦楽器奏者は運弓、管楽器奏者は息、打楽器奏者はマレットを用いる。アタックは全ての偉大な指揮者を特徴づけるものだ。トスカニーニ、ライナー、フルトヴェングラー、シェルヘンしかり。

今の時代は、全体的な音のまろやかさ、美しさばかりが注目されて、音がどうやって生まれるのかという、根幹的なことが忘れられがちだ。とくに若い演奏者は、優美でふわふわしたケープに覆われたような音を追求するあまり、解釈を具現化する強烈なジェスチャーであるアタックをないがしろにしやすい。歌手についても同じことが言える。ある旋律を歌うという行為は、歌詞を発声することで具現化する行為であり、それだけでも大変なことをやっているわけだが、子音や音節をアタックで華やかに響かせることは、残念ながらあまり使われていない表現手段のようだ。

ニコラウス・アーノンクールから学んだのは、「アタック」の大切さだ。『ヨハネ受難曲』の冒頭の前奏部分では、八分連符を奏でるチェロに、コントラバスとコントラファゴット（バッハの厳格な編成指示）が四分音符でアクセントの楔を打ち込んでいく。十字架にかけられるイエスを彷彿させるように。激しいアタックは、イエスの手足に釘を打ち込む金槌の音なのだろうか。それは誰にもわからない。ただわかるのは、自分が、ここで、できるだけ強く激しい「アタック」が欲しくなるということだけだ。

演奏スタイルを構成する要素のうち、テンポは確かに重要だが、アタックのほうがもっと重要だ。陥りやすい過ちは、描写に終始してしまうことだ。作曲家がプレスト（presto）とかアレグロ（allegro）と記しているのを読んで、深く考えずにそのまま文字通り速く、切羽詰まったように「描写」してしまう指揮者がいる。私自身もかつてはその一人だったが、成長していく上での通過点として不可欠な経験だったと思っている。バロック指揮者のトレードマークは、まさにアレグロを単なるアレグロと解釈しているところで、紋切型な演奏になりがちなのはそのためだ。ピリオド楽器の選択は、楽器の金具、木材といった素材、過去の技術、そしてなによりもその楽器のために書かれている楽譜へ総体的な敬意の表れでなくてはいけない。これはバロック以降の音楽にもいえることだ。我々に残されたのは楽譜という現実だけであり、そこから解釈を導き出さなくてはいけないのだ。

自分の過去の録音を聴くと、明らかにテンポが速すぎるものがある。『メサイア』の録音がその一例だが、あれは一九九九年に公開されたウィリアム・クラインの映画のサウンドトラックとして録音したものだ。監督の粗暴な映画の内容にインスパイアーされて、「大袈裟に、芝居がかった」演奏にしようと考えた結果、あのように極端なテンポになってしまった。作品に対する情熱は今も昔も変わらないが、経験を重ねていくうちに、あのアスリートのような躍動感を、荒々しいテンポ以外の方法で表現できるようになっていった。音楽の流れ、場面のスムーズな転換、緊張感が一貫して失われないようにしなくてはいけない。ここで重要になるのが、構造性だ。

アタック、テンポ……私の音楽言語を支える三つ目の柱は、しいて言うならば、リリシズム、歌だろう。アーノンクールが指揮するバッハのカンタータを聴いていると、楽器奏者がふと自然に歌いはじめる瞬間がわかる。ピリオド楽器や原典版の楽譜を使用するときは、感情の吐露を控えめにして、歌手や歌とは一定の距離感を保つべきだと考える解釈もある。だが、アーノンクールやゲーベルは、手兵のコンツェントゥス・ムジクスとムジカ・アンティクヮ・ケルンとその全く逆のことをやってのけた。当然、彼らと相反するのが、ある種の客観性を信条にしているオランダのレオンハルトやクイケンだ。どちらも素晴らしい指揮者だが、若い時の私は彼らの趣向をかなり馬鹿にしていた。自分とは感性が異なる、というだけなのに。

両派の中間に位置づけられる演奏スタイルを持つのがイギリス系の指揮者で、その中で私が一番好きなのがガーディナーだ。アーノンクールと同じように三世紀にわたる幅広いレパートリーを複数の異なるタイプのオーケストラで好演していて、『マタイ受難曲』でも『メリー・ウィドウ』でも、バッハ、モーツァルト、ベートーヴェンでも、指揮がいつも整っていてエレガントだ。ガーディナーは本当によく聴いた。アーノンクールの『四季』とあわせて聴いた彼の指揮によるヘンデルの牧歌劇『エイシスとガラテア』が、私にとって初めて生で聴くピリオド楽器の演奏だった。ガーディナーが指揮するパーセル、モーツァルト、ラモー、シューマンも聴いているが、どの公演も自分にとってこの上ない貴重なレクチャーだった。彼が率いるモンテヴェルディ合唱団はこれまで聴いてきた最高の合唱団で、ある種のエスプリ、究極のエレガンスが感じられる。自分の考えを全一面に押し出してくるアーノンクールにはあまりない特徴だ。ガーディナーの指揮に心酔することはないが、彼から学んだことは多い。

レコードで一度も聴いたことがないまま、演奏会で初めて演奏を聴いた名指揮者もいる。サイモン・ラトルも、そうした一人だ。彼は交響曲もオペラも指揮するが、古楽にも強い関心を持っている。初めてラトルを聴いたのは、彼がバルトークの『不思議な中国の役人』とハイドンのロンドン交響曲、ラモーの『レ・ボレアド』大組曲を指揮した公演だった。素晴らしい音楽性と寛容な人柄に、すぐに魅了された。極端な発想や価値観から……頑なで自己中心的な指揮をする指揮者がときどきいるが、ラトルはその真逆だ。彼の指揮を聴くたびに、純粋な寛容性とは何かを教えられた。私の演奏会にも足を運んでくれて、凄く嬉しかった。私たちは友人になった。のちに彼の妻となった名歌手のマグダレナ・コジェナーと親しかったことが、私たちをさらに近づけた。友人として二人と交流できて、大いにためになった。

総じてこうした様々な経緯があって、今の自分のスタイルにたどりついたわけだが、両親の三三回転のLPレコードで最初に聴いていたのは、トスカニーニ、フルトヴェングラー、シェルヘンだった。楽譜に忠実であることに情熱を注いだ最初の指揮者の一人だったポーランド出身のフランス人指揮者、ルネ・レイボヴィッツの録音も愛聴した。どの演奏も力強い表現で……アスリートみたいな躍動感があった。

こうした出逢いのほかに、指揮のレッスンも勿論受けた。だが、様々な影響を受けて築かれた私の音楽言語の最大の基礎となったのが、アーノンクールだった。彼が亡くなったときは酷いショックを受けて、父を失ったときに似た深い悲しみに暮れた。

「初めての」指揮

2 バソン奏者から指揮台へ

我が師たち

時代をさらに遡る。私が中学時代に通っていたアルザス学園には、学園の音楽教師だったミシェル・ローテンビュレルが創設したオーケストラがあった。両親の影響で音楽好きの少年に育った私は、なんとしてもこのオーケストラに入りたかった。当時、中学生はみんなリコーダーを習っていたので私もリコーダーは吹けたが、オーケストラにリコーダーはない。そこで、もっと「本格的」で、できれば低音域の地面にしっかり突き刺さる音を出す楽器を探した。音を土台から作っていきたいという気持ちがすでに芽吹いていたのかもしれない。コントラバス、チェロ、あるいはバソンにしようか迷った。

私が指揮者になるうえで、同じアルザス学園の卒業生だった父の影響が決定的だった、とよく言われるが、私はそうは思わない。父はたしかに音楽愛好家で、彼から得たものは大きいが、具体的な話をすれば三つのチャンスをもらっただけだ。それは「貴重なチャンス」ではあったが。ジャン＝クロード・カサドシュとシャルル・ブリュックの両者に出会えたのは父のおかげだし、駆け出しの指揮者として「医療関係」のイベントを締めくくるコンサートを任せてくれたのも父だった。

バソンをやるように勧めてくれたのは実家に遊びにきていたジャン＝クロード・カサドシュで、両親は早速、楽器を手に入れてくれた。私は必死に一人で練習した。誰もいない両親の広いアパートメントで、茶色い、ブロンズ色にちかいバソンの木肌が輝いていた。大きなボディーを操るのに最初は苦戦したが、徐々に耳に心地よい音を発するようになっていった。打楽器のようにリズムを刻みながら人の声のように歌うこの楽器に、次第に魅了されていった。ミシェル・ローテンビュレルは、私が個人レッスンを受けられるように、パリ国立音楽院（ＣＮＳＭ）の学生だったフレデリック・ベローを紹介してくれた。ベローには同名の指揮者の兄がいる。

こうしてわずか数か月のレッスンを受けただけで、私はアルザス学園のオーケストラに入団できた。ほかの生徒と比べて演奏水準はかなり劣っていたが、とにかく夢中だった。初めて練習した二つの曲のことは今も鮮明に覚えている。ハイドンの交響曲第一〇四番とベートーヴェンの序曲『エグモント』。必死にみんなに食らいついていった。音楽院には行っていなかったが、個人レッスンという強力なサポートのおかげで、楽器の腕はみるみる上達していった。最初のうちはソルフェージュをほとんど感覚でこなしていたが、しばらくしてラジオ・フランス放送合唱団で歌っていたプレヴォー夫人という声楽家が、定期的に家に来るようになって基礎的なことを叩き込んでくれた。彼女には感謝しなければいけない。万事順調、一年後には、本格的な管弦楽曲を正しく演奏できるようになっていたのだから。

朝から晩まで音楽を聴いていた。両親もそうだったし、私は二人が聴いているものを聴いていた。勉強からは逃げ回っていたが、文系の科目の成績はそれほど悪くなかった。逆に理系科目の成績は最悪で、とくに数学の成績は悲惨だった。その名を冠する時空理論で知られる数学者のヘルマン・ミンコフスキーを祖に持ち、著名な医者一族の家に生まれながら、これほど理系科目の成績が悪いのは遺伝子面で何等かの障害が生じたのではないか、と親戚に心配されるほどだった……そうした不安を跳ね返すように、私は学校のオーケストラ活動に没頭した。演奏技術は先生たちと並んで演奏するまでに上達し、いつの間にか彼らを追い越していた。もはや音楽にしか興味がなかった。音楽は私の心を捕え、二度と離さなかった。

アルザス学園では、私が音楽のことしか頭になくて、授業についていけなくなっていることが問題視された。成績はガタ落ち。私は退学になった。バカロレア受験のための予備校に入学させられた。同じクラスには俳優ジャン゠ポール・ベルモンドの息子もいた。しかし、何も変わらなかった。辛抱強い両親は、通信教育のアーテメール・スクールに申し込んでくれた。送られてくる教材がどんどん山積みになっていく。結局、通信教育も無駄に終わった。バソンと音楽以外のことには一切興味がなかった。「天命」とでもいうべきか。バカロレアの受験は断念せざるをえなかった。今になって思えば、あのとき両親がとった行動は素晴らしかった。二人は息子を心配し、その行く末を案じていたが、音楽に夢中になっている姿をみて不思議と安堵していたのだ。「息子はやりたいことが明確にわかっているのだ」と。

しかしそれは、二人の勘違いだったといえる。あのときの自分に音楽家になる確たるキャリア・プランがあり、具体的な人生計画を立てていたとすれば、コンクールを目指してひたすら練習して、和声学のレッスンに通い、音楽学校に入って必死に勉強していたはずだからだ。だが実際はまったく違っていた。しばらくして私はパリのフランソワーズ・エール声楽アンサンブルに雇われて、そこで音楽の勉強を続けるようになった。初めてギャラをもらったのも、この団体だ。自分は一六歳か一七歳になっていて、同アンサンブルではバッハの『ヨハネ受難曲』を上演するために、バソン奏者を募集していた。アルザス学園のミシェル・ローテンビュレル先生が私を同団に推薦してくれた。ここからこの合唱団との長い付き合いが始まり、私はプロの音楽家として最初の一歩を踏み出した。

彼らとは『ヨハネ受難曲』に続いて、ヘンデルの『メサイア』、ハイドンの『ネルソン・ミサ』、オネゲルのオラトリオ『ダヴィデ王』を演奏した……公演は全て、オーギュスト・ペレの設計による簡素だがとても明るいランシー聖母教会の大聖堂で行われた。声楽、合唱との仕事は初めてだったので、とても貴重な体験になった。

オーケストラを指揮したいと思うようになったきっかけは、またもやミシェル・ローテンビュレルだった。指揮で食べていこうとか、キャリアを築きたいといった考えは毛頭なかった。ただ、夢が叶う前から、何かを表現したいという強烈な想いが自分の中で抑えきれないほど大きくなってきているのを感じていた。指揮をするしかない。

とりあえず指揮をする機会を探した。医師だった父は、医療系のシンポジウムや会議をよく企画していた。俗にいう業界の「高級官吏」のような人で、当人も自分をそう呼んでいた。私はそんな父に、会議をコンサートで締めくくることを提案してみたのだ。父の賛同が得られた私は、ガーディナーの録音の強い影響もあって、ヘンデルの『エイシスとガラテア』を上演することにした。当然ながらかなり簡略された内容になった。一握りの楽器奏者、歌手も数人だけで、ナイトクラブのムーラン・ルージュで歌っているテノール歌手なんかもいた（彼は最近、リアリティーTV番組スター・アカデミーの候補者を指導するボイストレーナーとして人気を博している）。会場はポール・ロワイヤル修道院跡にある病院の壮麗な礼拝堂。制約の多い公演ではあったが、なんとか形になった。そして「これこそが自分の仕事だ」と確信した。「指揮をしている」というより、「いるべき場所にいる」という感じだった。

『エイシスとガラテア』はヘンデルのオペラだ。客席には、フランソワーズ・エール声楽アンサンブルの合唱団員だったジャンとアニー・ドゥレトレも座っていて、終演後、当時一九歳だった私の人生を大きく変えることになる、一生忘れられないオファーをしてくれた。「今夜の公演を聴かせてもらって思ったのだけれど、うちで制作しているパーセルの歌劇『ディドとエネアス』を指揮しない？」

知っている作品だったし、家には両親が買い集めた録音が色々あった。とくに印象に残っているのがワーグナー歌手のキルステン・フラグスタートの録音だった。現代の趣向には全く合わない歌唱だが、彼女が歌うアリア『ディドの死』には胸を打たれた。

一九八二年六月。ほんの短い間に、いろいろなことが急展開していった。数か月前に、サン゠メリ教会でレ・ミュジシャン・デュ・ルーヴルの団体名で初めてオーケストラだけの小さな演奏会を行った。レ・ミュジシャン・デュ・ルーヴルと命名したのは響きの良い名前だったし、馴染みの場所でもあったから。のちに知ったことだが、ルーヴル宮殿と旧テュイルリー庭園はフランス音楽発祥の場所で、コンセール・スピリテュエルが活躍し、「上手」（宮殿側）と「下手」（庭園側）という劇場用語の語源となった宮廷劇場「機械の会場（salle des Machines）」があったところなのだ。

『ディドとエネアス』は単なるパストラーレとはわけが違う。管弦楽団は二〇人規模、合唱団も要する大作だ。それでもフランソワーズ、アニー、そしてジャン・ドゥレトレは企画を実現した。素人集団の企画といってもいい催しにもかかわらず、ミシェル・ヴェルシェーヴやイザベル・プルナールのようなスター歌手が出演を承諾してくれた。成功したのはひとえに彼らの協力のおかげだった。

『ディド』は天に舞い上がりそうなルネッサンス期の羽のような内陣の仕切りで有名なサン゠テティエンヌ゠デュ゠モン教会でも再演された。あそこで演奏会を行うことは、私の長年の夢でもあった。この教会ではかつて、フィリップ・ヘレヴェッへの指揮、ルネ・ヤーコプス、トン・コープマン、クルト・エクウィルツ、ラインハルト・ゲーベルの共演で『マタイ受難曲』が演奏されていて、ピリオド楽器で同作品がフランスで演奏されたのはあのときがおそらく初めてだった。私はその公演を聴くことができたが、自分を大いに成長させる貴重な体験だった。レ・ミュジシャン・デュ・ルーヴルを含めた出演者全員の出演料は公演の収益を割ってどうにか支払った……それでも私はこの公演で初めて指揮をする自分の姿が「イメージ」できて幸せな満たされた気分で、確かな手ごたえを感じていた。合唱とオーケストラとソリストを指揮して、合わせるのは、初めてだった。四〇年たった今でも、あのときの感覚が生々しく蘇ってくる。指揮をしながら、子供の頃、スイスの林間学校で小さな器楽アンサンブルを指揮の真似事をしたことがあったのを思い出していた。「正式なプログラム」を練習したあとで、その場に残って実験台になることを了承してくれた仲間たちを前に、ヴィヴァルディの作品を指揮した一四歳のときの記憶だ。やりたいことは、すでにはっきりしていたようだ。

初めて指揮した本格的なオペラ公演が、自分にとって大きな転機になり得たのは、当たり前だが、大成功を収めることができたからだ。満席の教会、想像を超える拍手喝采、そして会場にいたオペラ・インターナショナル誌の記者が絶賛記事を書いてくれた。マリヴォンヌ・ド・サン＝ピュルジャンという記者で、のちに政府高官、そしてオペラ・コミック座の総裁になった女性で、だいぶ後になってから親しい友人になった。

ポスターとチラシを少し撒いて、専門誌数誌にわずかばかりの情報を流して宣伝してもらい……「手弁当」で勝ち取ったような成功で、ジャン・ドゥレトレは、いつのまにかボランティアでうちの楽団の事務方の仕事を手伝ってくれるようになっていた。賽は投げられた。レ・ミュジシャン・

デュ・ルーヴルは毎年一回、アニーとジャンに招かれてパーセルのオペラを上演するようになった。『アーサー王』、『妖精の女王』。そしてヘンデルのオラトリオ『ベルシャザール』、『イェフタ』、『エジプトのイスラエル人』……合唱団、そして感謝しても感謝しきれない二人の支援者のおかげで、七年近く指揮してきたこれらのコンサートは、不定期な形で継続していた「趣味」のようなものだったが、毎回、熱くなれた。当然といえば当然だが、私自身は出演料を一切もらっていなかった。だが私も食べていかなくてはいけなかった。

アーノンクールの『四季』で衝撃を受けてバロック・バソンに関心を持つようになった私は、しばらく独学で勉強したのち、ハーグ音楽院に入学して勉強を続けた。すでにモダン・バスーン奏者として働いていたが、ピリオド楽器に夢中になった私は、かなり早い段階で、ウィリアム・クリスティ、フィリップ・ヘレヴェッヘ、そしてジャン＝クロード・マルゴワールが、それぞれ率いていた一九八〇年代のフランスを代表する三大バロック・アンサンブルの専属バソン奏者になることができた。八〇年代がバロック・アンサンブルの黄金期だったことは、よく知られている。どこの音楽祭も、バッハ、ヘンデル、ラモーの作品を積極的にとりあげていて、CD時代の到来とともにバロック音楽が次々と録音された。過去に例がないほどバロックがブームになったあの時代を、これらのアンサンブルの一員として堪能できたことは、すこぶる幸運だった。

本業はバソン奏者だったが、指揮者としての数少ない、マイナーな活動も若干注目されていた。自分を雇ってくれていた当時の有名なバロック指揮者たちには、励まされたり、見下されたりしていて、もしかしたら警戒されていたかもしれない。風当りが急に強くなったのは、のちの自分にとってとても重要な作品となるラモーの歌劇『プラテー』を、人道活動団体のピエール神父財団が主催するガラ・イベントで、演奏会形式で上演して録音もしようとしたときだった。自分は知らなかったのだが、よりによってバロック音楽の大家、ジャン＝クロード・マルゴワールが同作品を私と同じ歌手を使って上演して、録音しようとしていたのだ。これは冷戦状態、戦いになる予感がした。

私はこの三人の偉大な音楽家たちの仕事にも、それぞれの強い個性にも敬意を払い、無意識のうちに多くのことを吸収していたが、同時に自分なら「やらないこと」も少しずつわかってきていた。

マルゴワールは音楽そのもので、寛容が服を着ているような……とっ散らかっている人だった。普通に機能するものは一切なく、すべてはカオスから生じていて、うまくいかないときは、「明日、どうにかなるかも」という感じだった。音楽は、純粋な感情そのもので、感動的ではあったが、どこか未完成な感じがしてならなかった。ただ、彼との仕事を通じて、多くを学んだのは確かだ。

ヘレヴェッヘは深い洞察力、高い知識と豊かな感性の持ち主だったが、彼の指揮でバッハを弾くたびに「自分なら違った指揮をするだろうな」と感じていた。私にとってバッハの音楽は絶対的で、力強い。彼が私たちから引き出す演奏は内容の濃いものだったが、常に綿密に計算され、均整がとれていた。コレギウム・ヴォカーレ・ゲント合唱団など、声楽陣も同じ趣向だったが、それでも素晴らしかった。ヘレヴェッヘは多くの画期的な録音を行っているが、そのうちの三つつ、バッハの『ヨハネ受難曲』と『マニフィカト』、モンテヴェルディの『聖母マリアの夕べの祈り』、バッハの世俗カンタータ『哀悼頌歌』に参加できたことを誇りに思う。

クリスティもユニークで、先見の目があるアーティストで、その場にいるだけで独自の世界を作り出すことができる。一九八二年六月にヴェルサイユで行われた首脳会議で、彼の指揮でマルク＝アントワーヌ・シャルパンティエの『花咲く芸術《レザール・フロリサン》』を、同作品の名前を冠する彼のアンサンブルで弾いたことで、私はこの作曲家を知ることができた。クリスティはジョン・エリオット・ガーディナーとともに、フランスのバロック音楽の蘇生に貢献した一人だ。ただとても洗練された彼の音楽へのアプローチは、のちにフランス音楽を指揮するときの私のトレードマークになった、よりストレートなサウンドとは趣向が異なる。

クリスティとヘレヴェッヘへの指揮で三～四年の間、たびたび演奏する機会に恵まれたが、楽器奏者としての自分を成長させてくれた大切な時間だった。多くの重要な録音に参加したが、フランスと世界におけるバロック・ブームの歴史に残るリュリの歌劇『アティス』の蘇演に加われたのは貴重な体験だった。そして一九八七年、あの『アティス』からわずか数週間後、私は同じリュリを彼とは異なる歌手、異なるアプローチで指揮して、バロックのレコード市場に参戦することになった。録音に選んだのは「別の」リュリ。悲歌劇ではなく、コメディ・バレだ。

ラジオ・フランス（フランス公共ラジオ局）で制作部の部長をしていたルネ・ブランシャールから電話がきたのは、クリスティのレザール・フロリサンのバソン奏者として『アティス』のリハーサルを行っている最中だった。そのときはオケピットでクリストフ・ルセ、ユーゴ・レーヌ、エマニュエル・アイムと朝から晩まで一緒に過ごしていて、舞台上では合唱団からソロ・デビューしたばかりの若いヴェロニク・ジャンスがテノールのジョエル・スユビエットとエルヴェ・ニケと並んで歌っていた。後者二人はのちに独立して独自のアンサンブルを結成している。新しい世代がリュリを再発見して、その音楽を世界に発信しようとしていた。

ルネ・ブランシャールから電話がきたのは、そんなときだった。

「良いバロック・アンサンブルを指揮していて、好評だと聞いている。今年はリュリ・イヤーなので、彼の作品を紹介する番組用の録音が多数必要になった。そこでリュリとモリエールのコメディ・バレに注目した一大プロジェクトをフィリップ・ボーサンと企画している。『プルソニャック氏』、『ジョルジュ・ダンダン』、『町人貴族』といった、珍しいレパートリーだが、やってもらえないか」

この依頼は、『ディドとエネアス』に続く、生涯二つ目の転機となった。

これらの録音はエラートとフランス公共ラジオ局を合併してできたミュジフランス（Musifrance）レーベルによる録音の第一弾を飾るシリーズとして企画され、私はエラート・レーベルの創立者、ミシェル・ギャルサンのプロデュースで、同レーベルと八年間、仕事をした。私にとってミシェルは、フランス音楽界のセシル・B・デミル（米映画プロデューサー）のような人物だった。両親のレコード棚は彼が手掛けたミシェル・コルボ、ジョン・エリオット・ガーディナー、ジャン＝ピエール・ランパル、マリー＝クレール・アラン、モーリス・アンドレ、ジャン＝フランソワ・パイヤール、フランソワ＝ルネ・デュシャーブル……の録音で溢れかえっていた。いきなり彼にプロデュースしてもらえるなんて、夢のようだった。ミシェルはとても親切で、父親のように接してくれた。

実際、当時駆け出しだった多くの若手音楽家にとって、彼は「父親」のような存在で、才能を見出す卓越した嗅覚の持ち主だった。よく話をして、意見を出し合っていたが、彼の意見が優っていることが多かった。打ち合わせはいつもあっという間に終り、「よし！」と、スタジオに駆け込んで一気に録音する感じだった。録音スタジオのフランス公共ラジオ局のプロデューサーたちは第二の指揮者のようだった。ミシェル・ギャルサンは一度だけ自ら私の録音ディレクターを務めてくれたことがあった。一日だけ、特別に。イングリッシュ・バッハ・フェスティバルの創設者、リナ・ラランディに、私に指揮を任せればグルックの『アルセスト』の録音を検討してもいいと適当なことを言って、推薦してくれたのも彼だった。皮肉なことに、グルックがパリで作曲した作品はほとんど録音しているが、『アルセスト』だけは、未だに録音していない。

コメディ・バレの録音のために、私は秀逸な楽器奏者を集めた。ファビオ・ビオンディ、ピエール・アンタイ、ユーゴ・レーヌ、アヘート・ズヴェイストラ、セバスティアン・マルク、マリー＝アンジュ・プティ……若干粗削りになるのは承知の上で、力強く、エネルギッシュな演奏にしたかった。アタック、テンポ、歌唱、全てが完璧に納まり、テレラマ誌のレコード評で最高評価がついたことで、自分の考えが間違っていないと確信できた。リュリ・イヤー（没後三〇〇年）にリリースされた同録音は聴衆からも批評家からも絶賛された。そしてクリスティ、マルゴワールやガーディナーといった面々がしのぎを削る熱湯風呂に私を投じたのも、この録音だった。ちょうどＬＰ時代が終焉を迎えてＣＤの時代が始まった頃で、私たちのコメディ・バレはエラート・レーベルで初めてＣＤだけの形でリリースされた録音だった。新しい時代の幕開けだった。アルバムは瞬く間に評判になり、フランスでは三人組の人気お笑い芸人レ・ザンコニュが我々のアルバムから『恋は医者』のシャコンヌの一部を抜粋して、『オートイユ、ヌイー、パッシー（*Auteuil, Neuilly, Passy*）』と題した洒落たラップ調のパロディーの挿入部分に（無許可で）引用したほど、誰もが知る名盤になった。

録音が行われたのは一九八七年の三月だった。シルヴィー・ブイッスーという、ラモーの研究者から熱烈な依頼があったのは、このデビューＣＤが発売される前だった。「シルヴィー・ブイッスーと申します。あなたの評判を耳にしました。『愛の驚き』についてヴィラ・メディチ（ローマのフランス文化センター）で研究をまとめていて、出版するアンソロジーの音源が必要なので、ローマにきて録音して下さい！」

彼女はミシェル・ギャルサンも上手に説得した。話は瞬く間にまとまり、一九八七年夏、我々はローマのヴィラ・メディチで演奏会用組曲『愛の驚き』の録音を開始した。日陰で四五度もある猛暑の夏で、忘れられないレコーディングとなった。

私たちは冷房のない広間で缶詰状態になって、落ち着きのない、きらきらと輝く壮麗なラモーのオーケストラ・サウンドを蘇らせようと、懸命になっていた。今では考えられないことだが、やっていることの経済価値、本当に商売として成立するのか、まったく見当すらつかなかった。秋になり、冒険の旅は続いた。ミシェル・ギャルサン、つまりエラートとの新プロジェクトだったが、これにはフランス公共ラジオ局は参加しなかった。次の録音に私が提案したのが……ヘンデルの知られざる作品だったからだ。

私がヘンデルを好きになったきっかけは、イヴァン・アレクサンドルとの出会いだった。『アティス』のリハーサル中に何度かすれ違っていたが、きちんと話をしたのは一九八七年に音楽専門ラジオ局フランス・ミュージックの生放送番組『繊細な弦（Cordes sensibles）』に出演したときだった。ヘンデルのオペラがテーマだった回で、故ジャン＝ミシェル・ダミアンがプロデューサー、ジャーナリストのピオートル・カミンスキーがキャスターをつとめていた。番組のことは強く印象に残っている。イヴァンはヘンデルに関することならなんでも知っている究極の専門家で、他の作曲家についても物凄く詳しかった。放送後にパリのブラッスリーで一杯やったのだが、そのときイヴァンにこう言われた。「ヘンデルの『時と悟りの勝利』の初稿版に是非、目を通してほしい。弱冠二二歳の若造が書いた最初のオラトリオだ。楽譜が難解で、歌手のパートが恐ろしく難しくて、誰も手を出していないんだ」

『時と悟りの勝利』は、のちに歌劇『リナルド』の有名なアリア「私を泣かせてください（lascia chio pianga）」に改編されたアリア「棘を放っておいてください（Lascia la spina）」を含む名曲のオンパレードで、アルトとテノールの二重唱やワルツ風の四重唱などもあり、美しいアリアのようなフィナーレで作品は静かに締めくくられる。「ヘンデル企画」でこの埋もれた作品に再び光を当てるのは素晴らしいアイディアだったし、一流歌手と仕事をする絶好のチャンスでもあった。この作品の録音で、ヴィヴァルディでデビューしたときに共演した若かりし頃のナタリー・シュトゥッツマンと再会することができた。当時のナタリーはまだ声に若干不安定なところがあったが、新進気鋭の新人歌手だった。彼女はその後、華々しいキャリアを歩み、今は指揮者としても世界中の有名オーケストラの指揮台に立って大活躍している。この録音には、深くドラマティックでロマンティックな声のジェニファー・スミスと激しくヴィルトゥオーゾなイザベル・プルナールの両ソプラノ歌手、そしてテノール歌手のジョン・エルウェースが預言者のような役で参加してくれた。

デビュー当初、レ・ミュジシャン・デュ・ルーヴルはコンサートで自分たちがやりたい作品をやり、録音は依頼された作品を演奏するようにしていたので、いつも（すぐに提供できる）プログラムを二つ用意していた。フィリップ・ボーサンは彼のライフワークになった『モリエールとリュリ』の企画、シルヴィー・ブイッスーは『愛の驚き』、そしてイヴァン・アレクサンドルは『時と悟りの勝利』の企画を、それぞれ私たちに託してくれた。

こうして私たちはしばらくの間、ヘンデルとフランス・バロック音楽の二本柱で活動を続けた。ヘンデルの初期のオペラ『ガウラのアマディージ』や『テゼオ』のように、録音を残す必然性が感じられる作品の「世界初録音」をはじめ、同作曲家のコンチェルト・グロッソ（合奏協奏曲）集作品三などを次々と録音して、いずれも名盤と絶賛された。フランスのバロック音楽も、ラモーの歌劇『プラテー』とそのモデルになったムレの歌劇『ラゴンドの恋』、ラモーとヴィヴァルディを足して二で割ったようなモンドンヴィルの歌劇『ティトンとオロール』といった作品を録音することができた。

だがしばらくして、ミシェル・ギャルサンが退社してしまう。私にとって「音楽の父」はアーノンクールだったことはすでに話したが、ギャルサンもまた、父親のような存在だったため、彼が去ったエラート・レーベルで録音を続けることに魅力が感じられなくなってしまった。そしてある日、イタリアのバロック音楽の作曲家、アレッサンドロ・ストラデッラの作品を集めたアルバムでグラモフォン賞を受賞してロンドンの授賞式に出席した私は、会場で偶然ペーター・ショルニーと一緒になった。彼はドイツ・グラモフォン傘下の古楽器レーベル、アルヒーフの敏腕プロデューサーで、自社の専属アーティストで、別の賞を受賞した指揮者のラインハルト・ゲーベルと一緒に会場にきていた。ゲーベルは私の大好きな指揮者だ。「おめでとうございます」と挨拶すると、

1990年代　イヴァン・アレクサンドルと

エラート・レーベルのプロデューサー、ミシェル・ギャルサンと（1987年　ローマ『愛の驚き』の録音で）

ショルニーも「おめでとうございます」と称えてくれた。私はその場で彼にこう切り出した。「そろそろ停泊する港を変える時期がきたと感じているのですが……」

すると翌週、ドイツ・グラモフォンから電話がきて、一か月後には正式に契約を交わしていた。

同じ頃、こちらの思いとは無関係に、レザール・フロリサン率いるウィリアム・クリスティと我々の間でちょっとした対立状況が生まれていた。歌劇『アルシオーヌ』の件は、確かに気まずかった。マラン・マレのこの代表作は、もともと一九八〇年代初頭にフランス・ラジオ公共放送でクリトファー・ホグウッドの指揮で初演と録音が予定されていた。ところが公演が中止になり、録音も延期されていた。その後、エラートとフランス・ラジオ公共放送がレーベルを新設したのを機に、『アルシオーヌ』を蘇らせる企画が再浮上する。マレの専門家、音楽学者ジェローム・ド・ラ・ゴルスが編集・出版した楽譜もすでに完成していて、レ・ミュジシャン・デュ・ルーヴルではオーケストラ奏者も歌手も揃って、いつでも録音できる態勢が整っていた。一九九〇年初頭のことだ。フランスではちょうどこの頃、アラン・マレの生涯を描いた映画『めぐり逢う朝』（アラン・コルノー監督、ジェラール・ドパルデュー主演）が引き金となってマレ・ブームが起きたのだが、私たちがリュリとラモーの中間期に書かれた悲歌劇『アルシオーヌ』を録音したのはその少し前だった。ところがこのとき、レザール・フロリサンが同じ作品の録音を企画していたのだ。そのようなことを知る由もなく、結果として彼らは計画を断念せざるを得なくなり、私たちのアルバムが市場に存在する唯一の『アルシオーヌ』の録音になってしまった。こうした経緯から、世間は私をクリスティの後輩ではなく、ライバルとみなすようになった。だがこれはあまりにも偏頗なものの見方で、真の友人となった当人同士の間では、今や笑い話になっている。

レ・ミュジシャン・デュ・ルーヴルを率いてアルヒーフ・レーベルと専属契約を結んだとき、ヴェルサイユ宮殿ではラモーの作品を集中して上演する企画が持ち上がり、私たちはラモーの歌劇『イポリートとアリシー』の上演を任された。我々のドイツ・グラモフォン初の録音は、ラモーが最初に書いたこの悲歌劇に決定し、ビル（ウィリアムの愛称）・クリスティも別レーベルで同じ作品を自分のアンサンブルで録音した。こうして個性の異なる、共益的な二つの録音が生まれた。

私には、レコード会社どうしの企画争いなどどうでもよいことだった。それよりも、子供の頃から愛聴しているカラヤン、ガーディナー、ゲーベル、カール・リヒター、ヘルムート・ヴァルヒャやエトヴィン・フィッシャーの名盤を録音した「あの」名門ドイツ・グラモフォンのアーティストになれた喜びのほうが大きかった。生きているうちに、殿堂入りできるとは！　思えば契約のときに、カラヤンのベートーヴェンの交響曲全集のCDを贈られた。金色の箱に収まっていて、小冊子には私が夢見る「あの」オーケストラの写真が何枚も入っていた。

3　ケンタウロスになりたい

馬はここ最近、わたしにとってますます重要な存在になってきている。ただの動物以上の生き物である馬と私の関係が始まったのは子供時代に遡るが、急速に親密になったのは二〇〇〇年代に入ってからだ。今ではスケジュールが空けば、必ず乗馬をしている。音楽と乗馬を結びつける至福の機会に幾度か恵まれた。二〇一五年と二〇一七年のザルツブルク・モーツァルト週間（Mozart-woche）に馬術振付師のバルタバスを招聘したときのことは、忘れられない。実現までの道のりは長かったけれど……

私はパリの街中で生まれ育った。ルーヴル美術館はピラミッドができる前から知っているし、観光客のいないリヴォリ通り（Rue de Rivoli）も知っている。子供の時はパリが大好きだった。両親や兄たちいわく、いつもぼんやりと夢を見ているような子だったらしい。小学校と中学校では先生にもそう言われていた。兄弟というのは、それぞれが違った性格の子を演じるようになるのかもしれない。

いずれにせよ、私の気質は幼い頃に置かれた環境に育まれた部分も大きい。コメディー・フランセーズ劇場の目と鼻の先のルーヴル美術館に面した広大なアパートメントに住む両親は、いつも芸術について語り、楽しんでいた。政治と医学の話題も、当然多かった。兄のアントワーヌとニコラ、異母姉のマリアンヌという、やや年の離れた兄姉がいるが、実は私の上にもう一人子供がいた。私が生まれる少し前に、水の事故で亡くなったロランという兄だ。そのとき、母はすでに四〇歳近かった。家族はいつも否定したが、事故死した兄のことを知ったときから、自分が彼の身代わりとして育てられてきたような気がしてならなかった。このような心理状態の人間がとる態度は人それぞれだろうが、私は無意識のうちにあらゆることに対して、ある種の無欲を装うようになった。今でもそうだが、何事も成るようにしかならないという思いが常にあって、例えば大学に入って一生懸命勉学に励むより、与えられた才能を活かして何かした方が良いと考えてしまう。異母姉のマリアンヌとは、精神科医だった祖父母に対する共通の関心がある。長子のマリアンヌは祖父母のことをよく覚えている。今や一族の家長になった長兄のアントワーヌは、優れた馬の飼育者で、私に初めて乗馬を教えてくれた先生だ。次兄のニコラも私も、長兄も姉も、父アレクサンドルを尊敬してはいたが、彼に対して複雑で屈折した思いを抱えて育った。

自分がこれまで変わることなく芸術、文学、芝居、音楽に魅了され続けてきたのは、教育よりも育った環境による影響が大きいといえるだろう。父はいわゆる「オーソリティー」で、官吏のような人だった。有名人で、医学界でもメディアでも常に一目置かれていた。根っからの政治家で、評論家で、多くの著書がある。最初に注目された著書は、『素足の官吏（*le Mandarin au pieds nus*）』と題された、ジャン・ラクチュール（ル・モンド紙記者）との対談だ。バカンスで南仏プロヴァンスのルシヨン（Rouissillon）の別荘に滞在しているときは、仕事をしている両親をいつも部屋の片隅で眺めていたが、父のこの本を初めて読んだのは大人になってからで、その時初めて、彼が指揮に憧れていたことを知った。エディス・ウェイドという、登山事故でキャリアを絶たれた米国の女流ヴァイオリン奏者の娘だった母と一緒になったのも、なんとなくうなずける。

すでに話したように、実家には私の音楽知識の基礎となった素晴らしいレコード・コレクションがあったわけだが、そこには戦後にドイツ・グラモフォンが莫大な音源財産をさらに充実させるために創立した古楽のレーベルで、のちに私も専属アーティストとなったあのアルヒーフ・プロダクションの録音がたくさん含まれていた。

エドヴィン・フィッシャー、カール・ミュンヒンガー、カール・リステンパルト、時代がたっても色あせない『ドン・ジョヴァンニ』の名盤を残したカルロ・マリア・ジュリーニ、アーノンクールの有名な『ブランデンブルク協奏曲』、カラヤンの『ブラームス交響曲全集』といったレコードが、子供時代、そして青年期の私の愛聴盤だった。

母、アン・ウェイド・ミンコフスキも父と同じくらい多忙を極めていて、最初は英文仏訳の翻訳家として活躍していた。アメリカの女流作家スーザン・ソンタグの『死の装具』をル・ソイユ出版のために翻訳していたのを覚えている。当時の私はこの本を読むにはまだ若すぎたが、「アン・ウェイド訳、ル・ソイユ出版」と書かれた本が家に届いたときは、とても誇らしい気分になった。母はキャサリン・マンスフィールドの詩集を翻訳した後、急にヘブライ語の勉強を始めたと思ったら、いつのまにかアラビア語に転じて、みるみる上達して私たち兄弟や父を驚かせた。

母は生涯通じて向上心、そして現実からの逃避願望があった女性で、子育てが一段落してから才能を開花させた。若い頃から複数の言語に長けていて翻訳の仕事をしていたが、最後にアラビア語を選んで第二のキャリアをスタートさせている。アラビア語を学ぶために大学に入りなおしたときは、家人の男たちを唖然とさせ、我々にはお構いなしで学業に没頭し、わずか数年後に驚くような飛躍を遂げた。あまりにも優秀だったため、修士課程を修了してすぐにレバノンの偉大な詩人、アドニスが自ら彼女を専属のフランス語翻訳者に指名したほどだった。母はレバノンの詩人カリール・ジブラーンの代表作、詩集『預言者』も翻訳していて、今日もっとも広く読まれている同書の仏語訳になっている。

母にとって音楽は身近なものだった。母親を介して、ナディア・ブーランジェと知り合い、スイス人の素晴らしいテノール歌手、ユーグ・キュエノと親しくなった。キュエノはナディア・ブーランジェ声楽アンサンブルの歌手だった。私はヴァンサン・ダンディが自身のヴァイオリン・ソナタについて祖母とやりとりしている書簡を全て、母から託されている。母はダンディ楽派のジョゼフ゠ギイ・ロパルツに夢中になっていたが……いずれにせよ、生前の祖母の交流の証でもある「お宝」が私の手元に残されている。祖母のサイン帳には、ダンディ、ドビュッシー、カザルス、ロパルツ、エルネスト・ブロッホ、ナディア・ブーランジェなど、様々な音楽家の痕跡が残っている。

科学者で、有名人で、音楽愛好家で、いつも「大口を叩いて偉そうにしていた」父親がいて、芸術家肌で、詩人で、レコードよりも音楽家本人との交流を通して音楽と結びついていた母がいて、私はそれなりに音楽的な環境に育ったといえるだろう。プロの音楽家になるべくして育てられたわけではないが、音楽は常に近くにあった。小学生のときに、青少年音楽振興協会ミュジグランの音楽体験イベントに参加した記憶がある。第七学年と呼ばれる学年だったので、一〇歳にはなっていたと思うが、私は生まれて初めて「演奏会」というものをシャンゼリゼ劇場で体験した。黄金の縁取り線が輝く均整の取れた空間が、とても印象的だった。この頃から少しずつコンサートに連れていってもらえるようになった私は、ある日、親とリール市にでかけた。旅の目的はジャン゠クロード・カサドシュが指揮するコンサートを聴くことだった。あのときに

伝説的な歌手ユーグ・キュエノと

聞いた『火の鳥』と、エミール・ギレリスが弾く『皇帝』の名演は、強烈な印象を私の中に残した。

子供の頃の私は、リヴォリ通りのアパートメントで、一人で暮らしているようなものだった。家にはヘッドフォンがなかったので、アパートメント全体を会場にみたてて音楽を大音量で流していた。ちなみに、私は今でもヘッドフォンが大嫌いだ。兄たちもほとんど家に居なかった。二人は私と年齢がだいぶ離れていて、一九六八年五月の学生運動に加わったのち、学生生活に戻っていた。母はアラビア語の授業を受けるために大学に行っていたし、父も病院で働いていたので、日中、家には誰もいなかった。だから私は家にあるオーディオ機で、朝から晩まで自由にレコードをかけまくっていた。

薄紙の袋から黒く光るレコード盤を丁寧に出して、三三回転の盤面に慎重にサファイア針を置くジェスチャーは、ボタンを押すだけのCDとは全然違う！　若い音楽家にはなかなか理解できないかもしれないが、当時、演奏家がレコードを出すことは一大事件だった。今は誰でも手軽に自分の録音がつくれる世の中になった。だが技術的なハードルが下がった反面、矢継ぎ早に新しい録音が発表されるようになり、市場競争はさらに厳しくなり、名盤と呼べる完成度の高い録音が希少にな

ジャン＝クロード・カサドシュと

ってしまった。

このような家庭環境に育った子が、楽器を弾きたくならないわけがない。小学校（アルザス学園に転校する前に通っていた学校）では、子供がすぐに大嫌いになる、あの小さな縦笛を吹かされていたが、私はいつも耳にしていたオーケストラ楽器の「王者」であるヴァイオリンに興味をもった。父はかつて趣味でヴァイオリンを弾いていたことがあったが、当人曰く、ものすごく下手だったらしい。パリに住んでいたアメリカ系スイス人の祖母に習うこともできたが、家から一番近いパリ四区の音楽院に通うことになった。こうして、ソルフェージュとヴァイオリンのレッスンが始まった。

音楽院ではレジス・パスキエという、母親がソルフェージュの先生、兄弟がパリ・オペラ座管弦楽団のヴィオラのソロ首席奏者という、有名な音楽一家の出の先生のクラスに割り振られた。とても優しい紳士で、立派な志をもつ生徒にとっては素晴らしい先生だったに違いない。その頃私はリセ・シャルルマーニュの第六学年（中学一年）に進学したばかりで、同じクラスにはカタロニア出身のマヌエル・ヴァルスという少年もいた。のちに政界入りして首相になったあのヴァルスだ。ところがここでもまた問題が発生した。私は今以上に、なんでもすぐにできないと気が済まない、短気な子だった。持って生まれた才能と表裏一体の悪しき性格とでもいうべきだろうか、兎に角すぐに結果が出でないと何事も好きになれない……というか、我慢ならなかった。忍耐とか、何かをコツコツ続ける辛抱強さといったものは、年齢を重ねるうちに何となく身についていったが、ヴァイオリンは短時間で弾く楽しみを満喫できる楽器ではない。楽器の持ち方、音程をとる左手のポジシヨンが身につくまでには相応の時間がかかり、学ぶ側もそうだが……周囲の人間にも、かなりの忍耐力が求められる。同じクラスに自分よりもはるかに上手な子もいて、私は自分が出す音に耳が痛くなるわ、自尊心は傷つくわ、最悪の気分だった。両親がブラジルだったかカンボジアだったか、どこかの医学学会に出かけて家を留守にしたときに、これ幸いとレッスンをさぼろうとしていたのを、兄のニコラに無理やり音楽院にひきずって連れて行かれたのを覚えている。嫌で仕方ない。苦痛以外のなにものでもなかった。

だが、今はあの時ヴァイオリンをやめてしまったことを、大いに後悔している。指揮者にとって、オーケストラに合図を出す方法を一番学べるのがコンサートマスターの席だからだ。指揮者はリハーサルで管楽器よりも弦楽器に話しかけることのほうが、圧倒的に多い。管楽器の扱いにはそれとなく自信があるが、弦楽器については、どこまでいっても手に入らない理想を掴みあぐねている感じがする。だからどうしても彼らに対する説明が長くなってしまい、反感を買うこともある。何はともあれ、しばらくして私はリセ・シャルルマーニュに一年間通ったのち、『生きられる時間(*Temps vécu*)』などの著作がある精神科医の祖父、そして父も通ったアルザス学園に転校した。モンパルナス通り一三二番地にある祖父の家は学校の目と鼻の先にあり、私はそこに住んでいる叔母のジャニーヌと音楽への感動を分かち合うようになった。

小さな偶然が運命を大きく変える。ある日、父はテニス仲間のパリ・オペラ座のティンパニ奏者からリヒャルト・シュトラウスの歌劇『ばらの騎士』の公演に招待された。母は留守で、兄たちは反抗期真っ盛りだったので、私に白羽の矢が当たる。指揮はカール・ベームだった。私は何もわからないオペラ初心者だったが、いつまでも消えない「何か」が場内の空気を伝って自分の中に浸透していくのを感じた。同じように父のお供でリール市のオペラ座でジャン＝クロード・カサドシュが指揮する公演に連れていかれて、あの素晴らしい劇場に強い感銘を受けたのは、それから暫くしてからだった。自分でも気が付かないうちに、様々な感情が心の中で渦巻くようになっていった。言葉にならない不思議な感情だった。

　あの頃、父とは信じられないような強い絆で結ばれていた。彼は自分がこよなく愛する芸術の才能を息子に感じ、一族に新しい芽が咲くような思いでいたのだろう。私は父の精神性、崇高な姿勢を尊敬していた。ただ父に対してそうした感情を抱いていたのは、私だけではない。アレクサンドルはただの医者ではなく、学者の世界でも政治の世界でも、崇拝されたり嫌われたり、恐れられたり、意見を求められたりする有名人だった……兄たちや姉もそうだが、私は永遠にこの父から逃れられない感じがする。私が生まれたとき、父には亡くなった一人を含めてすでに四人の子供がいたので、私は予定外の子だったのかもしれない。だが私が青年期を迎えると、音楽のおかげでお互いの距離が縮まった。私はまだ音楽の世界を発見したばかりだったが、父はすでに筋金入りの音楽愛好家だった。彼は戦時中に初婚で生まれた私の異母姉、マリアンヌと若い頃に分かち合った音楽への感動を、歳いってから末っ子と共有できたのだった。ヴァイオリン体験は結局、失敗に終わったが、私が音楽から遠ざかることはなかった。一二歳の少年は、いつの間にか確たる向上心を胸に秘めた、父親と同じ熱心な音楽愛好家になっていた。

時々、自分は音楽家にならなかったかもしれないと思うのは、ヴァイオリンで失敗したからではない。理由は「馬」だ。我が家は、休みのたびに南仏のルシヨンやプロヴァンスに出かけるようになる以前、フランス北部ノルマンディー地方のベック＝エルワン（Bec-Hellouin）で週末やバカンスを過ごしていた。ノルマンディーといえば、乗馬で有名な土地柄だ。兄のアントワーヌはうちの別荘の近くにある乗馬センターに通っていたが、そこは世界的に高い評価を受けている競技用の馬を飼育している場所でもあった。要するに、末っ子の私も、何となく流れで乗馬を「やらされる」ことになったというわけだ。大好きなこの兄は馬好きが高じて、現在、国際競技に出場する競技馬の厩舎を運営している。

私は瞬く間に上達した。そして乗馬が大好きになった。馬と自然と一体になれることに幸せを感じて、ベックに居るときは、ほとんど乗馬ばかりしていた。両親は私がいつでも好きな時に馬に乗れるように、馬をプレゼントしてくれた。この馬には兄も騎乗していたが、「私の」馬だった。今思えば笑ってしまうが、当時の自分にとって、それはとても重要なことだった。馬の名前はシェレム（Chelem）。名前の由来はトランプのブリッジのシェレム（スラム＝Slam）。馬とはすぐに仲良くなった。理由はわからないが、そうだった。

本格的な騎手になるためのトレーニングは情け容赦ない。厳しい訓練の先には競技大会が控えている。障害飛越、総合馬術……バーや柵を次々と飛び越えて、アリーナの中で決められた複雑なコースを進んでいかなくてはいけない。だが私は騎乗中、訓練に集中できず、いつもぼうっとしていた。ノルマンディー地方の、人を優しく包み込む深緑の美しい森を馬に乗って探索したい……数人一緒でもいい、一人でもいい、遠乗りがしたい。古来より乗馬といえば冒険だ。やりたいのはそういうことだった。場外乗馬は当時あまり評価されていなかったので、コーチは私のこうした想いに対して冷ややかだった。今は場外乗馬の達人がたくさんいるが、当時は違った。あのとき有能な場外乗馬のコーチと出会っていたら、音楽を優先しなかったかもしれない。動物といるときだけ幸せな気分になれたし、人生を動物に捧げたい、馬の飼育員になりたいと本気で考えていたのだから。あのまま訓練を続けていれば、プロの騎手になれただろう。今でも、（この巨体だが）乗馬の技術は「プロ並み」と専門家に評価される。だが競技としての乗馬には魅力をあまり感じない。私にとって大切なのは、全身で大地、森、空気、馬との一体感を感じることなのだ。

乗馬をしていて退屈したことはなかったが、ぶっきらぼうで威張っているツイード帽をかぶったインストラクターに絶えず注意されるという……あの状況が大嫌いだった。どうも私は権威との折り合いが悪いようで、いかなる分野でも「資格試験」というものを受けたことがない。常に自分の内なる声、直観に従って生きてきた。乗馬でも指揮でも、そこは変わらない。

だが今は年齢を重ねて、逆に学びたいという気持ちが強くなっている。学校はもう怖くない。昔の指導は厳しければ厳しいほど良いとされていた。一九七〇年代の乗馬学校は一九六八年の学生運動の精神とはまだ無縁で、時代錯誤な指導方針のせいで挫折した若い才能も少なくない。今ではさまざまな乗馬のスタイルが教えられるようになった。場外トレッキングも、動物行動学も、重要な教科として教えられていて、人間と馬で感覚的な絆を築く重要性も認められるようになった。「繋駕速歩」はれっきとした種目とされ、ドラフト馬も尊さを取り戻し、ライディング馬と同等に扱われるようになっている。だが当時はこうしたことが全て建前にすぎなかった。

硬直した悪しき指導のせいで、私は乗馬を辞めてしまった。青年期を迎える頃にはバソン奏者としての活動が忙しくなり、ノルマンディーで週末を過ごすことも減って、いつの間にか乗馬から遠のいてしまった。結局、自分の中で音楽が全てに勝り、情熱も時間も全て音楽に注ぐようになっていった。

それでも馬への想いは完全に消えたわけではなかった。いつになるかはわからないけれど、いつか憧れを成就させたいと、ずっと心の片隅で思っていた。そう、私は二五年間、「いつか必ず」と自分に言い聞かせて生きてきた。

乗馬を辞めていた間にもっとも鮮烈な馬との再会を果たしたのは、バルタバスのパフォーマンスに出会ったときだった。『ルンタ』、『バトゥータ』、『カラカス』、ストラヴィンスキーの『春の祭典』に合わせて馬が舞う。パフォーマンスを一通り観たのちバルタバスと親しくなり、彼の馬術と私の音楽、お互いの世界を融合するアイディアが、二人の間で自然と浮かんだ。また馬に乗りたいと思ったのは、このときだったただろうか？　そうかもしれない。

あの頃の私はパリの喧騒を逃れてレ島の別荘によく滞在していたが、そのすぐ近くに乗馬クラブがあった。フランス各地によくある、ごく普通のクラブだ。そこで徐々に、まずは年に一回か二回のペースで乗馬を再開した。感覚を取り戻すのに少し時間を要したが、一度消えた乗馬熱が再び蘇ってくるのを感じた。ただ唯一残念だったのが、クラブが保有している馬だった。従順だが、疲れて身体も傷んでいて、多くの乗馬クラブでよく目にする、ひたすら働かされている「労働馬」だった。

本格的に乗馬を再開するために馬を探し、ようやく良い馬に出合えたのは、ラ・ロシェル（La Rochelle）のラ・クルシーヴ国立劇場の素晴らしい総支配人、ジャッキー・マルシャンのおかげだった。

ジャッキーと副支配人のフロランス・シモネはラ・ロシェルに根付いたこの劇場を、とても人間味あふれる、パワフルな小屋に生まれ変わらせることに成功していた。二人とは多くの感動を分かち合ってきた。様々な作品、舞台、アーティスト、そしてバルタバスと引き合わせてくれたのが彼女たちだった。二人は私をバルタバスが創立した馬術劇団ジンガロ（Zingaro）に紹介してくれて、さきほど述べたショーに連れていってくれたのだ。そしてレ島の私の別荘があったロワ（Loix）という村で、私が何度もショーを観て感動したジンガロの乗馬・曲芸アーティストが、退団して乗馬クラブを開設したことを知らせてくれたのが、ジャッキーだった。マニュ・ビガルネの乗馬クラブは、偶然、私の別荘のすぐ隣にあった。そこはのちに馬術・曲芸を教える有名な乗馬学校になり、私は現在、同クラブの名誉総裁を務めているが、当時は何も知らずにクラブの前をいつも自転車で通り過ぎていた。早速電話をかけて予約をとり、乗馬クラブの敷地内に入ることができた。

門を開けて馬舎に行くと、迎えてくれたマニュはちょうど美しい灰銀色のポワトゥヴァン（Poitevin）種のドラフト馬を洗っていた。私の中で衝撃が走った。それまでドラフト馬は漠然と眺めたことしかなかった。初めてじっくりと近くで観察して、あまりの美しさに愕然とした。マニュはこの品種の馬がとても好きで、馬術と曲芸はこの品種の馬で練習していることを教えてくれた。彼はコントワ（Comtois）種のドラフト馬も飼育している。ポワトゥヴァン種馬は体格ががっしりしているが、体高はあまり高くなく、体の色がとても美しい。コントワ種馬は胴が丸太のような形をしていて筋肉質、毛はアッシュ・ブロンド色だ。馬の特徴をひとつずつ確認して、まずコントワ種馬に乗ってみた。自分の中で、瞬く間に乗馬愛が蘇るのを感じた。ちょうど同じ頃、バルタバスとの初のコラボレーション企画の準備を進めていたことも、心理的に影響したのは間違いない。乗馬を再開したい。だが、どうすればいい。馬の品種は何を選ぶべきなのか。するとバルタバスにふと問われた。「シャイアー種（Shire Horse）を知っているかい？」

聞いたことのない品種だった。調べてみた。そしてあの人間味あふれ、心温かいが結構辛辣なバルタバスに、からかわれたのではないかとわが目を疑った。馬というよりマンモスのような、馬の形をしたラクダのような巨大な生き物だった。マニュにシャイアー種の話をすると、「おい、気をつけろ。とんでもなくでかい。不思議な気難しい馬種だよ」と忠告された。だが俄然興味が湧いた。一度見てみたい。レ島から近いナントにシャイアー種とクライズデール（Clydesdales）種を飼育している厩舎があることがわかった。

あの馬たちとの出会いは、自分にとって過去一五年の間で最大の出来事だったと言っても過言ではない。シャイアー種は堂々とした性格で、黒色の馬体のものが多く、圧倒的な重量感がある。クライズデール種はおっとりした性格で、SF小説に登場するような生き物で、体の所々にある斑点が巨大な惑星に浮かぶ大陸を彷彿させる。同じ骨格をした同系種だが、クライズデール種のほうが無骨な感じで、気性が優しいかもしれない。映画『スター・ウォーズ』の『帝国の逆襲』に登場する反乱軍の乗用ペットのトーントーン（Taun Taun）に似ている。極寒と疲労に耐えることができるトーントーンは、ぶつぶつ文句を言いながらも一緒に戦ってくれる良き相棒だ。

ナント郊外の厩舎に到着したとき、どちらの馬もまだ馬具を装着しておらず、野原に放たれていた。両方の馬種の違いについて、説明を受けた。シャイアー種はイギリスの奥地産の馬だ。古代ローマ帝国のシーザーが軍隊で使っていた馬で、英国女王がシャイアー馬協会の名誉会長を務めている。絶滅危惧種ではないが、数が大きく減少しているため、純血種の保存活動がすすめられている。クライズデールはスコットランドを代表する品種だ。スコットランドの銀行（Clydesdale Bank）の名前は同地を流れるクライド川（Clyde River）に由来する。そしてクライズデール馬といえば、バド（Bud）の愛称で知られるアメリカのバドワイザー・ビールのマスコット・キャラクターで有名な馬だ。バドワイザー社はクライズデール馬を飼育する農場も保有している。私はこの会社のビールのコマーシャルが好きでよく見ているが、ユーモアのセンスが抜群で、ときどき詩的な内容になったりして実に楽しい。馬探しは新しい発見だらけだった……

いろいろ調べていくうちに、イングランド北西部の湖水地方にカンブリアン・ヘヴィー・ホーセズという乗馬飼育センターがあることを知った。所長のアニー・ローズとは、すぐに親しくなった。二〇数頭もの馬を育てていて、初めてそれを目にしたときは物凄く感動すると同時に唖然としてしまい、不安すら感じた。乗馬仲間は今、私が育てている馬を見るたびに、同じ気持ちになるという。飼育センターに初めて行った日、アニーにトレーナーのアソシエートたちと一緒に、単独で乗馬して一周してみないかと勧められた。他の生徒とグループで乗馬をする気分ではなかったので、ちょうどよかった。一人で自然の中で馬を走らせた子供の頃のあの気分を、再び味わいたかった。

シレクロフト（Silecroft）という美しい海岸に案内してもらった。広い海岸で、細い砂浜がある以外は丸石で覆われている。どこまでも広がる海岸の対岸にはアイルランドがある。信じられないほど強力なパワーを与えてくれる場所というのがあるが、まさにそういう所だった。馬に乗って海岸を散歩するのは初めての体験だった。騎手にとって自由気ままに馬を走らせることほど究極の悦びはないが、そこには常に危険が伴う。馬は柵のない場所に放たれると、抑制が効かなくなって騎手の存在を忘れてしまうことが多い。アニーのところで働いているコーチのイヴォンヌに助けてもらって、私はスカイ（Skye）に騎乗した。最初はかなりおっかなびっくりだったが、しばらくして横にぴたりとついていたイヴォンヌから少し離れてみた。スカイは大人しく言うことを聞いてくれて、速足、ギャロップ、と徐々に速度を上げていった。その瞬間、自分が周りの自然と一体になるのを感じた。果てしなく続く海岸、眠らぬ海、カンブリアの山々、スコットランドの景色に身体が溶け込んでいく。そうだ。これこそが子供の頃に観た夢だった。扉も窓もない屋外で、思いきり味わう解放感。このときかつて抱いていた夢が蘇り、私を捕えて放さなくなった。

夢を叶えたいという思いが日増しに強くなり、マニュ・ビガルネが馬探しを手伝ってくれた。彼のサポートと助言のおかげで、ついにアニーのところから最初のクライズデール種馬を購入することができた。器用に馬を乗りこなしていた少年時代の感覚が、六年かけて若干戻ってきた。とはいえ、今の自分はあの頃とは違う。危険な状況に身を置くことを本能的に回避する音楽家としての不安が脳裏をよぎる。演奏家も歌手も身体が資本であり、私も肉体を使って指揮をしている。大切な商売道具が傷つくようなことがあってはならない。だが馬たちは本当に気立てが良くて優しい。この馬種に騎乗した多くの騎手が、爽快感と威厳、高揚感が入り混じる不思議な気分になると言っていた。シャイアー馬種にはほかの種にはない豪快さがあり、巨大な皮と筋肉の塊が動きだすと、物凄いパワーが騎乗している人間に伝わってくる。運動が苦手な人でもアスリートでも、若い女性でも子供でも、どんな体格の人でも乗りこなせる馬で、独特の気品があって従順だ。

私は昔から何かに夢中になると、とことんのめり込んでいく気質で、最高の馬を探し求めて、一頭、二頭、三頭、と次々と手に入れた。オーストリア、ドイツ、スウェーデン、アメリカなど各地で指揮をするたびに、その地の馬の飼育所を訪ね歩き、良い馬に出合うと、つい買ってしまう。現在、七頭所有していて、彼らを主役にしたショーがやりたくて、うずうずしている。今こうして文章を書きながらもいろいろ構想を練ってはいるが、当然、実現は難しい。日々過密スケジュールに追われ、レパートリーの勉強と復習を繰り返し、予算不足に頭を悩ませ、オーケストラや劇場の混沌とした運営に翻弄され、パンデミックでぐちゃぐちゃになった組織の手綱を必死に握って、乗馬ショーではなくオペラの上演という目的達成に導いていくことで手一杯なのが現実だ。

それでも一週間、馬に乗らない日が続くと、辛い。コロナ禍当初に強いられた外出禁止で、自由、馬、音楽という全ての生きがいを奪われた。馬は知り合いの厩舎に預けているが、ショー、音楽、乗馬への想いを一か所にまとめられる場所を、一刻も早く入手する必要性を切実に感じている。この上ない信頼と忍耐をもって、私を再び馬に乗せてくれたコーチたち（マニュ・ビガルネをはじめ、ジャン＝マリー・ボワッソニエ、フランク・レーヌ、ジェイソン＝カラス・アルメイダ）に心から感謝している。初めて購入したグラスゴー（Glasgow）産のクライズデール種の私の愛馬、ミリチェン・ジェイク（Millichen Jake）の名前もあげておきたい。従順で優しくて、物凄くエネルギッシュな名馬だ。

乗馬と音楽の結びつきは古く、馬術用に建てられた多くの施設が音楽を演奏する会場として併用されてきた。ラモーの歌劇『プラテー』が初演されたのはヴェルサイユ宮殿の大厩舎の馬術会場だった。ウィーンのスペイン乗馬学校はヨハン・シュトラウス二世が自作を指揮した会場であり、ほかにも多くの作曲家の作品が演奏されてきた。アムステルダムの大厩舎の建築家は、コンセルトヘボウを建てた建築家と同一だ。一八世紀末にフランスで重要な役割を果たした演奏団体、ラ・ロージュ・オランピックも、厩舎を公演会場として利用していた。馬術ショーで有名な常設サーカス、シルクディヴェール（「冬のサーカス Cirque d'hiver」）の建物でも、最近まで演奏会が行われていて、若い頃にジュール・パドル楽団のシンバル奏者だったマスネは、同楽団がこのサーカス会場を演奏拠点にしていたと語っている。私は乗馬とコンサートを結び付けた活動を、今後さらに増やしていきたいと考えている。

自然の中で馬に乗っていると、私の人生そのものである音楽のことを忘れてしまうことがある。少なくとも音楽活動を続ける上で、日常的に課せられている制約が全て脳裏から消える。乗馬は私の現実逃避の願望をかなえてくれるのだ。都会の喧騒、本番前の緊張、聴衆、オーケストラ、難儀な交渉、失望を忘れさせてくれる。コンサートやオペラを指揮した時の高揚感、陶酔も、全て。

兄アントワーヌに、「コンサートは闘牛に似ている」というピアニスト、グレン・グールドの言葉に共感するか、とよく訊かれる。確かに似ているかもしれない。乱暴な比較かもしれないが、うなずける。私にはコンサートの舞台、ないし歌劇場のオーケストラ・ピットという名のアリーナが不可欠だ。自分を食い殺すと同時に、生かしてくれる場所だからだ。音楽のアリーナを恐れずに、馬と戯れるもうひとつのアリーナにも身を置くことでバランスをとっている。私はケンタウロス（半人半馬）になりたい。

4 指揮者とは

ピエール・モントゥーといえば、『カルメン』とパリ・オペラ座ができた年と同じ、つまり私が生まれる一世紀前の一八七五年に生まれ、ディアギレフと一九一三年に『春の祭典』を、そして『ペトルーシュカ』、『ダフニスとクロエ』の世界初演を指揮した偉大な指揮者だが……私は彼の助手だったシャルル・ブリュックを通じて、その指揮の極意を教えてもらったといえる。チャンスは幸せな偶然から巡ってきた。一九八一年のある日、父は一九歳になった私にレア夫人という、定期的に一緒に仕事をしている医療仲間について話し始めた。夫人の家の隣りに指揮の先生が住んでいるというのだ。

医者の父は夫人との会話の中で、息子をその先生に会わせるようと思い立ったのだ。「マルクを紹介してみたいが、どう思うかね?」この女性看護師が、その後の私の人生を大きく変えることになる。今思えば、相手構わず誰にでも末っ子の話をしていた父の深い愛情が、偶然を引き寄せたのだろう。

夫人はその隣人が何者なのか全く理解していなかったが、シャルル・ブリュックは偉大な指揮者で、当時、米スタンフォード大学で教鞭をとっていた。フランス公共ラジオ放送交響楽団で客演指揮者として招かれたのち、ストラスブール公共ラジオ放送交響楽団の首席指揮者となり、フランス公共放送ＯＲＴＦフィルハーモニー管弦楽団と名前を変えた前出のオーケストラに首席指揮者として再び迎えられて活躍した。彼はこれらのオーケストラに、文字通り「暴君」としての記憶と同時に、希少で素晴らしい現代曲のレパートリーを残した名指揮者だった。モントゥーの記憶を後世に残すべく米ボストンの近郊、メイン州のハンコックに創立された財団の傘下にモントゥー音楽院という学校があるが、モントゥーの第一助手だったブリュックは、当然の流れとして、師亡き後、後任として同音楽院の学長に就任した。ドリス・モントゥー夫人と娘のナンシーはボストンに住み続け、亡きモントゥーの墓は今も同地にある。

ブリュックはハンガリー系フランス人だったが、師同様、主にアメリカで暮らしていた。モントゥーが南仏レ・ボー・ド・プロヴァンス（Les Beaux de Provence）に開設した音楽院で学んだ彼は、晩年、同地に戻ってきていた。私が彼と出会った頃は、アメリカとフランスの間を行ったり来たりしていて、米スタンフォードからパリに戻っているときはトロカデロ駅近くのミニョ広場（Square Mignot）に住んでいた。私はパリに居るブリュックの家を訊ねたというか、スフィンクスの餌食よろしく「尋問されるために」わざわざ出向いたと言ったほうが正しいかもしれない。

「『フィガロの結婚』の序曲の冒頭から一〇小節目のファゴットの音は？　君の人生の目標は？

指揮者になりたい理由は？」

賢者ヨーダのようなシャルル・ブリュックに矢継ぎ早に質問された私は、すっかり怖気づいてしまった。彼は剥げていて、しわだらけで、映画『スター・ウォーズ』に登場するジェダイの長に本当によく似ていて、もの凄く厳しかったが、とても優しい面も持っていた。今思えば、彼が弟子に厳しかったのは、強固に鍛えるためだったのだろう。揺ぎ無き精神と指揮者としての確たるジェスチャーを体得させて、常に正義の「フォース」側にいられるように育てたかったのかもしれない。

指揮者という仕事は、極楽であると同時に地獄でもある。年中大勢の見知らぬ人たちの前に立っていて、疲れてこちらに敵意があることが多い連中を、とりあえず何とかして魅了しなければいけない。全員に支持されることなど、決してあり得ないのはこちらも重々承知している。奇跡的に理想的な美しい相互理解が得られても、わずかな過ち、たった一言、一瞬の自信のなさの露呈で、翌日には手のひらを返される。同じ曲のリハーサルでも、あるオーケストラでは拍手喝采を受け、別のオーケストラで酷評されることもある。なんでも起こりうるし、実際に起きる仕事だ。だから指揮には安定感と正確さが求められるわけだが、シャルル・ブリュックにはそれが備わっていて、その秘訣を学生に伝授していた。言うまでもないが、私は教わった技術をさらに磨き上げるために、米メイン州のハンコックにもう一度行くべきだった。料理のレシピの材料だけが頭に入っていて、調理法がわかっていないような状態だったのだから！　しかし早々に仕事のオファーが次々と舞い込んでくるようになり、無理だった。仕方ない。だが卓上ではなく、「実践」を重ねて独学で学んでいったことで、特異なキャリアを歩むことができたし、早い時点で既存の修行ルートを離れることで、この業界につきものの偏見から身を守ることができた。

話を元に戻そう。パリ一六区の薄暗いアパートで「尋問」された私は、そこそこ馬鹿な返答をしなかったのだろう。情け容赦ない先生が、しばらく沈黙したのちにこう訊ねたのだから。

「今年の夏、聴講生としてモントゥー音楽院の講習会に参加するかい？」

一九歳になっていたが、それほど長い間、親もとを離れたことがなかった。勿論、アメリカが母方の先祖の国なのは知っていたが、私にとっては大変な冒険だった！　不安だった……しかし一瞬たりとも返答に躊躇しなかった。恐る恐る「はい」と答えて、それ以上、何も言えなかった。

こうして私はアメリカのメイン州に旅立った。講習会の参加者に課せられたルールは、いたってシンプルで全員一緒だった。受講生はオーケストラで楽器を弾くことが必須で、すでにデビューしている指揮者も、上級者も初級者も、例外なく条件に従わなくてはいけなかった。毎週土曜日になると、代わる代わる二、三人が指揮する演奏会が行われ、二か月の講習会の期間中、最低でも一回は指揮台に立つことができた。そのほか週一回、師匠の個別指導を受けることもできた。受講生には五〇数曲の交響曲のリストが事前に郵送されていて、どの作品も、すぐに指揮できるように準備しておくようにいわれていた。シャルル・ブリュックはいつもオーケストラのティンパニの後ろの一番奥で映画監督が座るような椅子に座っていて、そこから我々受講生に酷い「罵詈雑言」を浴びせ続けた。文字通り「矢継ぎ早」に。

彼の前で初めて指揮したのは、モーツァルトの交響曲第二五番イ長調だった。冒頭六小節で、いきなり「やめろ！」と、かすかなハンガリー訛りのフランス語で怒鳴り声が響いて指揮を止められて、みんなの前で英語で罵られた。

「もういい！　聞いていて船酔いするような指揮だ！」

彼の指摘はもっぱら技術的なことだった。当時私が夢中になっていたニコラウス・アーノンクールのように、ブリュックも出だしの拍を明確に振り下ろして、そこから流れるようにテンポを紡ぎ出して、てきぱきとしたジェスチャーで指揮をすることに強いこだわりがあった。今の私は、「表情豊かな指揮者」だと評されることが多いが、「不明瞭な指揮」と酷評する人もいる。いうならば、モントゥーよりはミュンシュの系統に帰属するわけだが、若いときに最初に徹底的に叩き込まれたのは、「細かく、正確に」を鉄則とするブリュックの厳格な指揮法なのである。

講習会の最終試練となる公演でブリュックから与えられた課題曲は、ベルリオーズの『ローマの謝肉祭』だった。私の人生の転機になった公演のひとつだ。あの日は会場に両親も来ていて、それが状況をさらに厳粛なものにしていた。二人の渡米の主な理由は、自分たちの功績を称える別の催しだったのだけれど……

受講生は全員私より年長で、楽器の演奏水準もかなり高かった。クリーヴランド交響楽団の首席イングリッシュ・ホルン奏者やメキシコ国立交響楽団の音楽監督にすでに就任している指揮者など、ほうぼうから集まってきたそうそうたる顔ぶれで、過去の受講生にはネヴィル・マリナー、小澤征爾、デイヴィッド・ジンマンといった名前がずらりと並ぶ。レッスンの内容は想像を絶する厳しさで、泣き出す受講生やノイローゼになる受講生が連日続出していた。夕方五時にいきなり「明日、シューマンの交響曲第一番の第一楽章を指揮してもらう！」と先生から急に言われて、指名された不運な受講生は徹夜で必死に楽譜と格闘して……翌日、こてんぱんに打ちのめされる。とにかく厳しかったし、ある種の残酷さもある指導で、とことん否定され続ける。再び講習を受ける気にならなかったのは、そのせいかもしれない。しかし自分の基礎を作ってくれたあの講習会は、彫刻刀で原石を削っていくような大切な鍛錬の時間だった。鮮明に記憶に残っている。講習会の前と後では、ただの「素材」だったものが「フォルム」、「構造」、「音楽」に変っていったといえる。生涯忘れられない体験だった。

厳しい講習会だったが、亡き巨匠の未亡人、ドリス・モントゥーが娘のナンシーと一緒に、ずっと我々受講生を温かく見守ってくれて、とても有難かった。たしかあのとき、シャルル・ブリュックは受講生を何人か集めて、夕飯をご馳走してくれることが時々あった……やや指導が行き過ぎたと感じたときに、そうしていたのかもしれない。いずれにせよ、私はたった一人で彼に夕飯に招かれたことがあったが、素晴らしい時間だった。ただ、あれほど辛く厳格な指導が今の時代に認められるかどうかは疑問だ。教えは正しいが、教え方がなんとも……いえない。

いずれにせよ、あの講習会のおかげで、作曲家の時代やジャンルの範囲に捕らわれることなく、レパートリーが格段に広がったのは紛れもない事実だ。ブリュックの前で、ベルリオーズ、モーツァルト、シューマンを指揮することができた。デビューしてから私の音楽キャリアは、当初「バロック」の世界で始まり展開していったが、いつの間にかつけられた「バロックの専門家」というレッテルは、いまだに足かせになることのほうが多い。だがメイン州の講習会に参加して、自分は一定の時代やスタイルの音楽だけを取り上げる「スペシャリスト」にはなりたくないし、それだけでは満足できないことをはっきりと悟った。また、ハンコックで指揮について得た次の確信は、今も変わっていない。「指揮はエネルギーの流れである」、「求める響きは下から、ベース、オーケストラの「低音域」から構築していくべし」、「ジェスチャーは明確であればあるほどオーケストラは安心し、その結果、幸せな気分になってくれる」

年月を重ねるうちに、正しい情感、雰囲気、陰陽、フォルムを追求するように……つまり「表現」に重きを置くようになってきた。だが響きを構築していくときの基本的な姿勢は、今も昔も変わらない。本格的な指揮デビューとなったパーセルの歌劇『ディドとエネアス』の一九八二年の録音がその全てを物語っている。若い指揮者は、目の目にずらりと居並ぶ自分と同等か自分以上に知識豊富な演奏家たちに認めてもらおうと、つい、メトロノームのような画一的なテンポにしがみついて、正確なアンサンブル演奏にこだわってしまいがちだ。だがそうすると自然な呼吸が……個性、感情が失われてしまう。あらゆる意味で感情のない指揮は、無意味で不要だ。演奏家だけで、事足りてしまう。演奏家はただ音を発するだけの機械ではない。相応のアーティストなのだから、彼らの前に立ち、予想だにしない世界にいざなうには、常にそれなりの提案ができる心構えでなくてはならない。驚くような解釈、そして真摯な心。吉と出るか凶と出るか、そこはやってみないとわからない。挑戦する意欲、情熱がなければ、指揮などしなくてもよい！

指揮者にとって指揮台で得られる経験は宝の山だと、最近つくづく思うようになった。どのような職業でも実務的な経験は貴重だが、同じ音楽家でも、指揮者はピアニストやヴァイオリン奏者と比べて、自分の楽器であるオーケストラの前で過ごす時間が極端に少ない。実際に指揮台に立たせてもらえるまでには、かなりの時間と辛抱が必要だ。そしていざ指揮する機会がめぐってくると「試しに」とはいかず、すぐにその場で動いて、失敗は許されない。だがそれでも、考えを自然な形で表現にしていくには経験を積むしかない。アタックの加減を操り、音の終わりをどこまで明確に発音させるのか、作品によってニュアンスのコントラストをどこまでつけるのか、細かいタイミング、その場の雰囲気を瞬時に読んで判断できるようになるには、場数を踏むしかないのだ。アジア、少なくとも日本のオーケストラは、リラックスさせながら、身体をしっかり動かして指示を細かく出すほうがうまくいく。音楽表現に欠かせない肩の力を抜いた響きに達するまで時間を要するが、いざ感覚をつかむと百倍、いや、それ以上の素晴らしい音が返ってくる。昔は日本の演奏家といえば、「ロボットのような演奏をする」と皮肉られることが多かったが、それはもはや遠い過去の話だ。そもそものような過去の評判自体、事実無根である。東京でも金沢でも、舞台は生命力がみなぎっている。

東京都交響楽団とのリハーサルは、いつも完璧な静けさの中で始まる。他のオーケストラでもそうあって欲しいと願う理想的な状態だが、慣れていないと「自分に何を期待しているのか?」「何を感じているのか?」と、最初は戸惑うかもしれない。彼等とは技術的なことにはあまり触れずに、身体を思い切り使って、多くの謎の扉を開く鍵であるユーモアを交えながらオーケストラ全体をトランス状態にもっていくように心がけている。エレガントに、繊細に。東京都交響楽団とは、これまでもっとも印象に残る最高の公演をいくつも経験してきた。

一方、ベルリン・フィルハーモニー管弦楽団やウィーン・フィルハーモニー管弦楽団は、逆に、指揮者との積極的なやりとりを最初からはっきりと求めてくる。自分たちは招聘した指揮者と対等であるという姿勢で、弦楽四重奏団で他のメンバーが第一ヴァイオリンに接するように接してくる。指揮者とオーケストラのいずれの方向からも、たえずメッセージが発信されている。彼らにとって馴染みの薄いレパートリーを提案しても、物手を挙げて歓迎してくれる。グルック、ルベルそして……アルヴォ・ペルトという、珍しいプログラムを組んだときもそうだった。まさにギブ・アンド・テイクの関係。目指すものは同じだが、お互いに提供しあうものは違う。求めているのはオーケストラ・トレーナーか？　バレエ・ダンサーのような細かい仕草なのか？　危いときは、そのような指揮をして欲しいかもしれない。だが普段は違う。

かつて私は「もう少し指揮の勉強をしたほうがいい」と言われ続けた時期があった。学びに終わりはない。確かに「博士」と呼ばれるには、アカデミックな下地が脆弱すぎる。ボストンから帰国して、すぐに指揮台に上がってしまい、瞬く間に各地から招聘されるようになったため、学校に戻れなくなった。だが授業を受ける代わりに、私は他の指揮者の演奏会に足しげく通って勉強したし、今もそうやって勉強を続けている。時間が許す限り、サイモン・ラトルの公演に行き、耳をそばだてて、動きをしっかり観察して、彼を質問攻めにするのだ。サイモンは今では良き友人だが、私はいつでも、どこでも、あらゆることから学び続けている。あまり感動しなかった演奏会からも、得られるものはある。

そもそも指揮とは学べるものなのだろうか？　テクニックに限っていえば、学べるかもしれない。だが、それだけでは指揮者にはなれないと思う。私は彼らに敬意を表していないわけではないが、三〇年以上も前から、いわゆる「伝統を重視する」指揮者の中には、私を指揮者と認めようとしない人が少なからずいる。地方の音楽学校を一位で卒業して、パリ国立音楽院に進学するという既存の進路を歩まず、指揮者として「正当」な教育を受けてこなかったので、邪道だと思われているのだ。しかし、自分には確たる意志、頑固な性格、そして「天命」を、特別な「才能」を授かったという自負があり、これだけ多くの歌劇場や音楽祭に招かれるようになり、今もそれなりに成功しているという揺るがぬ事実がある。多くの人が私の内なる最高のものを引き出してくれて、自分も極端に短い修行期間を感じさせまいと、至らぬところを補うべく、与えられた「才能」を十二分に発揮できるように努力を重ねてきた。これが私のスタイルであり、世界であり、やり方なのだ。マゼールのような完璧さ、あるいはブーレーズ並みの精密さを求められない限り、うまく機能していると思う。早い話が、うまくいっていなければ、二度と声がかからないはずだ。世の中に素晴らしい指揮者は、いくらでもいるのだから。

私にはキャリア・プランというものがなかった。各方面からの招聘も、こちらから何らかの働きかけをして実現したものではない。「バロックのスペシャリスト」と称される多くの指揮者がそうであるように、私も寄せ集めの演奏家からなるアットホームな自分のアンサンブルとの活動だけで満足していた。レ・ミュジシャン・デュ・ルーヴルとリュリ、ヘンデル、ラモー、グルック、そしてオッフェンバックやメンデルスゾーンをやるのは、至福の極みであり、誇りと達成感をもたらしてくれる。あのまま彼等だけと仕事を続けていたとしても、物足りなさなど一切感じなかっただろう。だが私はデビューして間もなく、想定外のレパートリーで、あちこちのオーケストラから声がかかるようになった。全てが早急すぎたかもしれない。だがいずれにせよ、自分から働きかけたことではない。

最初に自分を招聘したのはロッテルダム・フィルハーモニー管弦楽団だった。その後、ベルリン、イェテボリ、ウィーン、ザルツブルク、クリーヴランド、パリ管弦楽団、フランス放送フィルハーモニー管弦楽団、フランス国立管弦楽団……次々と客演の依頼が舞い込んできた。素晴らしい体験が多かったが、失敗もあった。指揮者という商売、業界では、一度過ちを犯すと簡単には許してもらえない。

これは若い指揮者へのアドヴァイスだが、初めて招聘されたときのプログラムは、くれぐれも慎重に選んだほうがいい。基本的な忠告だ。ほんのささいなこと、わずか一センチのミスで、しっぺ返しをくらって、袋叩きにあう。すでにある程度指揮を評価されている作品、オーケストラのレパートリーが広がるという意味で、先方も興味を示すような作品を選んだほうがいい。当たり前に聞こえるだろうが、デビューしたてのときは、オーケストラの申し出を断ったり、指定されたプログラムに異議を唱えるのはなかなか難しい。だが喜び勇んで発した「やります」の一声が、とんでもない結果を招きかねないことを肝に銘じておくべきだろう。

私はフランスのオーケストラで幾つもの過ちを犯している。最悪だったのは、フランス国立管弦楽団に招かれて、それまで一度も指揮したことのなかったブラームスの交響曲からなるプログラムを引き受けてしまったときのことだ。あれはまさに、してやられたという感じだった。ラ・ロック・ダンテロン音楽祭で、エレーヌ・グリモーとニコラ・アンゲリッシュをソリストに迎えて予定されたピアノ協奏曲をメインに据えたプログラムの後半を、交響曲で「穴埋め」するための依頼だった。エレーヌとはその後、別の機会で同じ協奏曲をやりなおすことができた。ニコラとも、しかり。彼は素晴らしいアーティストで、早すぎる死が悔やまれてならない。ラ・ロックでの体験は悪夢だったが、大切な教訓になったので、感謝している。「悪夢」だったのは二人との協奏曲ではなく、後半に指揮したブラームスの交響曲だったわけだが、あのとき私とオーケストラは事前にモンペリエ音楽祭で同じプログラムを演奏していた。だがモンペリエの公演は屋内のコンサート会場だった。一方、ラ・ロックのほうはフロラン城（Château de Florans）の庭園に設けられた屋外の特設舞台で、湿度も酷くて勝手が全く違った。やったことのない曲を初めての場所で、馴染みの薄いオーケストラ、ソリスト、聴衆を相手に、慣れない気候、蝉や蛙の鳴き声、蚊と戦いながら指揮しなければならなかった。ラ・ロック・ダンテロン音楽祭の独特の雰囲気もあいまって、兎にも角にも、私には荷が重すぎた。指揮に全く集中できないまま、味も素っ気もない散々な演奏を披露してしまった。さらに最悪だったのは、それが音楽祭のオープニング・コンサートだったことで、客席には大臣や国内の文化行政の「重鎮」がずらりと顔を並べていた。こうした状況も、初めての経験だった。「あいつは一体何をしているのだ？」という冷ややかな眼差し。フランスの音楽ジャーナリズムがこぞって公演を酷評して私を滅多打ちにしたのは、言うまでもない。オーケストラもこのままでは自分たちが危ないと感じたのだろう。私の不注意は、彼等の期待に対する「裏切り」に他ならなかった。オーケストラに非はない。批判の嵐だったラ・ロック・ダンテロン音楽祭での公演は、私がこれまで味わったもっとも苦い経験として、心に深い傷跡を残した。

　シャルル・ブリュックのレッスンを新たに受講することはなかったが、古い録音のおかげで、モントゥーとのつながりを保つことはできた。私はモントゥーのレコードや、怪しいフランス語交じりの英語でベートーヴェンのリハーサルを記録した記録音源などを山のように聴いている。彼が二〇世紀に入ってリュリの全曲録音を初めて成し遂げた指揮者だったことも、のちに知った。モントゥーはアンリ・プリュニエール出版の楽譜を使って、アムステルダムのワーグナー協会の協力で、歌劇『アシとガラテー』を録音している。これは大いに意味ある発見で、リュリが晩年に書いたこの牧歌劇に俄然興味を持った。のちに何年もたってから、自分もこの作品を録音している。

今から八年前にミラノで、指揮に転じたマーラー室内管弦楽団の元コンサートマスターに誘われて、あの偉大なヨルマ・パヌラ先生のマスタークラスを聴講することができた。ちなみに、その元コンサートマスターというのはアントネッロ・マナコルダという人物だが、私と同じようにオーケストラで演奏しながら指揮者を観察して、ほとんど独学で指揮を学び、今や世界中で活躍している指揮者だ。彼はクラウディオ・アバドを師と仰いでいるので、同室内管弦楽団は学びの場として、決して悪くなかったといえる。彼は指揮修行の最終的な「仕上げ」として、フィンランドの指揮者、パヌラに師事した。パヌラといえば世界的に有名な先生で、エサ゠ペッカ・サロネン、スザンナ・マルッキ、ミッコ・フランクなど、近年北欧から次々と誕生している一流の指揮者たちは全員、パヌラ門下だ。

パヌラをミラノに招いたアントネッロが複数のイタリア人指揮者、私とは旧知の仲のナタリー・シュトゥッツマン、そして私にも声をかけてくれたおかげで、講習会を一日だけ聴講することができた。一言ではなかなか説明できない、独特のレッスンだった。全体的に魂の高みを目指して、音楽が上昇していく感じの指揮だ。意味のあるジェスチャーはとても大事だ。腕の動きは儀式を進行するための単なる指示ではなく、音楽と精神性の根本的な繋がりを強固にしていく。宗教曲に限ったことではない。ポルカだろうがオペラだろうが、あらゆる音楽に当てはまることだ。

パヌラはわずかな動きで指揮をする。鞭のように激しく指揮棒を上げ下げするブリュックの指揮とは真逆だ。パヌラは音を積み上げるように音楽を構築していく。「聞き手を開眼させるのが、指揮の極意だ」、「俗にクラシック音楽と呼ばれる音楽は、娯楽であると同時に、何かを悟り、より崇高な人間になるのを助長する」。あのときパヌラがぼそぼそ呟いていたのは、概ね、このような内容だったと思う。

私は当時、一九世紀と二〇世紀初頭に製作された古い指揮棒を集めていて、ちょっとした自慢のコレクションだった。歴史のある指揮棒は威厳があり、豪華で、紫檀、黒檀、ときは象牙などが使われ、金や銀の装飾が施されているものもある。私は恰幅が良いので、このような時代遅れの指揮棒を持っても、見た目にはあまり違和感はない。オーケストラのヴァイオリンは大抵、年代物の楽器だし、ナチュラル・トランペットや動物の皮を張ったティンパニを使っているのだから、同じように古い道具で指揮をしても、何ら問題はないはずだ。何でも試してみたい性分なので、とりあえず使ってみた。その結果、客演した多くのオーケストラで失笑を買ってしまった。だがヨルマ・パヌラに一九世紀のとても立派な指揮棒を見せたら、とても感激していた。私が所有しているような指揮棒で指揮をしているジョージ・セルの写真がある。セルといえば、アメリカ特有のオーケストラ・サウンドを創った中欧出身の巨匠のひとりだ。感慨深い。

指揮棒は時代によって形を変えてきたが、今は指揮棒を使うべきか否か、という論争もある。トスカニーニは極端に長い指揮棒を使っていた。彼にとって指揮棒は腕の延長であると同時に権力の象徴であり、王杖、支配者の印だったが、怒りに任せて粉々に折ってしまうことが少なくなかった。もう少し短い棒が好みの指揮者もいる。指をもう一本増やすような感じだ。ヴァレリー・ゲルギエフのように、ほとんど誰にも見えない爪楊枝のような短い指揮棒を使う指揮者もいる。一方、レオポルト・ストコフスキー、ピエール・ブーレーズ、クルト・マズアなどは、何も持たずに指揮をする。私は時と場合によって使い分けている。オペラの薄暗いオーケストラ・ピットでは、指揮棒を使ったほうが、演奏者は指揮が見やすくなる。一方、コンサートや比較的小編成のバッハやラモーなどを指揮するときは、指揮棒がなくても全く差支えない。

指揮者の動きといえば……ピエール・モントゥーは、私が尊敬するバーンスタインの指揮を「落ち着きがない」と、痛烈に批判していた。正面を向いたまま岩のように直立不動のモントゥーの指揮とは対照的だったから、無理もない。極端に動かないといえば、リヒャルト・シュトラウスの指揮もそうだ。騎士長の銅像よろしく、時折眼で合図を送るだけで、最小限の動きしかしない。だが、聞こえる演奏は指揮者の動きとは全く違う。トスカニーニもそうだが、機械的にすら見える大人しい指揮なのに、オーケストラからは、全く対照的な、噴火する火山のような力強い音が鳴り響く。

私はデビューしたての頃、踊るように指揮をしていた。空間全体を使ったマイムのような指揮を良しとしていた。だが経験を重ねていくうちに、あまりにも動きが派手だと表現したいことが逆に伝わり辛くなるかもしれないと思うようになり、動きを減らしてもっと内面的な指揮をするようになった。そうは言っても、自分は音楽というドラマに身も心も心酔して、身体全体で想いを表現していくタイプの指揮者だ。身体が自然に動いてしまう。理屈ではない。自分ではどうすることもできないのだ。指揮者のなかには、リハーサルでも本番でも座ったまま指揮をする人がいる。だが、私はこれまで四〇年間、基本的に、座ったまま指揮をしたことがない。バッハの受難曲や親密な音楽、鍵盤楽器が伴奏するレチタティーヴォなどで、たまに軽く椅子に腰かけることはあるが、エネルギー、表現は常に床から体内を駆け上り続けている。座らないと指揮ができなくなる日がきたら、もの凄く情けない気分になるだろう。三か所骨折して、骨折ブーツを履いたまま指揮をしたことがあるが、そのときもずっと立っていた程だから。

指揮にはこれという正解はない。私は幸運にも、最晩年のセルジュ・チェリビダッケが指揮するブルックナーの交響曲を生で聴くことができた。すでに体力が衰えていたため、やむなく丸椅子に座って指揮をしていたが、解き放たれるエネルギーは荒れ狂う激流のようだった。オーケストラは一心不乱に指揮に応える。動かずに動きのエッセンスだけが伝わる、そんな指揮だった。忘れられない、良い勉強になった。

私には、光、夕暮れ、夜、輝き、といった視覚的なイメージを用いた言い回しで何かを説明する癖があるが、性的な表現や料理を例に挙げることもあり、オーケストラによって反応はかなり違う。

だが「煮えたぎるように」、「凍らせたように」、「甘く」、「スパイシーに」というシンプルな言葉のほうが、表現したいことを単刀直入に言い表していて、「もう少しゆっくり」、「もっと軽快に」、「もう少し大きな音で」、「もっと小さな音で」といった類の使い古された指示に飽きている演奏者を覚醒させることもある。技術的な専門用語では翻訳しきれないものを追求するには、イメージを使った説明はときに大いに役立つ。リハーサルでは、政治や時事ネタを引用することもあるが、勢い余って演奏者を某有名人に例えてしまい、言葉が過ぎた……と反省したこともある。私は官能的なメタファーも恐れずに使う。オーケストラの音は、究極の官能性を体現していると思うからだ。あまり頻繁に口にするのは控えているが、集団を旧態依然とした流れから脱出させるには、ショック療法が必要なこともある。相手を不愉快にさせたり、何かを破壊したいわけではない。景色や絵画を鑑賞するときのように、立ち位置をほんの少しずらしたり、視点を変えたりしたいだけなのだ。

多くの指揮者同様に、私も普段は自分の指揮について語ることはしない。本書では、共著者の熱意に根負けして、身近な人たちとのやりとりなどを思い出しながら、何となく話をしているだけだ。もっとも、私をはじめ……他の指揮についてこれまで書かれてきた多くの戯言に反論する良い機会かもしれない。独学で指揮を学んだ私は、表現は誰にでもできることで、あらゆることが表現に繋がると考えている。日常生活、映画、人体、料理、家具……ソファーや枕を引き合いに出してもよいではないか。視点を「ずらす」ことで、目の前にいる演奏家の発想を変えて、我々共通の敵である「惰性」から解き放ちたい。

滅多にないことだが、リスクを顧みないで感情をむやみに爆発させてしまい、拒絶反応を示されることがある。面白いのは、強い圧をかけたときにバランスが崩れるケースが、「ラテン系」のオーケストラに多いことだ。ドイツ、オーストリアといったゲルマン系、そして北欧、ロシアのオーケストラは、逆にそうした強い圧を求める傾向があり、私の音楽スタイルに欠かせない特徴として抵抗なく受け入れてくれる。リスクと破壊の境界線を意識して、どこまでやってもよいのか、経験を重ねることで匙加減が分かるようになっていった。作品、オーケストラ、会場、そしてその日によって、指揮は変わる。

役者や歌手と仕事をする演出家がよくやるように、私もその場にあわせた指揮をするようにしている。そもそも、目的はリスクではない。作曲家や台本作家に仕えるために、従来の指揮のテクニックにあわせて使う手段のひとつにすぎない。「作曲家はこの瞬間、こう考えていた」と直観したことを、慣例と伝統を加味しながら具現化したいだけだ。オーケストラ奏者は大人しかろうが暴れようが、確たる見解を持った指揮者が好きだ。アーノンクールには学術的な冷静さと感覚的な激しさを巧にかけ合わせた指揮の才能があった。自分の知識を頼りに理路整然と指揮する指揮者もいれば、狂気というか……直観任せの指揮者もいるが、そこは人それぞれでいい。

例えば、メンデルスゾーンの『真夏の夜の夢』の結婚行進曲といえば、いかにも粛々と厳かに展開していくシェークスピアの世界、結婚式の定番曲、オーケストラらしい、恐らく世界でもっとも演奏されている曲で、とくにオルガンでの演奏が多い。だがこの曲は、きわめてやんちゃでドタバタな喜劇の音楽だ。四分の四拍子だが、テンポはアレグロ・ヴィヴァーチェ（allegro vivace）であって、マエストーゾ（maestoso）ではない。劇中に演奏されるこの行進曲は、ユーモアと挑発の音楽なのだ。ところが、私はアレグロ・ヴィヴァーチェで演奏されているのをほとんど聞いたことがない。この曲には筋書きがあり、パロディーがかっていて、とにかく愉快な音楽であることを意識させてくれたのが、ヘルマン・シェルヘンの録音だった。真似はしないが、色々な人の指揮をできるだけ聴くようにしていて、時々、このような意外な発見をして「これだ！」と小躍りして、自分の指揮に取り入れることがある。結婚行進曲を楽譜通りアレグロ・ヴィヴァーチェで指揮したときは、聴衆もオーケストラも驚いていた。作曲家が記した表記に従ったまでのことだ。慣習に惑わされることなく、楽譜に書かれている世界を聴き手に届けるためなら、私はリスクを恐れない。

もうひとつ、こちらは有名な例だが、第九の終楽章の前奏にあるチェロとコントラバスのレチタティーヴォについても、同じことが言える。普段よく耳にする「伝統的」な演奏では、フォルティッシモ（fortissimo）でヴィブラートたっぷりの、浪々と唸るような演奏が多いが……まあ、それも悪くはないだろう。楽譜にはたしかに「レチタティーヴォ」と書かれている。だが、ベートーヴェンはあえてそこに「しかし、あくまでもイン・テンポで（in tempo）」と書き添えている。そして彼が指定しているテンポは、プレスト（presto）。つまり、作曲家がここで求めているのは、猛然と疾走するレチタティーヴォなのだ。私が子供の頃に愛聴していたカラヤンのベートーヴェン交響曲全集でも、ここは叙情的なラルゴ（largo）で演奏されている。ブロンズの長靴をはいた騎士長が入場してくるような浪々とした前奏だが、私は大好きだった。その後、ルネ・レイボヴィッツ、ヘルマン・シェルヘン、そしてベートーヴェンが指示するテンポに初めて忠実に従ったロジャー・ノリントンが指揮する第九に出合い、私はまたもやひらめいた。楽譜に込められた作曲家の意図が明確に感じられ、「見えた」のだ。平和の賛歌に先んじて木霊する、言葉なき叫び声。勿論私はこの曲が初演された一八二四年にその場にいたわけではない。ベートーヴェンはすでに耳が聞こえず、頭の中で刻んでいたテンポは実際のそれとは違っていたかもしれないし、ルバート（rubato）のようなものをイメージしていたかもしれないが……彼は求めていることを必ず明記している。ここは楽器の激しいやりとりだ。レチタティーヴォだが、荒々しい対話でなくてはいけない。矛盾と言われればそうかもしれない。だが指揮の極意は次の言葉に集約される。「一見矛盾しているように見えるものを前にしたときに、妥協ではない妥協策を導きだし、伝統 tradition（危うく「裏切り trahison」と言い間違えるところだった）と音楽学的ドグマから己を解き放つ」

妥協点を探っていくうちに、足を踏み入れたくなかった境地に迷い込むこともある。実際、一、二回、迷って溺れたことがある。親切心から船にあれもこれも、できるだけ多くの品物を乗せてあげて、結局、船ごと沈んでしまう。幸い、今のところ何度か沈没しているが、それほど大きな被害にあわずに済んできたし、失敗しても、そこから多くを学ぶことができた。失敗は最高の師なりだ。

私はオーケストラ・コンサートも好きだが、今はオペラの指揮を依頼されることのほうが多い。

舞台と映画で活躍する俳優のように、私もある種のバランスをとろうとしているところだ。オペラではかなり挑戦的な企画に参加することもあるが、そのようなときは聖なる神殿の「門番」、ないし「賢者」よろしく、台本、音楽、作品の音楽様式を死守するのが自分の務めだと思っている。それらを無視する演出家もいるからだ。リスク、ファンタジー、自由は大歓迎だが、過去のオペラを今の聴衆に理解してもらうためという理屈だけで、台本作家と作曲家を軽視する演出には心が痛む。不満を告げることもあるが、歌劇場では「まず演出ありき」の支配人が多いので、反撃をくらうことも少なくない。痛みを乗り越えて生まれてくる子供の姿が誰にも想像がつかないように、幾度も危機を乗り越えて、最後に素晴らしい舞台になることもある。逆に、静謐が問題をはらむこともある。滅多にないが、そういうこともある。『ホフマン物語』のリンドルフのアリアにあるように、「神に誓って絶対に、と言うなかれ（Il ne faut jurer de rien）」。しかし言うまでもないが、舞台とオーケストラ・ピットの関係が良好であるほうが、対立したり、会話がなかったりするより、総じて良い結果をもたらす。いずれにしても、演出家とはできるだけそのような関係でありたい。

私は指揮者だが、一部の同僚とは違って、熱心な聴衆であり続けている。学校より、コンサートやレコードで勉強した世代の音楽家だからかもしれない。今でもコンサートやオペラに出かけて、多くのことを学び続けている。最近は自分の解釈とかけ離れた演奏に遭遇することが増えたが、それでも可能な限り、何でも聴くようにしている。客席に腰を下ろして、じっと耳をそばだてる。心が揺さぶられることも、揺さぶられないこともあるが、いつも頭の中でメモを取り続けている。

5　いざ、舞台へ

私はまず管楽器奏者であり、それは今も変わらない。フレーズの輪郭を浮かび上がらせて、歌唱を指揮する行為は、自分の呼吸の延長線上にあるような、自然な行為だ。自分たちと同じように呼吸を使う私の指揮は、「安心できて刺激的だ」と、早くから多くの歌手に注目された。駆け抜けるようなテンポに面食らうこともあるようだが、だいたい最後には思いもよらない良い歌唱につながる。俳優か詩人になりなかった少年時代の夢が、歌手と関わることで少し形を変えて叶ったといえるかもしれない。一九八二年に『ディドとエネアス』を指揮したときから、そう感じている。プロンプターのように歌手に寄り添い、支えたい。彼等とは競ったり、争ったりすることもある。だが様々な役割や感情が交差するなかで、気持ちの上ではいつも歌手と繋っている。

指揮を通じて歌手が広げる帆に風を吹き込む。スポーツみたいだが、これこそ私がとても重視している朗唱につながる大切なポイントだ。フランス音楽はフランス語の動詞の発音をベースにしている点で、イタリア音楽と根本的に違う。フランス語に潜む目に見えない旋律が、リュリ、ラモー、グルック、オッフェンバック、ドビュッシー、ベルリオーズ、マイアベーア、アレヴィといった全くタイプの異なる作曲家の音楽に共通して流れている。音楽と歌詞を明瞭に発音する大切さには、多くの歌手が共感してくれる。フランス音楽のスタイルに不慣れな歌手は戸惑うこともあり、強い関心を持ちつつ、苦戦することもある。各々のやりかたで、フランス人である私が自然にできることを努力して身につけてもらわないといけない。手本にしているもの、イメージ、感覚は人それぞれなのだから。

　ロマン派のベルカント・オペラを指揮するときは、ロッシーニ、ドニゼッティ、そして二人の後継者たちが楽譜に書き記したことにできるだけ従いたいと思う。慣例的な演奏や歌唱も、意味があって定着したわけで、当然学べることは多い。だが、何となく容認されてきた、容認されていると勘違いされ続けている勝手な解釈には、しばし首をかしげてしまう。ルバート（rubato）、テヌート（tenuto）やフェルマータを延々と伸ばす演奏や歌唱は、楽譜に書かれていないことであり、物語の展開や登場人物の心理状況と矛盾することが多い。プッチーニはあえてこうした記号や指示は極力使わないようにしているのに、彼の音楽は昔からやりたい放題やられている。すべてはブラボー欲しさのために。かつてロンドン王立歌劇場で指揮したヴェルディの歌劇『椿姫』で、舞台の上と下でヴィオレッタ役のソプラノ歌手とボクシングの殴り合いみたいな公演になってしまったことがある。皮肉にも同役を当たり役にしていた彼女とリハーサル中に意見が合わず、なんとか歩みよって妥協策にこぎつけたものの、本番でものの見事に無視されてしまったのだ。自分はヴェルディの楽譜に忠実な指揮をしたかっただけなのだが。ブリュッセルで歌劇『トロヴァトーレ』をやったときも、レオノーラ役のソプラノ歌手の同じような抵抗にあった。「ヴェルディが記したメトロノームのテンポ表記を忠実に守っている」、「慣例どおり歌いたい」と、彼女はリハーサル中、頑として譲ろうとしなかった。本番での聴衆の受けは悪くなかったが、あのときの成功はディミトリー・チェルニャコフの新演出によるところが大きかった。堅いドイツ系レパートリーとの対比から、「ラテン系」と呼ばれている作曲家たちは、誤ったイメージを持たれていることが多い。ロッシーニ、ヴェルディやプッチーニは、気まぐれな歌手と対立することを予見して、楽譜に記すべきことをしっかり書き込んでいる。厳格な規律は自由と相反しない。典型的な例が、マリア・カラスの歌唱ではないだろうか。厳格な規律、楽譜に記されたフレージング、ニュアンス、様式からほとばしる純粋な感情表現が、彼女の真骨頂だった。

私はドイツ系レパートリーでも、強く印象に残る経験を重ねてきた。インゲラ・ブリンベリに天性のドラマティック・ソプラノの素質を感じて、ワーグナー歌手としてデビューさせたことは記憶に残る嬉しい思い出だ。地元スウェーデンで歌っていた彼女を、自分が指揮するマイアベーアの歌劇『ユグノー教徒』のヴァランティーヌ役に抜擢してブリュッセルに招いた。初めて歌う役で、当初どうしてよいのかわからず戸惑っていたが、彼女がドラマティック・ソプラノであることは明白だった。そこで、ドラマティック・ソプラノが苦労して声を誤魔化して歌うことが多いワーグナーの初期の歌劇『さまよえるオランダ人』で、インゲラを起用することにした。プロダクションは大成功を収め、CD・DVD化され、インゲラは今や世界中で引く手あまたのドラマティック・ソプラノだ。ボルドー歌劇場の総監督だったとき、リヒャルト・シュトラウスの『エレクトラ』（ポール・ダニエル指揮）で彼女を抜擢し、この役のデビューを飾らせた。インゲラはその後、『ワルキューレ』のブリュンヒルデもボルドーで（ダニエルの指揮で）初めて歌っている。歌手の素質にいち早く気づいて、適切なレパートリーで世に送り出すのは、本当に誇らしい！　成功したときは、「新生児の誕生」に携わる父の仕事に似たことをしている感じがする。

ミレイユ・ドランシュにいたっては、もはや兄妹のような関係で、長い道のりをともに歩んできた。初めて彼女を聞いたのは、ナンシーのロレーヌ国立歌劇場で『カルメル会修道女の対話』に出演していたときだったが、芯の強い、エレガントな、典型的なフランスの悲劇女優だと直感した。モンテヴェルディからオッフェンバックまで、一緒に作り上げた舞台は数知れず、『プラテー』で彼女が歌った「狂気（La Folie）」ははまり役で、強烈な印象を残した。圧倒的な説得力で迫ってくる独特の声で、グルックの歌い方のひとつの手本を示したといっても過言ではない。グルックの『アルミード』や『イフィジェニー』などは、もはや彼女以外の声でイメージできなくなっているほどだ。

私のデビュー当時から一緒に仕事をしてきた歌手たちに続く次世代の声楽界も、逸材に事欠かない。フランスでは、パリ・オペラ座の二〇一〇年シーズンに研修生だった、マリアンヌ・クレバッサ、オリヴィア・ドレイ、スタニスラス・ド・バルベイラック、フロリアン・サンペ、アレクサンドル・デュアメル、といった粒ぞろいの素晴らしい歌手がいる。私が発掘したときはまだみんな無名だったが、今ではそれぞれロンドンやウィーンの歌劇場のスター歌手として大活躍している。スタニスラスが初めてドン・オッターヴィオ、ペレアス、ドン・ホセを歌う機会をつくり、マリアンヌをザルツブルク音楽祭でデビューさせて、その七年後に彼女のためにヘンデルの歌劇『アリオダンテ』の新プロダクションを立ち上げ、フロリアンとラモーとロッシーニを録音して、アレクサンドルのキャリアを見守るのは、本当に嬉しく、誇らしい。『ペレアスとメリザンド』で共演したときのスタニスラスとアレクサンドルが歌い上げる兄弟愛は真に迫っていて、忘れることのできない舞台になった。二人は悲しい運命に翻弄されて早く大人になってしまった若者そのもので、まれにみる名演だった。ボルドーで二人の王子に愛されるメリザンド役を歌ったのはキアラ・スケラートだったが、彼女がツェルリーナ、そしてロザリンデを歌い、成長していくのを見守り続けることができた。

フロリアンといえば、彼が歌う『フィガロの結婚』の伯爵は白眉で、声も演技も伯爵になりきっている。暴力的だが気品がある、真の伯爵だ。

思いがけない出会いもある。最近指揮した、モーツァルトのダ・ポンテ三部作のプロダクションで、マゼットと騎士長役を歌う予定だったバス歌手が病気になり、急遽、カリフォルニア出身の若い歌手を代役にたてたが、これが素晴らしかった。アレックス・ローゼンという名前の歌手だが、記憶にとどめておいてほしい。必ずスターになる。

アンネ・ソフィー・フォン・オッターに『アリオダンテ』のタイトルロールを歌ってもらったのは、一九九〇年代にアルヒーフ・プロダクション・レーベルのアーティスティック・ディレクターだったペーター・ショルニーのアイディアだった。彼女は当時すでに名の知れた歌手で、ベルナルト・ハイティンクとカルロス・クライバーの指揮で『ばらの騎士』のオクタヴィアン、そしてガーディナーの指揮で『オルフェオ』を歌うなど、数々な指揮者と仕事をしていた。しかし、出会うべくして出会ったというか、初めて会ったときから完全に意気投合して、いまでも頻繁に共演を続けている。モンテヴェルディの『ポッペアの戴冠』のネローネ（相手役は言わずもがな、ミレイユ・ドランシュだった）、『エジプトのジュリオ・チェーザレ』のセスト、『ヘラクレス』のデイアネイラ、『トーリードのイフィジェニー』のクリテムネストラを歌ってくれた。ベルリオーズの『夏の夜』は度々コンサートで一緒にやっていて、録音もしている。オッフェンバックに捧げた特別コンサートにも出演してくれたが、彼女はどの歌手よりもパリのエスプリを体現していた。私と彼女はもはや言葉を交わさなくてもお互いを理解できる仲だ。アンネ・ゾフィーはどちらかというと、あまり饒舌な人ではない。だがお互いを観察しながら練習を始めると、すぐに音楽の方向性が一致していることがわかる。

アンネ・ソフィーを紹介してくれたのはショルニーだったが、私の人生を変えたといってもいい、オッフェンバックの三作のオペラ・ブッファのプロダクション（演出家ロラン・ペリーにとっても同じことがいえるが）で鮮烈な印象を残したナタリー・ドゥセとフェリシティ・ロットと出会えたのは、ジャン＝ピエール・ブロスマンのおかげだ。ナタリーの夫、ロラン・ナウリとは長年一緒に仕事をしていたので、彼女とは面識はあった。ロランは私の好みにあわせた新しいタイプの声をあみだして、「ミンコフスキ・バリトン」と名付けている。彼とはリュリやグルックをはじめ、ラモー、ボワエルデュー、ヘンデルからワーグナー、モーツァルトからリリ・ブーランジェまで、ありとあらゆる作品を一緒に手がけた。リヨンでやった『地獄のオルフェ』は、私たちにとってその後続くオッフェンバックシリーズの幕開けとなった。喜劇から恋愛物語へと変わっていくシリーズだった。

ジュネーヴの『地獄のオルフェ』のプロダクションは、修復工事中の歌劇場の避難先になっていた昔の水力発電所の建物（Bâtiment des Forces Motrices）で初演を迎えた。ジュネーヴのユリディース役はアニック・マシスだった。軽やかな役もドラマティックな役もこなせるソプラノで、ラモー、ヘンデル、ロッシーニ、プーランク……数え切れないほど共演している「仲間」の一人だ。無邪気で気品に満ちた、技巧性とウィットがある、なんとも魅力的なユリディースだった。リヨンとグルノーブルのプロダクションでは、ジャン＝ピエール・ブロスマンがドゥセ＝ナウリ夫妻を、自分が総裁を務めるリヨン国立歌劇場で初共演させて話題を集めたかったので、キャスティングが変更された。映像化されたのはこのリヨンの舞台だ。妖艶な娘になったかと思えば怒り心頭する女に豹変する。私の大好きな絶妙のバランス感覚だ。舞台は絶賛され、ジャン＝ピエールはシャトレ座の総裁に就任早々、このプロダクションを新天地でも上演させた。ペリー＆ミンコフスキのコンビによる活動はその後も続いた。ブロスマンは『美しきエレーヌ』、『ジェロルスタイン女大公殿下』をフエリシティ・ロット主演でやりたいと考えていたが、それまで彼女が歌ってきた役柄とあまりにもかけ離れていたため、首をかしげる者もいた。フェリシティ・ロットは挑発的なセックス・シンボルというより、大人しい貴婦人タイプの女性だ。声もコミカルなメゾソプラノというより、ソプラノ・リリコだ。しかし、ブロスマン総裁の絶対的な信頼、演出家の卓越した想像力、歌手のはじけるような解放感溢れるパフォーマンスが見事に結実して、いずれの公演も大成功を収めた。『美しきエレーヌ』は二回も再演され、続いて上演された『女大公殿下』も彼女に歌ってもらった。デイムの称号を持つフェリシティが歌う第二幕のアリア『祖母のカリヨン』は絶品で、拍手喝采で劇場のシャンデリアが落下するのではないかと案じられるほど素晴らしかった。夢のような時間だった。

思えば本当に多くの歌手と活動をともにしてきた。インターネットでしか声を聴いたことがなかったユリア・レジネヴァとモスクワで初めて会ったのはまったくの偶然だったが、彼女とはのちにサンティアゴ・デ・コンポステーラでバッハのロ短調ミサ、ワルシャワでロッシーニ・アルバムを録音することになる。バッハのカンタータを歌っているのを耳にして知ったマグダレナ・コジェナーは、西側に出てきて初めて歌ったのが、私が指揮する『アルミード』だった。輝く大きな瞳、ビロードのような美声、何度聴いても飽きない、そしてしばらく聴かないと懐かしくなる声で、モンテヴェルディの『ポッペアの戴冠』のネローネ、ヘンデルの『エジプトのジュリオ・チェーザレ』のクレオパトラ、マスネの『サンドリヨン（シンデレラ）』のタイトルロール、『ペレアスとメリザンド』のメリザンド役に抜擢した。メリザンドは、私がライプツィヒで『ペレアス』を初めて指揮したときと、オペラ・コミック座での初演（一九〇二年）一〇〇周年記念公演で歌ってくれた。

パリのオペラ座では、総監督が交代するたびに、必ずといっていいほど私たち「ミンコフスキ・ファミリー」の代名詞になっているラモーの『プラテー』がシーズン・プログラムで取り上げられている。この名作では、「チーム・ミンコフスキ」の歌手が総出演している。ロラン・ナウリ、ジャン＝ポール・フシェクール、ジル・ラゴン、ポール・アグニュー、ヤン・ビュロン……ラ・フォリー「狂気」をアニック・マシス、ミレイユ・ドランシュ、ジュリー・フックスがそれぞれ歌っている。一九八八年に録音した『プラテー』は、私にとって初めてのオペラの録音だった。そのとき、ソプラノ・レッジェーロによって歌われることが多いラ・フォリーの役を、ラモーがボルドー出身の悲歌劇が得意な名歌手、マリー・フェルのために書いていることを思い出した。フェルは柔軟で澄んだ歌声の持ち主だったが、ラモーの『イポリートとアリシー』のアリシーや、同作曲家の『ゾロアストル』のアメリットも彼女のために書かれていることから、作曲家が求めた声が『ホフマン物語』の人形のような声ではないのは明らかだ（余談だが……ボルドー郊外の巨大スーパーマーケット前にフェルの名前がつけられたロータリーがあるが、一七四〇年代のパリ・オペラ座の大スターで、マリア・カラスのような存在だったことを考えると、もう少しマシな場所がなかったのだろうか）。そこで、私はラ・フォリーの役をジェニファー・スミスに託すことにした。ほろりとする女の涙、教皇もたじろぐユーモアのセンス、まさに適役だった。ジェニファーとの経験から、次にミレイユ・ドランシュで、この役をきいてみたくなった。ほろ酔い気分でジーグを上機嫌で歌うイフィジェニーのようなイメージが、ぴったりだと思ったからだ。予感は的中し、ラ・フォォリーはミレイユの当たり役になった。彼女の歌い方を真似る歌手はいるが、本物を超えるラ・フォォリーは未だにいない。

私は危険を承知の上で、隠れた才能を発掘して紹介するのが好きだ。実際には危険などないのだが……最近では、サモア出身のテノール歌手、ペネ・パティと彼のパートナーのアミナ・エドリスを登用した。ペネは二〇一七年にサンフランシスコで『ドン・ジョヴァンニ』を指揮したときに、公演の合間に初めて聞いた。パヴァロッティとクラウスを足して二で割ったような見事な声だった。ちょうどボルドー国立歌劇場の総監督に就任したばかりのときで、行動力抜群の同歌劇場の敏腕制作チーフ、ジュリアン・ベナムと二人で早速彼に声をかけて、『アンナ・ボレーナ』のパーシー役で招聘した。ペネにとって、この公演はヨーロッパでの活動の第一歩になった。ペネはボルドーでグノーの『ロメオとジュリエット』のロメオも歌い、リサイタルのライヴ録音が発売された、私はベルリンで指揮したモーツァルトの『ミトリダーテ』が彼との初顔合わせとなった。アミナも私が一目惚れした歌手で、声を聞いてすぐに『マノン』のタイトルロールを歌ってほしいと連絡した。そしてソプラノにとって非常に難しい『悪魔のロベール』のアリス役にも抜擢し、二〇二二年の『プラテー』のプロダクションではラ・フォォリーを歌ってもらった。

相談なく自分の意に沿わない歌手をあてがわれると、私はとても不幸な気持ちになる。心中ご察し頂きたい。私は妄想して、欲望を掻立てて、自分で筋書きをつくって、覚悟を決めてリスクを負いたい。歯車がかみ合わなくなるときは、自分でもわかる。とくにモーツァルト以前の時代の、いわゆる「古楽」と呼ばれるレパートリーでは、キャスティング・ディレクターが不慣れで、考えが凝り固まっているのか鈍感なのか、いずれにせよ判断を誤ることが多々ある。それなのに私のキャスティング力を信用してくれない歌劇場や音楽祭が……ある。そのような場合は、作品に仕える従順な良き兵士として、お客様のために、自身への信頼を失わないために、不可能を可能にしようと努力するようにしているが、当然上手くいかないことが多い。だがそのようなときでも、新しい才能を発見することがある。ジャン゠アルベール・カルティエが南仏ニースで演出したグルックの歌劇『アルミード』でチャールズ・ワークマンをキャスティングしたのも、ロンドン王立歌劇場の『ドン・ジョヴァンニ』でレイチェル・ウィリス゠ソレンセンを選んだのも私ではない。だが、どちらも素晴らしい出会いだった。

演出については、誰もがよくやっているように、何時間でも持論を語ることができる。最近の聴衆は大きく二分化しているように感じる。あらゆる舞台を観ていて、本当に革新的な演出など滅多にないし、成功するか否かは予想不可能だと考える人たちがいる一方で、これといった具体的な趣向もなく、ただ理解するための鍵や手がかりをひたすら探求する若い聴衆がいる。私が子供の頃はまだ珍しかった「現代への置き換え」が、今日の演出では定番になっている。しかし、オペラに現実味を与えるためという口実のもとで、滅茶苦茶なことをする演出家が多い。天才的な音楽とまやかしの舞台が、誤った理解の渦の中で混沌と共存しているのが現状だ。今の若い人たちはニュースも見ないし、クリストフ・オノレ監督の映画にも興味を示さない。ティックトック（TikTok）に自撮りをアップして、人気テレビ・ドラマシリーズの『ゲーム・オフ・スローンズ』に夢中になっている。オペラに興味を持つのは……ゲームやテレビ・ドラマのような演出のときだけ。残念だし、抵抗もできるが、この現実を無視していても何も進まない。パリのオペラ・バスティーユで、ラ・フラ・デルス・バウスの演出で『魔笛』の再演を指揮したとき、ジェラール・モルティエ総裁は「年寄りは文句たらたらだが、若者は台詞の書き換えを絶賛している」と言っていた。詳しく調べたわけではないが、あのとき若い観客が原作のシカネーダーの台詞より、新しく書かれた詩のような台詞を歓迎していたようには見えなかった。それよりも、漫画の世界のようなビデオ映像やアマゾネスのような衣装を着た夜の女王に大きな拍手を送っていた印象が強かった。つまり若者は現代への置き換えより、昔ながらのスペクタクル劇を喜んでいたことになる。

歌劇場のトップの仕事とは、歌手、指揮者、演出家という三点のバランスを巧みにとっていくことに集約されると思う。ロラン・ペリーが演出した『地獄のオルフェ』で一緒に仕事をするまで、私はジャン＝ピエール・ブロスマンのことをあまりよく知らなかった。名前や肩書は勿論知っていたし、リヨン国立歌劇場にガーディナーとナガノという対照的な指揮者を招いて周囲を驚かせ、劇場に改革をもたらした立役者であることも、わかっていた。ガーディナーとナガノは、一九九〇年代のオペラ界に新風を巻き起こしたといっても過言ではない名指揮者だ。そして私が指揮した『地獄のオルフェ』は、偉大な歌劇場総監督とはこうあるべきという見本のような素晴らしいプロダクションだった。ジャン＝ピエールはその数シーズン前に、ジャン・ヌーヴェルが設計したリヨンの新しい歌劇場のこけら落とし公演で、リュリの『ファエトン』の指揮を私に託してくれていた。ルイ一四世の時代にリヨンで初めて上演されたオペラだ。だが問題が次々と発生して、刺激的だが不格好で、未完成な印象を残す舞台になってしまい、酷評された。当初、私と彼は、ブレヒト時代のベルリーナ・アンサンブルで一時代を築いたスイスのイヴェルドン（Yverdon）出身のベンノ・ベッソンに演出を頼んだのだが、断られてしまった。そこでちょうどその頃、ペーター・グリーナウェイ監督の映画『プロスペローの本』で舞踊の振り付けを担当した女性振付師（カリーヌ・サポルタ）が脚光を浴びていたので、リヨンで彼女に制作に参加してもらうことになった。同じリュリの『アティス』が歴史様式の演出で大成功を収めた直後だったので一抹の不安はあったが、彼女のバロックな世界観に我々も期待していた。だが結局、この人選は失敗だった。そういうこともある。公演初日はブーイングの嵐だった。劇場の総裁にとって、まさに悪夢だ。小さなスキャンダル記事程度であれば、逆に注目度が上がるので大歓迎だが、波風がたたない程度に収まってほしいと祈った。だが『ファエトン』はテレビで生中継されたこともあって、波風どころか、暴風雨ばりの大スキャンダル公演になってしまった。放送で司会をつとめたクラシック番組「オペラ（Opera）」（こちらは唯一無二の良い番組なのだが）のクレール・アルビまでが、「ご覧ください！　信じられません！

リュリに対する侮辱です。嘆かわしい！」とカメラの前で叫び出す始末だった。

このようなことが起きてしまうと、大抵の劇場は指揮者をブラック・リストに載せるのだが、ブロスマンはそのときの雰囲気だけに流されて判断する人間ではなく、事の本質を見抜いていた。『ファエトン』の失敗は水に流された……とはいえ、ヴェロニク・ジャンス、ジェニファー・スミス、ハワード・クルーク、ジャン＝ポール・フシェクール、フィリップ・フッテンロッハーといった歌手陣を集めることができて、名ソプラノ歌手ラシェル・ヤカールの引退公演にもなったのだから、完全な失敗でもなかった。そうするうちに根っからのオペラ好きの演出家と指揮者であるペリーと私が、リヨンの隣町、グルノーブルで、それぞれ別の組織に雇われることになった。ペリーはアルプス地方国立演劇センターへ、私はレ・ミュジシャン・デュ・ルーヴルを引き連れて同市を本拠地にして活動することになった。そこでブロスマンは、隣町に越してきた我々を再びリヨンに呼んで、『地獄のオルフェ』であらたな「騒動」を起こそうと考えたのである。リヨンで実現したこのプロダクションは大成功に終わっただけでなく、ちょっとしたオッフェンバック・ブームを生み出した。厳格でありつつ直感を働かせ、健全な劇場運営を行いながらもリスクを恐れず、若い聴衆を育てながら伝統も大切にし、実り多い出会いをつくる。まさに劇場のトップのあるべき姿だった。

ブロスマンはのちにパリのシャトレ座の総監督に就任してからも、私に多くのチャンスを与えてくれて、ロラン・ペリーと兄弟のような深い絆で結ばれるきっかけになった『美しきエレーヌ』と

『ジェロルスタン女大公殿下』を、自分のところでも是非やりたいと、誘ってくれた。

私は『地獄のオルフェ』と『美しきエレーヌ』の合間に、パリ・オペラ座のユーグ・ギャル総裁に我々の申し子である『プラテー』を売り込んでいた。ギャルはパリ・オペラ座（ガルニエ宮）で、この作品をレパートリーに取り入れてくれた。四半世紀たっても色あせないプロダクションで、当時、手伝ってくれたアシスタント指揮者のセバスティアン・ルランは現在、ドイツのザールブリュケン（Saarbrücken）市にあるザールラント州立劇場の音楽監督として活躍している。ロランとはその後も、『レ・ボレアド』、『ホフマン物語』、ラヴェルの二つのオペラ、そして二〇二一〜二二シーズンはパリのシャンゼリゼ座で『ラ・ペリコール』でタックを組んでいる。

ジャン゠ピエール・ブロスマンが縁でできた友人は、ロラン・ペリーに限らない。フェリシティ・ロットと長年にわたって仕事ができたのも彼のおかげだし、彼のミューズだったジェシー・ノーマンの引退公演を指揮する栄誉に預かることもできた。フランスにおけるノーマンのキャリアはブロスマンによるところが大きい。二〇〇六年六月二七日に行われた引退公演では、ベルリオーズの『夏の夜』、そしてオペラ初共演となったパーセルの『ディドとエネアス』（フェリシティ・パーマー、フィリップ・ジャルスキー、ラッセル・ブラウン共演）を指揮した。いつもまでも記憶に残る、貴重な経験だった。

そもそも、私がパリ・オペラ座でデビューできたのは、ジャン゠ピエール・ブロスマンのおかげだと言っても過言ではない。パリのユーグ・ギャルがあの悲惨だったリヨンの『ファエトン』を観に来ていて、終演後「『アティス』は恐ろしく退屈だったが、『ファエトン』は凄く面白かった。うちのオペラ・バスティーユでモーツァルトの『イドメネオ』をやらないかね」と声をかけてくれたのだから。一九九六年二月、私は晴れてパリ・オペラ座でデビューすることができた。(その前に『テゼオ』と『プラテー』を同劇場で指揮していたが、いずれもコンサート形式だった。) こうして、ブロスマンがリヨンで手がけた問題作の『ファエトン』のおかげで、パリのユーグ・ギャル総裁のもとで、『プラテー』、『アリオダンテ』、『エジプトのジュリオ・チェーザレ』を指揮することができた。

指揮の依頼は次々と舞い込んできた。今思えば、様々な劇場や音楽祭の総監督の後押しがあったからに他ならない。カラヤンの長期政権後にザルツブルク音楽祭の総裁に就任したジェラール・モルティエから電話が入ったのは、ちょうどパリで『イドメネオ』を指揮しているときだった。ジェラールは多様なタイプのモーツァルト指揮者を探していた。「伝統的なスタイル」のベルナルト・ハイティンク、グスタフ・クーン、クリストフ・フォン・ドホナーニ、ダニエル・バレンボイム、「モダン・スタイル」のハインツ・ホリガー、シルヴァン・カンブルラン、そして「バロック・古典派スタイル」ではカラヤンが最期まで「無視」し続けたアーノンクールといった布陣を揃えていた。アーノンクールが『フィガロの結婚』を指揮したのに続いて、私にも一九九七年の夏の『後宮からの誘拐』のオファーが舞い込んできたのだ。私は電話口で震えていた。嬉しさのあまりだったのか、恐しくなってしまったのか、記憶は定かでない。

ジェラール・モルティエの斬新な計画は、私の人生最大の危険な賭だった。だがこのオペラ界の重鎮との出会いが、その後の自分のキャリアを大きく左右するだろう、ということはすぐに察した。ザルツブルク音楽祭では誰も知らない「フランス人」に、「彼らの」モーツァルトを指揮させるとは、モルティエもとんでもない信頼を寄せてくれたものだった。彼が初めて私を聴いたのは、ポワッシー（Poissy）でロッシーニの『幸せな間違い』を指揮したときで、「台詞も保守的な聴衆も恐れない新鮮なアプローチで、まさに自分が『後宮からの誘拐』に求めている指揮だ」と高く評価してくれた。

彼にはまず、特別な空間を活かしたいという考えがあった。ザルツブルクには、オペラ公演で使用できるホールが少なくとも四つ存在する。コンサートだけでなく、オペラが本格的に上演できる会場がそれだけある、かなり特殊な街だ。ところがモルティエは従来の会場ではなく、祝祭劇場の隣にある大司教の宮殿の中庭という「屋外」に特設ステージを組むことにした。夢のような美しい空間だったが、公演は毎晩、雨の危険にさらされた。前年は同じ場所でモンテヴェルディの『オルフェオ』が上演されていたが、夏のザルツブルク特有の雷雨に襲われて、舞台も客もずぶ濡れになるという「事件」が発生していた。そのためジェラールは我々の公演が行われたときには、中庭を巨大なビニール・シートで覆ったのだが、雨が降ると、シートに跳ね返る雨の音で何も聞こえなくなる、という事態に陥った。現在は会場として使われることがなくなった場所だが、音響は素晴らしく、あの年の我々は八月の一か月間、いかにも「後宮」らしい高温多湿の屋外で公演を続けることになった。ザルツブルク音楽祭で『後宮からの誘拐』は一九二二年以降、たびたび取り上げられていたが、当時はジョルジオ・ストレーレル演出、ズビン・メータ指揮の伝説的なプロダクションがまだ語り草になっていた。既存のアプローチから脱するために、ジェラールは、無名のパリっ子を指揮者に抜擢しただけではこと足らず、ラ・カルトゥシュリー（パリの旧弾薬庫にある芝居小屋）でかつて活躍していたフランソワ・アブ・サレムという新進気鋭の演出家にも白羽の矢を立てた。彼はパレスチナで劇団を立ち上げていたことから、音楽祭の広報は私たちを「ユダヤ人とパレスチナ人のコンビ」と紹介していた。事実ではなかったが、細かいことに気をとめる者などいなく、イメージだけが一人歩きしていった。フランソワは不思議な人だった。人当たりがとても良くて、刺激的なアイディアを次々と出してきたが、オペラは全く素人で、完全に準備不足だった。私は『ファエトン』で免疫がついていたので予想はついていたが、案の定、リハーサルは大混乱に陥り、早々に歌手が不満を訴えてきた。

このような状況でこそ、有能な総裁の実力が試される。リハーサル会場の不穏な空気は、ジェラールにも伝わった。現場に現れた彼は、すぐに演出のどこに問題があるのか察し、具体的な解決策を提案して事なきを得て、結局、素晴らしい舞台になった。ジェラールはストレーレルの一八世紀風の繊細で美しい東洋趣向の演出を否定したかったわけではなく、作品が発する異なるメッセージを伝えようとしただけだった。東洋と西洋の間には、今も続く政治的な対立と永遠の憧れが混在する。俳優が演じる太守セリムは、ドイツ演劇界の重鎮ではなく、中東の劇団の若い俳優のほうが、彼の目には適役だった。そこでアブ・サレムと選んだのが、若いパレスチナ人の俳優、アクラム・ティラウィだったが、これが大正解だった。影のある繊細な美男で、どこか当惑しているような太守で、たどたどしいドイツ語も含めて……すべてが魅力になっていた。捕らわれたクリスティーネ・シェーファーが演じるコンスタンツェも、思わず惚れ込むような太守だった。コンスタンツェが最後一緒に旅立つ恋人も、とても格好いいテノールだったが……どこか後ろ髪引かれながら去って行くような感じだった。新しい解釈ではないが、とても面白かったので、のちにジェローム・デシャンと同作品を手がけたときに参考にして、太守の役をイラン人のダンサー兼俳優のシャーロック・モシュキン・ガラムに演じてもらった。全く異なるセリム太守だったが、同じようにミステリアスで魅力的だった。

ザルツブルクの『後宮』のリハーサルは三五度のうだるような暑さの練習場で行われ、方向性がなかなか定まらない地獄のような毎日だったが、本番は好評で、翌年も再演された。結局、私が指揮したもっとも美しい、もっとも感動的な『後宮』のひとつになった。音楽祭の制作スタッフにはいまだに、「あれは、近年、音楽祭でもっとも成功した舞台の一つだ」と言われる。非常にシンプルな舞台が、宮殿の中庭で見事に機能していた。ザルツブルクの郊外地区で募集したエキストラたちが、作品の魅力をしっかり伝えつつ旧態依然としたオペラの世界から脱するのに貢献していた。そしてキャストは、歌も演技も卓越した奇跡の布陣が揃っていた。フランツ・ハヴラタのオスミンは滑稽で恐ろしく、全く新しいオスミン像を創りあげていた。モーツァルテウム管弦楽団も、私の要求に完全に応えてくれた。「トルコ風」の衣装を着た楽員がトルコの伝統管楽器奏者クドシ・エルギュネルを取り囲むように配置され、台詞に色合いをつけて観客を魔法の世界へ誘った。チロル風民族衣装も燕尾服もない。そこは後宮の世界だった。

『ファエトン』は夢のような舞台になるはずだったが、悪夢に終わった。『後宮からの誘拐』も下手をすれば同じ悪夢になりかねなかったが……素敵な夢になった。教訓として言えるのは、オペラは所詮生ものだということ。ひょんな調子で壊れてしまう、吹きガラスのようなものだ。そう、大きな吹きガラスの作品なのだ。完璧な形に近づいたと喜んだその瞬間に……割れてしまうことがある。逆に絶対に割れると悲観していて……完璧なものが出来たりする。

ジェラール・モルティエ時代のザルツブルク音楽祭で参加したプロダクションで、『後宮』ほど成功したものはない。同音楽祭では、二〇〇一年にフェルゼンライトシューレ劇場でヨハン・シュトラウスの喜歌劇『こうもり』の話題満載の新演出を指揮した。かつての乗馬学校跡にできた独特のこの会場は、のちにバルタバスとの夢のコラボレーションが実現した場所だ。『こうもり』が「話題満載」だったのには理由があって、あの場にいた全ての人間に強烈な印象を残したプロダクションだった。あのときの雰囲気は今でも忘れられない。オーストリアでちょうど極右の新政権が誕生したときで、ジェラールは怒って一度出した辞表を撤回して、政権に対する皮肉をたっぷり込めた、小包爆弾のような『こうもり』の新演出を披露した。責任を全うする姿勢を示しながら、政界を挑発するために彼が二〇〇一年の音楽祭のプログラムに選んだのは、オーストリア人が自国の宝と仰ぐモーツァルトの『フィガロの結婚』、リヒャルト・シュトラウスの『ナクソス島のアリアドネ』、そしてヨハン・シュトラウスの『こうもり』だった。異国人が触れてはいけない「国のお宝」にあえて手を出して、激しく嚙みついたのだ。三作のなかでもっとも過激だったのが『こうもり』で、ハンス・ノイエンフェルスの演出はさながらモルティエのリーサル・ウェポン（最終兵器）みたいだった。シュールなポエムが延々と続き、ナチスやショア（ユダヤ人の大虐殺）を彷彿させる場面が絶えず顔を出し、ザルツブルクがナチスに協力した街だったことを露骨に見せつけて、事前に録音した音楽を流して、アイゼンシュタイン夫婦の子供たちが舞台上で自殺する。とにかく、やりたい放題の演出だった。通常は豪華な衣装で登場する上品なオルロフスキー公爵も、寝間着姿でコカインを吸引しながら一九七〇年代のムジークテアター（Musiktheater）よろしく大声で怒鳴りまくっている。そしてノイエンフェルスの妻でもあるオーストリアの大女優、エリザベート・トリッセナールが、観客にむかって半世紀前にオーストリアで何が起きたのか、思い出させるための演説をぶつのだが……こうした舞台上の流れと並行して、私は何事もなかったかのようにヨハン・シュトラウスの音楽を楽譜どおりに指揮しなければならなかった。舞台とオーケストラの方向性に一貫性を求める私には、どうにも辛い試練だった。

何度も逃げ出したくなったが、指揮者がしばし直面するジレンマに苦悩しながら（これについては、のちに触れる）、ひたすら平常心を装って指揮を続けた。ジェラール・モルティエを裏切りたくない、というのが第一の理由だった。「ブルジョワ」に喧嘩を売るだけ売って、反感を買って、「なんか悪いことをした？　どうしてみんなで僕を嫌うの？」と、子供のように周囲に訊ねて楽しんでいる人だった。この一見無邪気な面が彼の魅力でもあり、危険な面でもあった。

今になって思えば笑い話だし、面白い演出でもあった。あまりにも極端で、かえって寛容に受け止められる。いずれにせよ、忘れられない体験だった。だがあの時は、公演の幕が下りるたびに大ブーイングを浴びせられ、「ミンコ、故郷に帰れ！」とフランス語で罵声が飛んできたこともあった。スイス人の音楽愛好家に、こう言われたこともある。「ミンコフスキさん、私たちはあなたが大好きです。批判の口笛を鳴らしたのは、あなたに裏切られたからです。なぜ、あんな酷いプロダクションに参加したのですか？」

モルティエはこうした観客の反応を把握していた。そしてフランケンシュタイン博士のように、自分が生んだ怪物が勝手に動き出して、自分の首を絞める結果になった。それが彼の狙いだったのかもしれない。真実は闇に包まれたままだ。彼はのちに、「あのときは演出家に裏切られた」とマスコミに吐露していて、ドイツのレジーテアターを代表する演出家だったノイエンフェルスを、その後に活動拠点となったルールにもパリにもマドリッドにも招かなかった。一方、私といえば、いつもは敵視されているフランスのマスコミになぜか絶賛されて、あのル・モンド紙にも好評が載るという想定外の展開になった。

私とジェラールの関係は、彼が独ノルトライン・ヴェストファーレン州の中都市ボーフム（Bochum）のルール・トリエンナーレ芸術祭の芸術監督に就任してからも続いた。ルールのトリエンナーレは三年をワン・シーズンとして一人の芸術監督に運営が託される芸術祭で、モルティエは就任早々、一緒に昼食を楽しんでいるときに、『魔笛』を私とやりたいと言い出した。素晴らしい計画だが、演出にはラ・フラ・デルス・バウスを考えている、という点がひっかかった。スペインのカタロニアを拠点に活動するパフォーマー集団で、オペラよりもスポーツや大衆向けのイベントの演出で知られている。ハイテク技術を駆使したザルツブルク音楽祭の『ファウストの劫罰』の彼らの演出は、強烈な印象を残した。最初に数回会って話をしたときから、インパクトのある演出計画だと思ったが、楽譜に書かれた台詞をナイーヴで抒情的な新しい台詞に置き換えることには疑問を感じていた。会場となったボッフムの廃工場にできたのは、スピリチュアルで物悲しい、なんとも不思議なスペクタクル芝居の舞台で、あの『魔笛』は一度上演されたきりで終わってしまった。これについてはまた改めて触れたいと思う。

振り返ってみれば、ジェラールは私に全幅の信頼を寄せていたが、私の意見には全く耳を貸していなかったと思う。若い頃に出会った多くの劇場支配人がそうだった。悪気は一切ないし、完全に信頼を寄せてくれているには違いないが、結局、利用されただけだった。ただ自分の側にもオファーを承諾するにあたり、それなりの理由があったのも事実だ。ジェラールの仕事を断ったのは一度だけだが、死ぬまで後悔するだろう。劇場の支配人になりたいという私の想いは、こうした経験から次第に大きくなっていった。自由に仕事がしたかった。支配人になったら必ず想いが叶うわけではないことを、のちに思い知るわけだが、とにかく「やってみたい」という気持ちだけは割と早い時期からあった。

　ジェラール・モルティエはパリ・オペラ座の総裁に任命されると、「エサ＝ペッカ・サロネン、シルヴァン・カンブルラン、ケント・ナガノ、ほか数人を含む「常連の指揮者リスト」に私を加える」と、知らせてきた。この瞬間、自分はもはや「新人」ではなくなったことを否応なしに痛感させられた。「若手指揮者」を卒業して、これからはベテラン指揮者の仲間入りをする。モルティエには『ファウスト』を勧められたが、私は別の提案をした。一九三六年以降、一度も上演されていない『ユグノー教徒』をそろそろ「復活」させるべきと考えていたからだ。ガルニエ座で初演されたフランスのグランド・オペラの傑作だ。「ほう……」と、モルティエは明らかにあまり乗り気ではなかった。根拠はわからない。この典型的なフランス・ロマン派オペラを、低俗な「ブルジョワ趣味」の愚作だと思っていたのかもしれない。彼を説得するために、同作品の録音とオペラ専門雑誌『アヴァン・セーヌ・オペラ（*Avant scène opéra*）』に掲載された『ユグノー教徒』の解説記事を届けたのを覚えている。劇場の支配人相手にこのようなことをしたのは、初めてだった。あの解説を読めば、この作品の内容や重要性が理解してもらえると私は信じていた。だが彼の反応は、「このような作品で公的資金を無駄使いするわけにはいかない」という否定的なものだった。内容が重すぎる、独特すぎるというのだ。パリ・オペラ座で私が指揮するのが、ルールのトリエンナーレの『魔笛』の再演になることを知ったときは、深く失望した。

　そもそもバスティーユでモーツァルトを上演すること自体が、非常識だ。この考えは今も変わっていない。舞台が大きすぎるうえに客席との距離がありすぎて、冷たい感じになる。私には一九九六年に同劇場で『イドメネオ』を指揮した経験があった。『イドメネオ』は合唱の場面が多く、比較的大がかりな悲劇なので、まだなんとか格好がついた。だが、『魔笛』は違う。崇高さと親密さが入り交じるコミカルな要素も多いメルヘン芝居で、モーツァルトは七〇〇人から一〇〇〇人程度の芝居小屋のために、この「語り」を含む哲学的な童話オペラを書いている。バスティーユの客席数はその三倍ちかくあり、ベルリオーズやワーグナーの上演には適しているが、モーツァルトには適さない。結局、オリジナルの台詞を書き換えて、パトリス・シェロー率いる有能な俳優群がマイクを使ってそれを読み上げることで、親密な台詞の問題を解決しようとしたが、ボッフムのこぢんまりとした工場跡の特設舞台ならともかく、バスティーユでは到底無理があり、何もかもうまくいかなかった。化学と同じで、すべては配合のバランスの問題なのだ。

モルティエは私が不満なのを感じたのだろう。『こうもり』の件があっても、決して揺るがなかった親子のような私たちの関係に、この頃から陰りが出てきた。私にとって大切なこと、記憶にとどめておきたいことは、二〇世紀のオペラ界を大きく変えた先駆者と出会い、貴重な経験ができたことだ。参加したプロジェクトで傷つき、音楽を滅茶苦茶にされた経験が皆無な指揮者などいない。だがその都度、自分の中で沸き起こる恨みを押さえて、克服し、寛容な気持ちに変えていくように努力するしかない。だが高く評価されたかと思えば、急に手のひらを返したように攻撃されるのは、正直辛い。ジェットコースターに乗っているようで、目眩がすることもある。

自分はチャンスに恵まれてきた人間だと思うが、こうした危機は心理的な傷跡を残す。舞台に出ていく瞬間は、格闘技のリングに放り込まれるような心境になる。聴衆の評価はまだ定まっていないが、これからきっと彼等の半数の反感を買うだろう。「音楽に集中するんだ」といくら自分に言い聞かせても、不安は消えない。ジェラール・モルティエのおかげでザルツブルク音楽祭という超一流の活動の場を与えられ、それは私がこれまでで得た、もっとも重要で実り多い贈り物だった。このことを、生涯記憶にとどめてきたい。『魔笛』ののち、グルックの傑作『トーリードのイフィジェニー』の指揮者に抜擢してくれたのも彼だった。後者は公演の数年前にすでに録音していて、新演出は本公演がパリでのオペラ・デビューとなったクシシュトフ・ワルリコフスキが手がけた。初日はまたもや大スキャンダルになって酷評されたが、再演を繰り返していくうちに、いつのまにか受け入れられるようになり、「古典」になっていった。厳しい状況に置かれたり、企画が失敗したり、危機に直面したりすると、「ジェラールだったら、どうしただろうか」と自問することが多い。奥が深いが矛盾の多い人物だった。独断的といえるほど頑なに自分の理念を曲げなかったが、実務的で現実的でもあった。熱心な読書家で、音楽家の仕事に詳しく、劇場の機能を隅々まで把握し、誰よりも高い教養を備え、猫のように鋭い感覚の持ち主だった。

シャトレ座からエクサンプロヴァンス（Aix en Provence）音楽祭に移ったステファーヌ・リスネール元総裁に出会ったのも、ザルツブルク音楽祭の『後宮からの誘拐』を指揮していたときだった。エクスはバソン奏者として昔よく出演していたが、オペラはエクス出身の作曲家アンドレ・カンプラのバレエ・オペラ『優雅なヨーロッパ（エウローパ・ガランテ）』を演奏会形式で指揮したことがあっただけだった。ステファーヌは面白い演出家を見つけ出す才能に長けていて、私も彼のおかげで貴重な出会いに恵まれた。エクスで指揮をするのは、夢だった。フランス人の私が言うのも可笑しいかもしれないが、子供の頃はザルツブルクよりもエクスのほうが重要だった。両親と毎年のように音楽祭に行っていたからだ。二〇歳のときに観たラモーの歌劇『イポリートとアリシー』は、ガーディナーの指揮でジェシー・ノーマンとジョゼ・ヴァン・ダムがタイトルロールを歌っていて、演出はピエール・ルイージ・ピッツィによるものだったが、強烈な印象を私の中に残した。子供のときから馴染みがあったアルシュヴェシェ劇場（旧大司教館の中庭）はリスネール時代に改築されたのだが、彼に会ったのは新しい劇場が完成したばかりのときだった。リスネールのことは勿論知っていたが、彼は私のことを知らなかった。そのせいか、彼はバロック音楽の指揮は一貫してウィリアム・クリスティに任せていた。それがある日、ザルツブルク郊外の湖のほとりにある素晴らしいレストランで、『ポッペアの戴冠』をクラウス＝ミヒャエル・グリューバーの演出でやらないか、と誘ってきたのだ。

名誉に思うと同時に動揺を禁じえなかった。名誉に感じたのは、グリューバーがドイツ演劇界を代表する巨匠のひとりだったからで、動揺したのは、私も彼もモンテヴェルディとは無縁だったからだ。一七世紀のヴェネチア楽派のオペラは、指揮者が指揮するような音楽ではない。通奏低音が歌手の会話を支える形で進行するため、「棒振り」ではなく、アラン・カーティス、アーノンクール、あるいはヤーコプスのような「コンティヌオ（通奏低音）奏者」、つまり楽器奏者・歌手・編曲者が楽器を弾きながら指揮をするほうがいい。とはいえ、『ポッペア』のような傑作の指揮を断るのは、マゾヒストでもない限りできないことだ。ましてや当時の私は、チューリヒ歌劇場で録画されたジャン＝ピエール・ポネル（演出）とアーノンクール（指揮）の同作のプロダクションの虜になっていたこともあって、心はすぐに決まった。「もちろん、やります！」

クラウス＝ミヒャエル・グリューバーというのも、謎めいた人物だった。ジョルジオ・ストレーレルの助手として研鑽を積んだのち、ベルリンのシャウビューネ劇場を牽引する演出家になり、その後フランスの島で暮らしていた。レオス・カラックス監督の映画『ポン・ヌフの恋人たち』で乞食の役を演じた俳優でもある。演劇の世界ではグリューバーの名前を口にするだけで、激震が走る……らしかったが、当時の私は何も知らなかった。私とって演劇界の革命児といえば、ストレーレルかムヌーシュキンで、グリューバーはそこに含まれていなかった。

アリアーヌ・ムヌーシュキンはカルトゥシュリー劇場の演出だけでなく、映画監督としても有名で、子供の頃は、彼女が脚本・監督を務めた映画『モリエール』に夢中になった。主役のモリエールを演じたフィリップ・コベールが好きで、自分もいつか俳優になりたいと思うほど魅了されていた。のちに大人になってから彼とも親しくなったが、舞台芸術の頂点に君臨する俳優という職業には今でも強い憧れがある。

グリューバーがフランス演劇のエスプリと重厚なドイツ演劇の特性の狭間に位置する演出家であ

ることは解っていたが、それ以上の知識はなかった。

私にはいかなる経験も無駄にはならないというポリシーがあるので、とりあえず仕事を引き受けたが、グリューバーを崇拝する面々とは距離を置くことにした。しかし、それが足かせとなることを、すぐに痛感することになる。リスネールはまるで教皇か神のようにグリューバーを崇め、いかなる問題が生じても無条件で彼を支持した。私と衝突するのも、時間の問題だった。とても厳しい、辛い状況だった。急に稲妻が光って、甘ったるい叙情的な場面になり、やれ罰則だ、呪いだという案配の演出で、何が何だかさっぱり解らなくなった。絶対的な教祖が好き勝手やっている新興宗教の団体に放り込まれたような心境だった。その中で、私はいつの間にか「悪い息子」、「不幸な息子」の役回りになってしまった。

公演は夜の九時から始まるため、長すぎる作品を部分的に省略することを提案した。どんな曲でも短くカットするのは心が痛むが、時と場合によっては不可避なこともあり、昔からやられてきたことだ。「生粋」ではないとはいえ、「一応」バロック出身を自負している自分は、できるだけ原曲のまま演奏したい。指揮者は歌手とオーケストラを操るだけではなく、演奏者よりも神聖な「作品」、「楽譜」に対する責任を負っている。そして作品に敬意を表しながら、カットを入れることもある。（ラモーやオッフェンバックのようなマニアックな作曲家でさえ、どれだけ自作を切り刻んでいたことかしれない。）ときに作品に対する裏切り行為になったりもするが、大抵は問題ない。だが指揮者と演出家の意見がその場で一致するのは、奇跡に近い。クラウス＝ミヒャエルの場合、このカットをめぐる議論が彼に対する宣戦布告になってしまった。私は彼を自己中心的なサボタージュ男とみなし、彼は私をくだらない原典主義にこだわる人間、と見下すようになった。

それでも最初のうちは、どちらかといえば事は順調に運んでいた。私は「自分のカット」を入れて編集した録音を事前にグリューバーに送っていて、彼も納得していたのだが、リハーサルが始まった途端に様子が一変した。本番の数週間前にエクスでカットをめぐる議論が勃発してしまった。今度は彼が連日のように、次々と新たな箇所を削除することを求めてきて、しまいには舞台上にいる歌手の「役を削除してしまおう」とまで言い出した。皇后オッターヴィアの乳母などは確かに端役だが、重要な受け答えをする、物語の流れに欠かせない人物だ。私は作品のためなら、本番直前まで手直しをすることをいとわない。ストレスがかかっても、歌手から文句が出てもかまわない。だが、人生、何事にも限度がある。「いい加減にしろ」と、必死に抵抗した。だが、リスネールはそのような私の態度を、「頑固すぎる」と批判した。違う……だが、あの場でリスネールの考えは常に「正義」で、私にはもはや、どうすることもできなかった。

クラウスは雰囲気で自分の考えを伝える口数の少ない演出家で、いわゆるラカン的思考の持ち主だった。アンネ＝ソフィー・フォン・オッターがネローネ役、ミレイユ・ドランシュがポッペア役を歌っていたが、ミレイユは「炎に触れる」、「死の舞」という具合にたった一言、簡単なイメージを伝えるだけの彼の演出指導が気に入っていた。舞台を鷹のような目で相手を睨みつけて、一言も発さずに物凄いパワーを送る魔術師のような演出家だった。正直言って、私もとても勉強になった。

ポッペアが議会で皇后に選ばれる場面で小編成の合唱が登場するが、グリューバーはこうした箇所を嫌っていた。具体性のある役柄、さらにいえば「個」にしか関心がなく、親密な場面を重視していた。時間とストーリー、その場の状況も超越した最終幕のフィナーレ、性と権力の勝利が高々と歌い上げられる二重唱に、一刻も早くたどりつきたい様子だった。モンテヴェルディ自身が作曲したかどうかも疑わしい、四つの基音に美しい和音が擦り合いながら展開していく、ごくシンプルなシャコンヌ。歌手は身体を寄せ合うこともなく、互いにわずかに触れるだけ。旅立ちではなく放浪、断念は喪失という解釈だった。

作品を切り貼りし続けたグリューバーは、若い頃にストレーレル率いるミラノのピッコロ・テアトロ劇場でコメディア・デラルテの法則と純粋さを学んでいるが、彼の本質は官能的で暗く、重い。だがポッペアのバルコニーの前で二人の兵士が番をしている場面で、彼が自分の考えを押し通したときのことは、未だに忘れられない。野暮ったい兵隊たちが皇帝の運命についてやりとりする、シェークスピアの喜劇に出てくるような滑稽な場面だ。小市民のたわいのない井戸端会議。リハーサル中、グリューバーは珍しく舞台に駆け上がって、自身を投影した悲しい道化風のマイムを演じてみせた。そこにいたのは、まさにカラックス監督の『ポン・ヌフの恋人たち』で演じたあの乞食だった。アルシュヴェシェ劇場の舞台に突如現れたコメディア・デラルテの人物。皇帝ネローネが近づいてきて兵士たちが隠れる瞬間、魔術師がドイツ語訛りのフランス語で叫んだ、「カモフラージュ！（Camouflage）」。同じシーンがもう一度演じられたとき、兵士役の歌手は演出家の意図を明確に捉えていた。

グリューバーは空間、音、明かり、あらゆる細かいことに極端に神経質だった。ある日、練習スタジオで「音楽だけ」のリハーサルを行っていると、彼が部屋に入ってきた。我々は驚いたが、十分もたたないうちに出て行ってしまったので、不安になった。リハーサルはあと二時間も残っていた。休憩になり、彼を探して訊ねた。「どうして出ていってしまったの?」

すると次のような返事が返ってきた。「なあ、マルク。あのチェンバロという楽器、あの音に耐えられないんだよ」、そう言って黙ってしまった。

「クラウス、スタジオだとチェンバロの音が大きく聞こえるけれど、本番の舞台は屋外だから、チェンバロは二台、リュートも五本使う。それでもほとんど聞こえないよ」

不安げな瞳でこちらを覗くグリューバー。性分からも、私は長いうえにほんの小編成の楽器群しか登場しないこの作品では、ある程度インパクトのある響きが欲しかったが、飾り気のない、何もない「無」を好む演出家の同意を簡単に得られないことは予想していた。

それでも珍しくこちらの言い分が通ることもあった。このオペラにはフォルトゥーナ(幸運)、ヴィルトゥ(美徳)、アモーレ(愛)という、アレゴリーと神が登場するが……彼にはいずれも余計な人物だった。リハーサルの途中で突然、「このままじゃ駄目だ。なんて退屈なプロローグなんだ。削除してしまおう」と言い出した。私は「短いし、作品の展開の鍵を握る重要なプロローグなんだよ」と反論して、とりあえずそのままリハーサルを続行した。グリューバーは部屋を出て行ってしまったが、結局、イッセイ・ミヤケがデザインした衣装で音楽祭のオープニング・イベントを飾った三人の女神が歌うことに、渋々同意した。だが女神に動きはなく、彼は歌を全く聞いていなくて、舞台上には不思議な空気が流れていた。本番では意地と謙虚さが入り交じる強烈な場面を前に、観客席も静まりかえっていた。

アモーレがポッペアについて持論を語る美しい場面も、彼には「退屈」だった。しかし、あれは、その直後にポッペアの乳母アルナルタが歌う有名な子守歌を境に物語が急展開していくうえで不可欠な場面だ。結局、リハーサル中は「あの場面は観たくないので、助手に任せる」と吐き捨てるように言って、また姿を消してしまった。

だがもう一人の「乳母」は救うことができなかった。一七世紀のヴェネチア楽派のオペラによくあるように、ポッペアとオッターヴィアにはそれぞれ乳母がついている。ポッペアの乳母、アルナルタは男性が演じる大役で、あのときはジャン＝ポール・フシェクールが歌っていた。素晴らしい歌手だ。アルナルタは善良な乳母の典型で、小さな野望を抱えながら、いつもいろいろ考えていて、勘が働き、何でもお見通しだ。一方、悲劇の皇后オッターヴィアにも乳母がいて、アルナルタほど面白くないが、同じく重要な人物だ。ところがある日、一緒に昼食をとっていると、クラウスが次のように切り出した。「マルク、オッターヴィアは一人にしよう」

得意の「カモフラージュ」で、隠してしまうというのだ。説明も何もない。「乳母を削除できないか」という相談もなく、決定事項として、オッターヴィアの乳母は消されてしまった。

デザイナーのルディー・サブンギが作った身体に張り付くような衣装を考案したのも、実は、グリューバーだった。人というより、布でぐるぐる巻きにされた、生きているのか死んでいるのかわからない、ぼろ切れのような生き物が舞台上を行き来していた。誰かを演じるのではなく、行為だけが一人歩きしている。何者なのか、何者だと推測すべきなのか、客席にはいかなるイメージも強いることはしない。

そしてついにオーケストラと歌手が初めて一緒になる、「舞台リハーサル」が始まった。私は楽器と歌のバランス、歌手の立ち位置や細かい動きや流れなどを決めていった。歌手たちには、ヴェネチア楽派の歌唱スタイルで、語るように、表情豊かに歌うこと（parlar cantando）を求めた。ところがクラウスは、この表情豊かな表現を極端に嫌っていた。汚らわしい、と言わんばかりに。私たちのアンバランスな関係は、周囲の人間にとっても気苦労の種だったが、重苦しいながらも神秘的な雰囲気を生み出していた。

結局、エクスの『ポッペアの戴冠』の舞台は非難囂々だったが、公演の映像を後から見直して、「なんて美しく純粋で、流れるような演出なんだ。歌手も、舞台上を歩かず、宙を舞っているようだ」と感動したことを認めざるを得ない。ただ、そのように思えたのは後になってからで、公演の最中は辛いことばかりで、演出の良さに気づく余裕などなかった。今でも生々しく記憶に残る体験で、あの仕事は一種の奇跡だったのかもしれない。

ジェラール・モルティエからの誘いを断ったことがある、という前出の話だが、断ったのはグルックの『オルフェ』をピナ・バウシュが振り付けた公演の再演計画だった。私もジェラールに対しては、ちょうど反抗期の少年みたいになっていた時期だった。一九八九年にリナ・ランディの団体で『アルセスト』を指揮して歌劇場デビューした自分にとって、グルックは「私の」音楽、人生そのものだったので、愛するグルックのオペラを、ドイツ語訳で、カットして、加筆して、ロマン主義的趣向に改編した公演を指揮するなど、考えられなかった。ビデオで問題の公演を観たが、すぐに嫌気がさして、ジェラールのオファーを断ってしまった。パリの「モルティエ・チーム」の一員だったにも関わらず、だ。それまで一度も彼の願いを断ったことがなかったため、頑固で生意気に思われた違いない。本番を客席で観て、私は涙を流して感動しながら、この「異なる」『オルフェ』を引き受ければ良かった、と後悔した。自分も今では、もう少し考え方が柔軟になったと思う。少なくとも、偏見を抱いたまま仕事を選ぶ過ちは減った。楽譜、作品の時代様式、作曲家の意図を大切にしたいという気持ちは変わらないが、思慮深い視点で、解釈に一貫性がある限り、許容範囲は広くあっていい。

『後宮からの誘拐』や『ポッペアの戴冠』を含め、苦労したどのプロダクションも、最終的には歴史に残るものになった。自分を成長させてくれたこれらのプロダクションに、感謝している。観客も、同じ気持ちだと思いたい。

ただ、どれほど勉強になる経験でも、人生とは違う。人生は衝撃の連なりではない。人生は耕し続ける畑のようなものだ。良いときも悪いときもあるが、永遠に続く人間関係。実り豊かな友情もある。ロラン・ペリーについてはすでにふれたが、ここでオリヴィエ・ピの名前をあげないわけにはいかない。彼ほど意気投合できて、勉強になる演出家は珍しい。お互いのことはずっと気になっていたが、実際、一緒に仕事をしたのは二〇〇七年になってからで、モスクワで『ペレアスとメリザンド』のロシア初演が実現したときだった。オリヴィエとはその後も、ブリュッセルで『ユグノー教徒』、パリで『アルセスト』、アムステルダムで『ロメオとジュリエット』、ウィーンで『ハムレット』、エクスで『イドメネオ』、ボルドーとパリのオペラ・コミック座で『マノン』、そして再びウィーンのアン・デア・ヴィーン劇場で『さまよえるオランダ人』をやった。冒険の旅を一緒にしているような感じで、息が合う。オリヴィエ・ピの演出で舞台美術と衣装をいつも担当するピエール゠アンドレ・ヴェイツにはいつも驚かされる。二人はお互いに補足し合いながら融合していく、兄弟のような間柄だ。やたらと理屈っぽい演出、あるいはビデオ映像だらけの舞台にならない。私と同じようにオペラそのものを、要は「ありのまま」の形で楽しんでいる。かつてジェラール・モルティエに却下された『ユグノー教徒』を演出したときは、作品にきちんと敬意を払ったうえで、シンボルを駆使しながらも全てを自然に見せる、想像力豊かな手腕を発揮して、オペラ演出の手本になるような舞台になった。『ユグノー教徒』のような大作には不可欠な、一本筋が通った大きな流れがきちんとできていた。

近年では、ヴァンサン・ユゲの演出で、ボルドー国立歌劇場で、ドン・キホーテを題材にした複数の作品をまとめた『ドン・キホーテの旅（*Voyages de Don Quichotte*）』と題された監督就任記念の開幕公演、さらに『ホフマン物語』を指揮したが、彼とも抜群のタッグを組むことができた。マイアベーアの歌劇『悪魔のロベール』で一緒に仕事をしたリュック・ビローもしかり。とても若いが、将来がとても楽しみな演出家だ。私は新しい世代の若い演出家と一緒に仕事をすることを、とても大切にしている。ボルドーでは、こうした若手とのプロダクションにとても力を注いでいた。ヴァンサンとは、オッフェンバックの喜歌劇『パリの生活』も合わせ、ボルドーの歌劇場のシーズン開幕を三回飾った。シンプルで穏やかな人間関係。人生、常にそうありたい。

6　ルーツと都市

ウィーンは母が生まれた街だが、彼女の出生は昔からデリケートな話題で、我が家ではほとんどタブー視されてきた。祖母はまだ帝都だったウィーンで、エドガー・クラウスという名前の愛人と逢っていた。母から譲り受けた両者の手紙を読んで知ったことだが、彼はどうやら世界中を旅していたチェコの実業家で、家族とよくウィーンに滞在していたらしい。何年かかけて調査を進めていくうちに、母が生まれたウィーンのフュルスト療養所（Sanatorium Fürst）という所がきわめて特殊な場所だったことがわかってきた。

ユダヤ人の名医だったM・フュルスト博士が運営する療養所は、クリムト家なども含む当時のオーストリアのエリート階級を顧客にしていた。ドイツ語で書かれた資料を読む限り、この施設はナチスがウィーンに侵攻したときに没収されて、市内の一部地区の統括本部として利用されていたらしい。のちにオーストリア政府が戦後かなり時間がたってから、当時財産を没収されたユダヤ人の遺族に返還した重要な建物のひとつだ。フュルスト博士は、療養所前の路上でナチスに射殺されている。かつて療養所だった建物は、現在、アメリカ大使館の所有になっている。ウィーン出身のアメリカ国籍の母が、このような歴史をたどった建物で生まれたのが興味深い。私は演奏旅行のついでに、色々散策するのが好きだ。ウィーンの市役所の隣に、クラウス家が暮らしていたアパートメントをみつけることもできた。一族は小さな工場を経営していて、かなり革命的なトラクターを生産していたらしい。

私はウィーンに行くたびに、一九二〇年代のクラウス家の日常生活を想像して、様々な想いをめぐらせる。母が生まれたのは一九二四年だ。アマチュアのチェロ奏者だった実業家の祖父は、天才女流ヴァイオリニストだった祖母と大恋愛をした。祖母はモンブラン山脈でスキーをしている最中に転倒して負傷し、ヴァイオリン奏者としてのキャリアを断念せざるをえなかった。だが二人の愛は、音楽で満たされていたにちがいない。二人が出会う前の祖母、エディス・ウェイドの全盛期の演奏評を集めたプレス・ブックを眺めるたびに、彼女がいかに偉大な音楽家だったのかがわかって、胸が熱くなる。

母がウィーンで暮らしたのはほんの数年で、その後は、フランス、ニューヨーク、そしてジュネーヴで育っている。父親には一度も会っていない。祖父母はジュネーヴで出逢い、ウィーンで愛人関係にあったが、長くは続かなかったようだ。母の身分証書にはこうした複雑な背景が反映されていて、家族手帳には名字が「ウェイド、別名クラウス（Wade dite Kraus）」と記されている。いずれにせよ、私も兄のニコラもアントワーヌも、この祖父については詳しいことを何も知らないまま育った。祖母のエディスは、娘がこの話に触れるたびに、涙を流していた。私は謎めいた自分のルーツについて詳しく知りたいという思いが日に日に強くなり、時間をかけて詳しく調べるようになった。そうするうちに、祖父がパリで暮らしていて、母と会う寸前ですれ違ってしまったこと、彼女と電話で言葉を交わしながらも、面と向かって話をする勇気が持てず、「失礼、番号を間違えました」とだけ言って、電話を切ってしまったことを知った。そして驚くべき事実も判明した。なんと祖父は、ミンコフスキ家の祖父母が眠るパリのバニュー（Bagneux）墓地のほんの数メートル離れたところに埋葬されていたのだ。クラウスの墓がそこにあることは、誰も知らなかった。「会ったことがないらしいけど、墓を見つけたよ」と母に報告して、父親の墓に連れていった。特別なひと時だった。母の家族手帳にクラウスの名字が記録されていたことから、パリ市の墓地管理局に母が「娘」であることを認めてもらえたので、私も孫として、墓を管理する権利を取得できた。

クラウスには他に子孫がいるのだろうか。系譜学の専門家に相談したほうがいいかもしれない。クラウスはアントワーヌ・ブールデルの弟子で、それなりに名が知られたギトゥ・クノープという彫刻家の舅だったらしい。私はクノープと交流があったという人物と偶然出会ったことで、祖父がパリに滞在していたときの住所を突きとめることができた。我が家には、一族のルーツについて興味を抱いて調べている人間がもう一人いる。従兄弟のフィリップ・ウィンストン・ウェイドだ。彼が書いた『風の記憶（*Memory of the Wind*）』という自伝がちょうど出版されたところだ。どうやら一族に興味があるのは、我々二人しかいないようだ。私の叔父にあたるフィリップの父親は、かつて

父アレクサンドル・ミンコフスキと（1977年、パリの自宅で）

父アレクサンドル・ミンコフスキと
（2000年モントルー）

祖母エディス・ウェイド
（1915年ニューヨーク）

ジャン・ドゥレトレと母アン・ウェイド、父アレクサンドル（1997年ザルツブルク）

ユネスコの高級官僚として、祖父のパリの邸宅から目と鼻の先のところにある事務局で働いていたので、すれ違っていた可能性はあるが、祖父とはまったく面識がなかった。二〇世紀初頭に生きたクラウス一族の謎は深まるばかりだ。先人たちは法的書類の欠如、情報の紛失が子孫をどれほど悩ますことになるか、考えが及ばなかったのだろう。一般的に昔と比べて家族は小さくなっているが、その分、人々の間で、絆が失われていくことへの不安が大きくなっているように思う。知りたい。人は「明日」を恐れるあまり、「過去」を切り離して「必然的な知識」として達観することで、心の平穏を得ようとする。

母方の曽祖父、ロバート・ベイリー＝ウェイドは離婚していた。当時のニューヨークでは珍しいことで、噂が沈静化するのを待つためにヨーロッパに渡った。曽祖父は英国将校の末裔だった。イギリスにルーツを持つ一族はもともとスクリーヴェン（Scriven）という名前で、先祖にはストラットフォード・アポン・エーヴォン（Stratford upon Avon）に埋葬されている者もいる。これも祖母の遺品を調べるうちにわかったことだ。イギリスのストラットフォードの教会のシェークスピアの墓のすぐ近くに、スクリーヴェン家の人間を追悼する記念碑が二つある。最近、カンブリア地方の馬をみるためにイギリスを訪れた際に、墓地を訪ねることができたが、あのような伝説的な土地に自分のルーツがあることを確認できて、感無量だった。シェークスピアといえば、それこそ舞台上で物語を紡ぐ全ての「舞台人の父」である。自分の中に、ほんわずかだが、英国人の血が流れているのを感じることがある。スクリーヴェン家はアメリカへ渡り、婚姻を繰り返すうちに苗字がウェイド（Wade）に変わり、アメリカの有名な絵画コレクターのクラーク（Clark）家と親戚になっていく。スクリーヴェン家の大叔父の一人に、ニューヨークの米国聖公会の首座主教だった人物がいるが、クラーク家側には高名な騎士もいるし、実業家も多い。クラーク家はシンガー（Singer）家とも親戚従関係にあり、セントラルパークの前にある有名なダコタ・ハウスを建てたのも、一族の人間だ。政治家、税理士、芸術家が住む伝説的な建物だが、祖母は長らくそこに住んでいた。

ロマン・ポランスキー監督の映画『ローズマリーの赤ちゃん』で屋外ロケが行われたダコタ・ハウスは、ジョン・レノンとオノ・ヨーコの住処としても有名で、ジョンはビルのネオ・ゴシック調の門前で殺害された。オノ・ヨーコは今でもあのビルで暮らしている。スタインウェイ家、ボリス・カルロフ、ローレン・バコール、ルドルフ・ヌレエフ、レナード・バーンスタインとフェリシア夫人など、ダコタ・ビルに住んでいた著名人の名前を挙げたらきりがない。数か月前、私は初めてビルの中に入った。入居者でないとなかなか入るのが難しいのだが、祖母が住んでいたアパートメントを探し当てることができたと思う。おそらく、あそこだったに違いない。時が止まったような不思議なビルで、連日のように押し寄せる観光客を頑として跳ね返し続ける、ネオ・エリザベス調の優雅な幽霊みたいな建物だ。このビルを題材にしたオペラかミュージカルを指揮してみたい……だが、とりあえず願い事は胸にしまっておこう。

二〇世紀初頭、あるいは一九世紀末というべきだろうか、ロバート・ベイリー＝ウェイドはアメリカからフランスに渡り、スイスのジュネーヴに移住した。子供たちには洗練されたフランス語を身に着けさせたいという考えがあり、相応しい場所を探していたようだ。彼の娘である私の祖母は、パリとウィーンで暮らしたのち、再びニューヨークに戻ったが、晩年はジュネーヴで暮らし、同地で亡くなった。ジュネーヴは彼女が学生時代を過ごした都市でもあり、同市の音楽院ではアンリ・マルトーに師事している。（祖母が音楽院を卒業したときに取得した「卒業メダル」が最近見つかった。）祖母はベルリンでフリッツ・クライスラー、そしてパリでジョルジェ・エネスクにも学んでいて、後者のお気に入りの弟子だった。短い間ではあったが、彼女も舞台に出ていく瞬間に感じる、あの恐怖を味わったに違いない。孫の私をいつも温かく見守ってくれた祖母は、躾や作法に厳しい、一九世紀の精神を持った人間だった。

ここで音楽の話を少ししたい。アルザス学園に通い始めたのは、祖母が亡くなる一年ほど前だったと思う。かなり高齢の夫人だったが、とても可愛がってくれて、幼い私を膝に乗せている珍しい写真が一枚あり、大切にしている。自分にとって、とても大切な人だった。彼女のジュネーヴのアパートメントのテレビで、ストラヴィンスキーの葬儀の生中継を一緒に観た記憶がある。従兄のフィリップ・ウェイドにもらった祖母の古いラジオは、今でも大事に持っている。グルンディッヒ社（Grundig）の北米型一九五五年製のどっしりとした大きなラジオで、音はモノラルだがどんなラジオよりも音がいい。鳴らすたびに、祖母に音楽をかけてもらっているような感じがする。彼女はスイス人のテノール歌手で、私も成人してから何度も会っているユーグ・キュエノと親しくしていたが、彼は二〇世紀音楽史の生き字引きのような人物だった。キュエノといえば、ストラヴィンスキーの歌劇『放蕩児の遍歴』がヴェネチアで一九五一年に初演されたときの歌手の一人で、作曲家フランク・マルタンとも仕事をしていて、歌劇『ペレアスとメリサンド』の初代メリサンド、メアリー・ガーデン、そしてとくにナディア・ブーランジェとよく共演していた名歌手だ。彼はとても優しくて、徹底した自由人で、一〇五歳のときにノルマンディー地方で初めて国のパートナーシップ制度PACSを利用した同性愛者だった。自身の声質を「真っ白」と形容していたキュエノだが、人としては極めてカラフルな人生を送っていた。

そろそろウィーンに話を戻そう。バソン奏者として、フランス国外で初めて招かれた街のひとつがウィーンだった。リコーダー奏者のルネ・クレメンチッチに注目されて、誘われたのがきっかけだった。古楽のパイオニアで作曲家でもあり、ムヌーシュキン監督の映画『モリエール』のサウンドトラックも彼の手によるものだ。クレメンチッチは最近亡くなったが、彼に初めて会ったのは、彼が審査員を務めていたブリュージュ（Bruges）国際コンクールに四重奏団のメンバーとして参加したときだった。ユーゴ・レーヌ、セバスティアン・マルク、ピエール・アンタイ、そして私という、なんとも個性の強い四人で組んだアンサンブルでこのコンクールに挑戦して、見事に優勝した。アンサンブルが一位になったのは同コンクール史上初の快挙だった。全員、のちに指揮に転じたが、四重奏団として彼たちとベルギーとフランス各地を巡った二年間は、室内楽の楽しさと室内楽者として生きる現実を学んだ唯一無二の貴重な時間だったといえる。ツアーが終わるとすぐにルネ・クレメンチッチから電話がかかってきて、彼のアンサンブルに招いてくれた。こうして一九八四年、私は音楽の都、ウィーンにやってきた。

そのとき特別に結成されたオーケストラには、ずば抜けて素晴らしい演奏家がそろっていた。憧れのコンツェントゥス・ムジクスのメンバーも含まれていて、私はようやく彼らに接することができて感無量だった。その中の一人で、のちに誰もが知る素晴らしい指揮者としても大活躍するようになったヴァイオリン奏者のファビオ・ビオンディとは、瞬く間に打ち解けた。彼はその後、レ・ミュジシャン・デュ・ルーヴルの初期のプロダクションにも参加してくれている。ルネ・クレメンチッチとは、楽友協会（Musikverein）のブラームス・ザール（小ホール）で演奏することが多かった。私はまだほんの若造だったが、あの建物に足を踏み入れたときは感動で心が震えた。ウィーン国立歌劇場に生まれて初めて行ったのも、同じ時期だった。観たのはクラウディオ・アバドが指揮し、ルカ・ロンコーニが演出したロッシーニの歌劇『ランスへの旅』で、出演歌手はモンセラート・カバリエ、ルッジエーロ・ライモンディ、チェチーリア・ガスディア、レラ・クベルリ、クリス・メリット、ルチア・ヴァレンティーニ＝テッラーニという布陣……あまりにも豪華なキャストに、ただただ圧倒されるばかりだった。あの一晩の公演で、私は大好きなロッシーニの全てを学んだような気がする。

初めてのウィーン体験からしばらくして、レ・ミュジシャン・デュ・ルーヴルがあの街のもうひとつの大きなコンサート会場であるコンツェルトハウスに定期的に招かれた時期がある。ウィーンにはコンサート会場や劇場がいくつも所狭しと建っていて、五分もあれば歩いてそれぞれの建物を行き来できる。コンツェルトハウスの知名度は楽友協会ほど高くないが、後者が有名なのは毎年世界中で中継される伝統のニューイヤーコンサートの会場だからというところが大きい。コンツェルトハウスも素晴らしいホールだ。暫くそこの総裁を務めていたベルンハルト・ケレスが私を信頼してくれて、多くの重要な企画を託してくれた。ハイドンのロンドン交響曲とシューベルトの交響曲を全曲、そしてヘンデルの『ジュリオ・チェーザレ』（ルーヴルの演奏で、公演はライヴ録音された）、ニューイヤー公演としてベートーヴェンの第九、マスネの『サンドリヨン（シンデレラ）』など、ケレスのアイディアは尽きなかった。コンツェルトハウスでは、ベートーヴェンの『英雄』をウィーン・フィルハーモニー管弦楽団とやったこともある。

この頃からウィーンのアン・デア・ヴィーン劇場にも定期的に招聘されるようになった。きっかけはある夏の日、病気になった同僚の代役としてベートーヴェンの公演を指揮したことだったが、その後、重要な公演を幾つも任されるようになった。オリヴィエ・ピの演出で、タイトルロールにステファーヌ・ドゥグーを起用したアンブロワーズ・トマの『ハムレット』はともかく、『フィガロの結婚』、『さまよえるオランダ人』、同劇場で初演された『フィデリオ』、そしてワーグナーがこの劇場のために考えたプログラムの再現など、ウィーンの聴衆にとっては、フランス人指揮者らしからぬレパートリーだったと思う。

ウィーンには世界的に有名なスペイン乗馬学校がある。何百回も建物の前を通って写真を撮っていたが、中に入ったのは、ザルツブルクでバルタバスと馬と音楽の饗宴を準備していたときが初めてだった。乗馬学校の女性総裁と様々なプロジェクトについて話し合ったが、結局、ひとつも実現できなかった。それでも乗馬学校が誇る名馬リッピッツァーナ（Lipizzaner）種が繰り広げる素晴らしい動きの数々を堪能することができた。ややお堅いというか……「アカデミック」なパフォーマンスではあったが、乗馬学校は長い歴史と伝統を感じる、夢のような馬の世界には違いない。

あの街とはつくづく縁がある。自分のアンサンブルは勿論だが、街が誇る三つのオーケストラを指揮する機会にも恵まれた。バロック・オペラが好きで、私をパリのシャンゼリゼ劇場に呼んでくれたドミニク・メイエがウィーン国立歌劇場の総監督に就任すると知ったとき……私は「絶好のチャンスだ」と思った。期待していたとおり、彼からすぐに声が掛かり、あのオペラの殿堂でヘンデルの『アルチーナ』を指揮することになった。オーケストラ・ピットにはルーヴルが入り、エイドリアン・ノーブルが演出を担当した。ルーヴルがピットに？と驚かれるかもしれない。確かにあの歌劇場の座付きオーケストラは、ウィーン・フィルハーモニー管弦楽団だ。ウィーン・フィルというのはウィーン国立歌劇場管弦楽団の「別名」で、彼等の母体はあくまでも歌劇場なのだが、メイエは彼らがちょうど日本ツアーでウィーンを留守にするタイミングを上手に利用して、我々を雇入れたのである。当然、どこのオーケストラでも楽員全員がツアーに出かけるわけではなく、ウィーン・フィルもしかりだが、あのときは同じ時期に楽友協会ホールでも一連の演奏会が予定されていた。このようにしてルーヴルはウィーン国立歌劇場のオーケストラ・ピットに入り、一連のシリーズ公演の全てを（単発ではなく）演奏した史上初のオーケストラとなった。

ウィーンは不思議な街だ。日常的に音楽が人々の会話の話題になっている。シュテファン・ツヴァイクが小説『昨日の世界』で描いている一九世紀末のあの街の雰囲気は、今も大きく変わっていない。普段は歌劇場であの「世界一」と言われるウィーン・フィルしか聞いていないウィーンの人たちは、私たちの「馬の毛の音楽」（私が子供の頃、バロックのアンサンブルはそう呼ばれていた）を受け入れてくれるだろうか。「国立歌劇場にピリオド楽器？　言語道断！」と拒絶されるかもしれないという不安はあった。

ウィーン国立歌劇場の音響はことさらいうまでもなく、素晴らしい。本来ならバロック音楽にはやや大きすぎるのだが、ルーヴルはパリのガルニエ宮で演奏したときから大きな会場で演奏することに慣れていて、アタックや響きを工夫し、ガット弦の繊細さを力強さと機敏性で補うことで、空間全体に音が響き渡るように弾くテクニックを身に着けていた。『アルチーナ』を聴いたウィーンの聴衆は驚愕した。何となく聞こえてくる伴奏程度のオーケストラをイメージしていた彼等の耳に、浪々と歌う豊満な響きのヘンデルの音楽を届けることができた。細部にこだわり、物足りなさを感じさせない演奏だった。公演の成功に勇気づけられたメイエは、その後も我々を起用し続け、『アルチーナ』に続いて、滅多に上演されないグルックの『アルミード』を、ガエル・アルケス、スタニスラス・ド・バルベイラックの主演、イヴァン・アレクサンドルの演出で上演した。彼等全員にとって、これらの公演がウィーン国立歌劇場でのデビュー公演になった。のちに『アルチーナ』は再演されたが、残念ながらそのときは、二〇一〇年にエイドリアン・ノーブル演出の初演を歌ったアニャ・ハルテロスは参加できなかった。

思えば、ニコラウス・アーノンクールが指揮する公演を一番多く聴いているのも、ウィーンだ。あの街を訪れるたびに、彼の公演に足しげく通った。なかでもチェチーリア・バルトリが主役を歌ったハイドンの歌劇『アルミーダ』が、圧巻だった。最近、アーノンクールが亡くなった直後に行われたウィーン・コンツェントゥス・ムジクスの公演を聴きに行った。若い指揮者が指揮をしていたが、指揮者なしの演奏もあり、大昔からアーノンクールとともに活動してきた盟友のアルノルト・シェーンベルク合唱団がブルックナーのア・カペラの合唱曲を歌い……アーノンクールが目の前で指揮をしているかのような錯覚を覚えて、震えるほど感動した。長年彼の演奏を愛聴し続けた人は多い。そのせいか、アーノンクールが手兵、コンツェントゥスと長年定期公演を続けてきた楽友協会であの日行われた追悼公演は、満席だったがとても静かで、どこかアットホームな雰囲気だった。彼には数えきれないほど多くのことを教えてもらった。別れのときがきて改めて、痛感した。最後に捧げる言葉は、「有難うございました」の一言しか、思い浮かばなかった。

私にとってニューヨークはウィーンと違って、メイン州でシャルル・ブリュックに師事したときから、ほとんど通過するだけの場所になっている。逆に母にとっては長年暮らした街だ。住んでいたのはあのダコタ・ハウスで、彼女はそこで祖母エディスととても親しかったナディア・ブーランジェと何度も逢っている。私はニューヨークに長く滞在したことはなく、あそこで指揮をしたのは一度だけ、ルーヴルのアメリカ・ツアーのときにジュリアード音楽院に立ち寄ったときだけだ。三年前に一週間、そして昨年も二日ほど滞在したが、故郷に戻ったような居心地の良さを感じた……不思議だ、自分は生粋のパリっ子なのに。高層ビルが立ち並ぶ街並みに馴染めずに、疎外感すら感じても良さそうなものだが、ニューヨークにも自分のルーツがあるのを感じる。リンカーン・センターの中にそびえたつオペラの殿堂、メトロポリタン歌劇場を前にして、心が躍らないわけがない。パリ・オペラ座は大成功しているこの劇場の真似をしようと必死だが、全然うまくいっていない。

年を重ねれば重ねるほど、ほとんどというか、全く面識のない祖父母や曽祖父母のことを、彼らが暮らしたアパートや家、散歩していた庭や道をみつけることで、深く知りたいという気持ちが強くなっていく。彼等の痕跡をたどりたい。祖父クラウスは一定の場所に落ち着くことのない人生を送った。母もそうだし、私も同じかもしれない。祖父はプラハで生まれ、縁のない外国、見知らぬ都市を渡り歩き続けた。『皇帝ティートの慈悲』をプラハのエステート劇場（スタヴォフスケー劇場）で指揮したときは、祖父が前方のボックス席に入ってくる気がした。あそこはこの歌劇が初演された劇場で、「モーツァルトはここで『皇帝ティートの慈悲』と『ドン・ジョヴァンニ』の初演を指揮した」と書かれた記念プレートがある。土地が育む人の縁には不思議な力がある。あのときプラハのユダヤ博物館の館長と知り合いになったが、偶然、名前が祖父と同じクラウスだった。館長の説明によれば、祖父は改宗したユダヤ人だった可能性が高いということで、シナゴーグを案内してもらった。「ロレンツォ・ダ・ポンテも、モーツァルトを連れて、ここへ祈りにきていた。ダ・ポンテはカトリックの司祭だったが、自分の本名がコネリアーノで、ユダヤ人として生まれ、名前もロレンツォではなくエマヌエーレだったことを時々思い出していたのだろう」と話してくれた。私の宗教的ルーツも驚くほど多様で複雑だが、興味深い話だった。ウェイド家は聖公会の信者で、厳格なプロテスタントの家系だったが、祖母エディスは自分の意志でカトリックに改宗している。家族に白い目で見られることを恐れて、密かに改宗したらしい。つまり、私の中にはプロテスタント、カトリック、そしてクラウス家とミンコフスキ（ミンコフスキー）家のユダヤ教徒の血が流れていることになるが、私は最近、他の精神世界に興味を持つようになった。

ここから話は、ワルシャワに繋がっていく。私はこの街に暫くとり憑かれていた。ラファエル・レヴァンドフスキというフランス系ポーランド人の素晴らしい映画監督が私の話に俄然興味を示して、『ミンコフスキ・サーガ（*Minkowski Saga*）』と題したドキュメンタリー映画を製作している。映画は、家族に囲まれた曽祖父アウグスト・ミンコフスキを写した一枚の写真から始まる。ワルシャワの銀行家だったアウグストは複数の別荘を所有していたが、私は首都ワルシャワの郊外に今も残るそのうちの一軒を訪れた。彼は祖父の生まれ故郷であるロシアのサンクトペテルブルクでも商売をしていた。ヘルマン・ミンコフスキといえば、数学者なら誰もが知る時空を表現した「方程式」（ミンコフスキー空間）の発見者で、ナボコフの小説『アーダ』にも登場する数学者だが、アウグストの従兄にあたる人物だ。病理学者のオスカル・ミンコフスキもアウグストの従兄の一人で、「貧血病」の一種を発見したことで知られている。この病（「遺伝性球状赤血球症」、別名「ミンコフスキー・ショファール病」）には共同研究者のアナトール・ショファールとミンコフスキの名前がつけられている。このようにミンコフスキ家は、自然科学や医学の分野で、そこそこ輝かしい功績を残してきた一族であることがわかる。

ロシアで商売をしていたポーランド人のアウグストは、四人の息子に恵まれた。私の祖父で精神科医のウジェーヌ（〈エウジェニウス Eugeniusz〉のフランス語名）、医学の勉強を継続するために二〇世紀初頭にウジェーヌとチューリヒへ亡命した神経病理学者のミエチスラフ（私たちはフランス風に「ミシェルおじさん」と呼んでいた）、軍人のアナトル、そして外交官のパヴェルの四人だ。兄弟は、かなりの年数を同じ家で暮らし、四人のうち二人（軍人と外交官）は仕事上、当時のポーランド当局の規定に従ってカトリックに改宗している。レヴァンドフスキ監督が特に注目したのがこの点だった。ミンコフスキ家は、いわゆるキリスト教社会に「同化」した典型的なユダヤ人家族だったが、宗教が異なっていても、ひとつ屋根の下で暮らしていた。ミンコフスキ家の四兄弟は、それぞれが興味深い運命をたどることになる。チューリヒ大学で神経病理学を学んだミエチスラフはそのまま生涯同地に留まり、遺族は今もベルンに住んでいる。私の祖父のウジェーヌは、スイスの有名な精神病院、ブルクヘルツリ（Burghölzli、チューリッヒ大学病院付属精神病院）で、精神分裂病（Schizophrenia、統合失調症）と自閉症（Autism）という用語を初めて提唱したオイゲン・ブロイラー博士に師事した。しかしフランスに魅せられて移住し、一九一四年に第一次世界大戦が勃発すると、フランス軍に入隊してヴェルダンの前線で戦った。祖母と出会ったのはチューリッヒで勉強していた学生時代で、彼女もブロイラー博士の研究室の学生だった。結婚してミンコフスキ姓を名乗るようになった祖母フランソワーズはカザン（Kazan）地方生まれのタタール系家族の出で、性格検査の方法のひとつとして知られるロールシャッハ・テストの専門家で、画家ファン・ゴッホの精神障害の研究をしていた。生涯を精神病理学の研究に捧げた夫婦だった。二人の著書は今でも広く読まれていて、パリやジュネーヴには彼等の名前を冠した研究所や病院施設が複数存在する。

アナトルはポーランドで軍人として名をあげ、第二次世界大戦でユゼフ・クレメンス・ピウスツキ元帥（ポーランド共和国建国の父）の指揮下で、最前線で戦い、そのまま二度とワルシャワに戻ってくることはなかった。戦時中にソ連軍が大勢のポーランド人を虐殺した「カティンの森事件」で、彼が殺されたことを裏付ける資料が残っている。アナトルの子孫はアメリカのボルティモア市に移住している。アナトルの子孫の一人で、英国に住んでいるクリストファー・ミンコフスキに会うことができた。サンスクリットの研究者で、オックスフォード大学で教鞭をとっている。

そして最後にパヴェルだが、彼はナチス・ドイツ軍がワルシャワに侵攻する直前に、ポーランド政府の宝をスイスのベルンに運んで避難させた一人だった。グーテンベルクの初版本やポーランド国立美術館の所蔵品といった、貴重な宝だ。私はパヴェルのひ孫にあたる弁護士のマルクス・ヘーブと親しく交流するようになり、ミンコフスキ家がかつてワルシャワで所有していて、不当に没収された土地の返却を求める活動を、二人で続けている。裁判は何年も続いていて、もはや勝算はないだろう。ワルシャワの有名なウリカ・マルシャルコフスカ（Ulica Marszalkowska）大通りに面した三〇〇〇平方メートルの土地で、ニューヨークでは「ブロック」と呼ばれるような、複数の家が建っている区画にあるが、そこはかつて曽祖父アウグストが所有していた土地だった。ポーランドの行政はミンコフスキ家が土地の所有権を主張するのは正当だとして、書類上は返却されているが、実際は何も動いていない。あまりにも複雑な案件なので、解決する見込みは薄い。フランスで母がクラウスの実の娘であることが公的に認められて、行政が我々の主張を認めてくれたことだけでも、満足しなければいけないのかもしれない。ワルシャワの土地は何年も空き地のまま、放置されている。そして、パリでいえばサン・ジェルマン・アン・レ地区のような、ワルシャワ郊外のオトフォツク（Otwock）地区に、ヴィラ・アウグストフカ（Villa Augustovka）という曽祖父が建てた別荘が残っていることもつきとめた。アール・ヌーヴォ様式のとても美しい屋敷だが、戦後に複数の住宅に分割されてしまっていて、あそこも取り返すのは不可能だろう。曽祖父アウグストは妻テクラとともに、強制収容された同地区のゲットーで亡くなった。

レヴァンドフスキ監督のドキュメンタリーは観ていてとても切なくなるが、複数の映画祭で賞をとっている。一方、ワルシャワの土地の返却を求める私とマルクスの試みは、一族の間で様々な形で受けとめられた。散り散りになっていた家族が再び集まるきっかけにはなったが、知らなかったことを伝えられたり、思い出したくない記憶を掘り返されたりして、傷ついた人もいた。あまり表立って言えないようなことをしてきた人間もいるので、無理もないかもしれない。私が世界各地に散らばっている一族の複雑な過去に興味を持つのは、自分に子供がいないからかもしれない。レッテルを貼られることや、密室、澄んだ色、画一的なスタイルが嫌いなのは、無数の都市やルーツが自分の中で万華鏡のように混在しているからではないかと考えることがある。

ポーランドでは一族の過去について調べていただけではない。私は過去にワルシャワのシンフォニア・ヴァルソヴィア管弦楽団の芸術監督を数年間も務めていたことがあり、この街を訪れるたびに深い感動を覚えた。オーケストラのドラマトゥルグで音楽学者のピオートル・カミンスキーという友人のことを思い出さずにはいられない。彼は私のポーランド時代を常に側で支えてくれた。ワルシャワでは、スタニスワフ・モニューシコがヴロディミエルシュ・ヴォルスキの台本で作曲した、ポーランドの国民的歌劇『ハルカ』を指揮することも叶った。いずれにせよ、レヴァンドフスキの映画はポーランドでかなり評判を呼び、音楽愛好家の間では「故郷に戻ってきた天才少年」を歓迎するようなムードになって、とても胸が熱くなった。

ミンコフスキ家の「物語」は、今も続いている。弁護士で作家の姪ジュリア、麻酔科医の甥オリヴィエ・ユエなど、次世代のミンコフスキが立派に育っている。スピリチュアルなことに関しては、甥のクリスティアン＝ルイのおかげで、毎日を明るく照らす「道」をみつけることができた。

思えば、母方の家族も父方の家族も、二〇世紀初頭に同じスイスの両端の街に住んでいたことになる。そのせいか、アレクサンダー・ペレイラに招かれてチューリヒ国立歌劇場で仕事をするたびに、あの街における我が家の歴史を紡ぎ続けているような気になる。そして祖母エディス・ウェイドの墓が近くにあるジュネーヴの大劇場にアヴィエル・カーン総裁に招かれて、『ユグノー教徒』やアレヴィの『ユダヤの女』のようなフランスのグランド・オペラを指揮するときは、カトリック、ユダヤ、プロテスタントが混在する一族のルーツを今でも追い続けている。

だが指揮者としての私のルーツは、スイスにあると言ってもいい。スイスにはよく出かける。一五歳の夏、初めて指揮棒を握ったのは、スイスのレイザン（Leysin）の音楽林間学校に行ったときだった……すでに話したとおり、小編成のアンサンブルをそこで結成した。ヴィヴァルディのフルート協奏曲のオーケストラ譜を持ち込んで、合唱の授業の後に生徒全員を大寝室があった小屋のバルコニーに集めて、即席でリハーサルを始めた。

スイスは親族がいる故郷のひとつであり、私を音楽に目覚めさせた国でもある。今は全員、素晴らしい指揮者として活躍している、マルク・ルロワ＝カラタユード、クリストフ・コンツ、そしてロベルト・ゴンザレス・モンハスといった仲間と知り合ったのも、スイスのヴェルビエ（Verbier）で開催されている音楽祭だった。そしてヴェルビエやモントルー（Montreux）に滞在するときは必ずスイスに住んでいたユーグ・キュエノを訪ねた。彼が二〇一〇年に亡くなるまで、毎回、欠かさず。私はフェリシティ・ロットが出演したユーグの一〇〇歳を祝うコンサートを指揮しているが、彼の追悼公演も指揮できたことは嬉しく、名誉なことだった。

ロラン・ペリーが演出した『ホフマン物語』を音楽学者のジャン＝クリストフ・ケックの新しい校訂版でやったのも、スイスのローザンヌだ。美しいアール・デコ調の歌劇場の建物がこの傑作にぴったりで、素晴らしい公演だった。今、スイスでひときわ私の興味を引いているのが、アヴァンシュ（Avenches）という町だ。アヴェンティクム（Aventicum）という古代ローマの遺跡が残る街で、古くはスイスの古代民族、ヘルヴェティイ族が暮らす首都だった。古代の円形劇場の近くには、スイス固有種の馬の研究と飼育を行う国立の施設、ハラス（Haras）がある。スイスの様々な表情、そして唯一無二の美しい自然を知ることができたのは、スイスの友人、アレクサンドル・ビングのおかげだ。

自身の著書でも書いているように、父が生まれたのはパリだが、彼が祖母の体内に宿ったのはチューリヒだった。精神科医だった父の両親は、今も現存する児童を救援する人道団体（Œuvre de secours aux enfants）で活動していて、戦時中、ナチス・ドイツがフランスに侵攻したとき、大勢のユダヤ人の子供をナチス占領地域から南部の自由地域へ避難させる計画に協力している。一方、父も、軍事勲章（Croix de guerre）、レジスタンス勲章、レジオン・ドヌール勲章など、授与された勲章は数知れず、戦時中はフランス陸軍のエリート山岳部隊「アルペン猟兵」だった。彼は両親がドランシー（Drancy）の強制収容所に移送されるところを、親族が「二人は著名な医師で、訪問医として「使える人材」なので釈放してほしい」と、警察に申し立てをしてくれて、危機一髪で助かったことを生涯忘れなかった。私はクラクフに客演したときにアウシュヴィッツの強制収容所跡を見学したが、そこで祖父母のことをふと思い出した。戦時中、ポーランドに留まった親族の一人がアウシュヴィッツで亡くなっている。ナチスの強制移送を免れて生き延びたワルシャワのミンコフスキー家の最後の末裔に、スイスのバーゼルで会うことができた。ヤドヴィガという名前の高齢の婦人だ。すでに述べたように、曽祖父アウグストはオトフォックの別荘近くのゲットーに収容され、そこでチフスで亡くなっている。アウシュヴィッツは強烈な印象を私の中に残した。あまりにも巨大な殺戮工場で、眩暈がして、無力感に襲われた。想像を絶する光景だった。博物館ではちょうどフランスをテーマにした展示会が行われていて（とても良くできていた）、収容されていた人たちの写真が並んでいたが、「祖父母もこの中にいたかもしれない。いるべきだったのかもしれない」という複雑な想いがこみあげてきた。人の運命はいつまでも変わらないこともあるし、一瞬で変わることもある。そして人生の岐路に立たされたとき、フェアーな行動をとるか、ずる賢く振舞うか、誰にも予測できない。

運命といえば……両親が出会ったのはスイスではない。すれ違う可能性はあっただろうが、実際に初めて会ったのは、ニューヨークとパリを結ぶ旅客船の中だった。ノルマンディー号、フランス号、イル・ド・フランス号のいずれかだったはずだ。小児科医の父は年中旅をしていた。アメリカに留学して、当時のフランスにはまだなかった新生児の近代的な治療法をフランスにもたらした。母もニューヨーク・パリ間の航路をよく利用していた。戦後、一九五〇年初頭、大西洋の真ん中で二人は恋に落ちた。

私にとって重要な都市の名前をいろいろあげてきたが、最後にひとつ、忘れてはならない街がある。ロンドンだ。あの街は私がフランス国外で初めて招聘された場所で、声をかけてくれたのはチェンバロ奏者で、ストラヴィンスキーの友人で、イングリッシュ・バッハ・フェスティバルを創立して凄腕の総裁として活躍した破天荒な女性、リナ・ラランディだった。「バッハ・フェスティバル」という名前がついているが、一般的な音楽祭ではなく、バッハに捧げられているわけでもなく、彼女が「神」と崇拝する作曲家はラモーとグルックだったので、とくにイギリスにこだわっているわけでもなかった。私は一九八九年に、そこで非常識ともいえる短い準備期間しか与えられず、歌劇『アルセスト』の本番をむかえた。あれは、かなり「シビれる」、リスクの多い挑戦だった。ロンドンでは、その後だいぶたってから、英国ロイヤル・オペラハウスにも招かれた。指揮したのはモーツァルトやヴェルディだったが、オーケストラは素晴らしく、演出も素敵だった。BBC交響楽団とも印象に残る仕事ができた。それからギルドホール音楽演劇学校の優秀な学生たちによる（演技ではなく）朗読で指揮をしたグリーグの『ペール・ギュント』が非常に印象に残っている。アリの巣のように絶えず動き続けるロンドンという街には、驚かされることが多い。過去と近未来が不思議な形で混在し、永久不変な王室を大切にしながら、時代の変化の波に絶えず対応し続けてきた街だ。イギリスは私が愛してやまない作曲家パーセルの故郷であり、一番気に入っている馬種が飼育されている国でもある。幾度となく指揮したヘンデルが活躍したあの国には、ドイツやイタリア以上に親近感を覚える。そしてイギリスは、すでに話をしたとおり、母方の先祖であるスクリーヴェン家の国でもある。何度かＢＢＣプロムスで指揮しているが、クラシック音楽に熱狂するイギリスの聴衆に接する貴重な体験をさせてもらっている。

自分が授かった「才能」という贈り物は、先生とか妖精からもらったものではなく、多様なルーツ、影響、経験の産物だと思う。私はフランスの音楽家で、フランス音楽の専門家として知られている。バロックのリュリから現代のオリヴィエ・グレフに至るまでの「フランスもの」を得意とする「フランス人指揮者」、ラモーやオッフェンバックの「伝道者」と呼ばれたりもするが、（そこに意味があるのか否かはさておいて）私の体内には純粋なフランス人の血は一滴も流れていない。それでもフランスに貢献した祖父母や父のことを誇りに思うとともに、自分にもこの国に対する義務があると感じる。フランスでも外国でも、指揮をしているときは、今度は自分がこの国に奉仕しているような気がする。

イングリッシュ・バッハ・フェスティバルの創立者リナ・ラランディ（左）と歌手デラ・ジョーンズ（右）

7　グルノーブル、そしてレ島へ

四〇年前に友人を数人集めてレ・ミュジシャン・デュ・ルーヴルをつくったときは、このアンサンブルでこれほど多くの国や都市を訪れ、多くの聴衆の前で演奏ができるようになるとは思ってもいなかった。始めた当初は、そもそも指揮を「仕事」としてとらえていなかった。チャンスに恵まれ、趣味というか、得意なことをやっているだけで、朝に始まり晩に終える「仕事」という意識はなかった。本業はあくまでもバソン奏者であり、それで十分に満足していた。最初は演奏会を年に一回やる程度で、「棒振り」が本職になるなんて、想像もしていなかった。我々の活動が本格化したのは、経験がそこそこ豊富な歌手の協力を得て大作に挑戦するようになってからで、一九八五年にパリのサン゠テティエンヌ゠デュ゠モン教会でパーセルの歌劇『アーサー王』と『妖精の女王』、そしてヘンデルの大編成のオラトリオを演奏する機会が与えられた頃からだ。レコード会社エラートで一九八七年からリュリのコメディ・バレ曲集を録音したことで、さらに勢いがついた。当然、演奏者の数をもっと増やしたい、演奏者のギャラも公演ごとに利益を分配するのではなく、安定した形で相応の謝礼を払えるようにしたいと思うようになった。そのためには公演を定期的に行い、財務管理もきちんと行い、成長するために国から補助金をもらえるように体制を整えなくてはならない。レコード・CDデビューしてから演奏活動を開始するアンサンブルが多いが、我々は一枚目のCDを出すまでに、五年という長い何月がかかっている。だから録音は最初の一歩ではなく、それまでの活動の集大成だったが、新たな扉が開かれたのは事実だ。

録音、ラジオ放送、客演、音楽祭、収支の計算、予定の計画、リハーサル……活動が広がるにつれて、運営をボランティアに頼るのには限界がきていた。また、演奏者の多くは、いち早く助成金を獲得して長く活動を続けている別のアンサンブルでも弾いていたので、こちらも財政が厳しいとはいえ、他の団体よりも安いギャラを提示するわけにはいかなかった。同一の仕事であり、当然、彼等もそれ相応の要求をしてくる。悩んでいたところ、協力してくれるスポンサーが見つかった。フランソワーズ・エール合唱団の団員の中にフランス不動産信用銀行クレディ・フォンシエ（Crédit Foncier）の行員がいて、同行に様々な形で支援をしてもらえることになった。ヴァンドーム広場（Place Vendome）のエヴルー宮殿（Hôtel d'Évreux）内のサル・デ・ティラージュ（旧ロト会場）という、ほかのアンサンブルが羨むような豪華な場所を、リハーサル用に提供してくれたのも同行だった。なんと贅沢な！　銀行の広報室も全面協力してくれて、我々のために専用の職員を二人も用意してくれた。時代に恵まれたというべきか、今では考えられないことだ。

それでも活動資金は早々に底をつき、私は生まれて初めて、国から助成金をもらうために奔走した。比較的迅速に、イル・ド・フランス県の地域文化振興局（Drac）のサポートを得ることができた。フランス文化省が地方に展開している窓口だ。だが私は県よりもさらに上の「国」からの支援を得ようと、文化省の音楽管理課の課長で哲学者でもあるミシェル・シュネデルに面会を求めた。私はレザール・フロリサンとシャペル・ロワイヤルの首席バソン奏者だったので、こうした団体がどのようにして運営されているのか、内情には精通していた。どの団体もパリの立派な屋敷に事務所を構えて、経営と財務の責任者がそれぞれいて、広報担当、制作担当がいたが……我々にはこうした全てが欠けていた。

シュネデルは私に会う前に、部下をコンサートに一、二回よこして視察させた。視察官は内容もよくわからないまま、適当に我々の公演を数回聴きにきていた。しかし、我々のように生まれたばかりのアンサンブルは、まだ発展途上の過程にあり、本番が上手に運ぶこともあれば厳しい結果になることもある。スケジュールの都合がつくソリストに声をかけて、暖房がほとんど効いていない寒い教会で、何とか頑張っている状態だった。リハーサルもできる範囲内で収めるしかなかった。当時のフランスのフリーランスの音楽家は、一回のリハーサルでヘンデルの『メサイア』の本番が弾けてしまうイギリスのフリーランスの音楽家のように柔軟ではなかった。イングリッシュ・バッハ・フェスティバルで実際に経験したことだが、イギリスの演奏家は楽譜を初見で弾くことに慣れている。きわめて高いプロフェッショナリズムで、あっという間にアンサンブルが完成するのを、仕事なのだから「当り前」としている。セルジュ・チェリビダッケがロンドンでフォーレのレクイエムのリハーサルを行っている映像が残っているが、彼はそこで撮影監督にこう言っている。「この国のオーケストラは、リハーサルを一回やるだけで素晴らしい結果を出すことに慣れている。だが、それはあくまでも技術的な成果にすぎず、それだけではまだ音楽になっていない」

いかにもチェリビダッケらしい、辛辣なコメントだ。効率性が全てで、我がままは許されない英国流の考え方は、フランスの音楽界にはなかった。だからフランスでは、時間に余裕がないときにイギリスのような「効率性」を求められると、お手上げになる演奏家が多かった。丁寧な準備をするためには、永続的に使える適切な環境を整える必要があった。演奏家のために、そして……聴衆のためにも。

結局、ヴァロワ通り（Rue de Valois）の文化省、正確を期すれば音楽管理課があるサン＝ドミニク通り（Rue Saint-Dominique）からきた紳士たちは、「青臭いコンサートだった」と酷評したが、何となくばつが悪そうにしていた。我々よりも先に申請していた別の団体に助成金をすでに与えてしまっていて、そもそも最初から予算などなかったことがのちに判明した。

あの頃のフランスの音楽業界の雰囲気がよくわかるウジェーヌ・グリーン監督の『ポンデザール』という映画がある。ドゥニ・ポダリデスが著名なバロック音楽の指揮者を、そしてジェレミー・レニエがその奴隷同様の愛人を演じている。コメディー・フランセーズ劇団の名優、ポラリデスが扮する指揮者は面白おかしく描かれていて、「バロックらしさが足りない！」と若い女性歌手をいつまでも罵倒するし、誰かが咳払いしただけで、文化省の次官（彼はなぜか「ぼくの大臣」と呼んでいる）を自宅に呼びつけて何でも処理させようとする、滅茶苦茶で横暴な人物だ。一般の人々が思い描く、バロック・アンサンブルの指揮者のイメージだったのかもしれない……

何はともあれ、私は国の助成金を獲得するためにミシェル・シュネデルに会いに行った。経営・財務担当者をフルタイムで雇って、練習所としていつでも使える場所が借りられるだけの助成金がもらえれば、十分だった。シューマンとショパンを愛聴し、我々がやっている音楽には全く関心がなかった音楽管理課の課長には『貴殿の』アンサンブル、『貴殿の』公演は、本当に国の援助を受けるに相応しいものなのか」と問われた。我々の価値を知ってもらうために、CDを二、三枚持参していったのだが……「知らない曲ばかりだ」と、見向きもされなかった。「レ・ミュジシャン・デュ・ルーヴルという名前なんだから、ルーヴル美術館に相談してみたらいかがですか。事務所に使える場所くらい、提供してくれるでしょう。助けてくれると思いますよ」と言われたが、いきなりルーヴル美術館内に事務所を持つなど、あまりにも非現実的だった。だが、私たちは諦めなかった。検査官の中に一人親切な人がいて、当時の政府が積極的に推進していた地方分権化の波に乗って、「地方に話をもっていく」ことを勧めてくれた。「ルーヴル」という名を冠するアンサンブルの本拠地をレンヌ市とかモンテリマール市にもっていくという、奇想天外な彼の提案に戸惑った。我々のコンサートの大半はパリで行われているわけだし……

数年たったある日、のちにMC2と名称変更したグルノーブル市の文化会館「ル・カルゴ le

Cargo（貨物船）」（フランス初の総合文化施設）の音楽主幹だったクロード＝アンリ・ボネから、グルノーブル室内楽団が音楽監督を募集していること、そして自身のホールのレジデント・オーケストラとしてルーヴルを迎えたい、という連絡が入った。

私はひとまず室内楽団について調べたが、我々とは真逆の団体であることが判った。給料制の小さな弦楽アンサンブルで、団員はわずか一六人にも関わらず、事務局が交響楽団並みに肥大化していた。フランスでは戦後、リュリからブリテンまで、何でも演奏する「室内楽団」が大流行した経緯がある。ジャン＝フランソワ・パイヤールがシャルル・ミュンシュやマニュエル・ロザンタールと同等の人気を博していた時代だ。ところが一九七〇年代に入ると、音楽団体は「専門化」するようになり、現代音楽のアンサンブル・アンテルコンタンポランをはじめ、中世、ルネッサンス、バロックなどに「特化した」アンサンブルが主流になっていく。その結果、一時流行った室内楽団の活動は低迷し、ソリストの伴奏や教会などで観光客相手の演奏に限られるようになっていった。

そのようなアンサンブルの音楽監督になるなど、まっぴら御免だった。だがそこで、某省庁が中央集権を問題視して「地方分権化」にこだわっていることを思い出し、ある考えがひらいめいた。縦割り行政の制約などまったく理解していない、素人にしか浮かばないアイディアだ。私は問題の室内楽団を、ルーヴルと「合併」することを提案した。前者は時代遅れで、技術的に劣っていて、音楽の方向性もルーヴルと全く異なるが、それゆえに合併の意義があると唱えた。閉鎖的にならず、「スペシャリスト」という堅苦しい枠も取り払い、不可能を可能にしていきたい。私はいつの間にか、この合併に不安よりもやりがいを感じるようになっていた。

文化省、市の代表、専門家で構成された委員会を含む選考委員によるオーディションが実施された。のちになって知ったことだが、室内楽団の団員を一旦全員解雇して、アンサンブル・アンテルコンタンポランのような現代音楽アンサンブルに生まれ変わらせたい、と提案する現代音楽好きの女性指揮者がいたようだが、私にはそのような考えはなかった。

寄せ集めのピリオド楽器奏者のオーケストラをモダン楽器のアンサンブルと合体して、前者が後者を指導してバロック奏法に「変換」していくという、前代未聞の危険な計画が始まった。乗り越えなくてはいけない壁のあまりの多さに、無謀としか言えない試みだった。しかしそこで新たな追い風が吹いた。一九九五年、時を同じくしてマルセル・ランドフスキの娘、アンヌ・シフェールが文化省の音楽課の課長に就任し、ミシェル・デストがグルノーブルの新市長に選出され、二人とも私の計画にもろ手を挙げて賛同してくれたのだ。

二つアンサンブルは合併された。グルノーブルに拠点を移す前に、「ピリオドとモダンの混合アンサンブル」の形で、ポワッシーの劇場の協力を得て、ロッシーニの初期の魅力的な歌劇『幸せな間違い』のレコーディングを行った。私の大好きな作品だ。『幸せな間違い』というタイトルは、まさにグルノーブルの室内楽団とやろうとしている試みに相応しかった。録音会場には、一人の男の姿があった。ジェラール・モルティエだ。わずか数か月前に『イドメネオ』で、初めてパリ・オペラ座のバスティーユ劇場で指揮したばかりだった私が、この数か月後にザルツブルクでデビューすることになる。

教会で年間一、二回の公演しかやっていなかったルーヴルは、わずか数年でヨーロッパを代表するホールに招かれるようになり、パリの役人がいうように「地方に基盤を据えた」団体として定着していった。熱心で意欲的なメンバーばかりだったことも功を奏し、チャンスにも恵まれ、グルノーブルの旧市街にある古い教会を改築してオーケストラ・ハウスとして使うことができて、事務局も整った。組織上は、五本足の不格好な羊みたいだったが、とりあえず何とか前を向いて歩ける羊にはなった……はずだった。

合併はグルノーブルの室内楽団で働く全ての楽員の雇用を守る「唯一の方法」だったが、「絶対的な存在である自分たちを、『寄せ集めのアンサンブル』の指揮者に託すとは何事だ」と、主な労組が猛反発しだしたのだ。社会闘争と同じくらい古い歴史を誇る労働組合は、労働者、給与所得者にとってなくてはならない組織だが、我々のような「フリーランス」に対しては、一切の理解を示さず、ときに卑下することさえある。もっともグルノーブルの組合は、芸術を「生産する」正社員やパートを守ることよりも、従来の「既得権益」を死守して、一切の権利を有さない私のようなフリーランスを徹底的に排除することに躍起になっていたのは、一目瞭然だった。

「労働者」たちは私が任命されたことで、自分たちの羊小屋に一匹の狼が放たれたかのごとく騒ぎ出した。「ジャン゠マリー・メシエ（巨大メディア・グループ、ヴィヴェンディ・ユニバーサルの元CEO）やベルナール・タピ（フランス・サッカー一部リーグ、オランピック・ド・マルセイユ元会長）

のように、従業員ならぬ楽団員を次々と解雇するだろう」とか、「大資本主義の旗手」、「従業員を奴隷のように扱う労働者階級の敵」、「民営化に向けた悪しき第一歩」といった中傷記事が労組の影響下にある雑誌や新聞に掲載されるようになるまで、さほど時間はかからなかった。あの時、室内楽団の多くの演奏家の雇用を守り、三〇年だった今でもレ・ミュジシャン・デュ・ルーヴルで演奏している旧楽団員がいることを考えると、つくづく不当な扱いを受けたという忸怩たる思いがこみ上げてくる。

私は旧態依然とした楽団を存続させて、運営と雇用の安定化を図るという、組織解体とは真逆のことをしようとしただけだった。レ・ミュジシャン・デュ・ルーヴルという、圧倒的な知名度を誇るレコード会社のドイツ・グラモフォン社と専属契約していて、レコーディングも頻繁に行い、国際的に高く評価されているアンサンブルを率いて、楽員がわずか十数人しかいない、廃止寸前の楽団を救済しながら……グルノーブル市の新たな「象徴」となるような音楽団体を創り上げる。これが、私に課せられた任務だった。成功すれば、市の威光は高まり、計り知れないメリットが得られるのは誰の目にも明らかだった。ジャン＝ピエール・ブロスマンが私たちとロラン・ペリーを繋げてくれたことで、グルノーブルとリヨンの歌劇場の共同制作という形で実現したオッフェンバックのオペレッタ『地獄のオルフェ』が大成功を収め、試みはあっという間に結実した。

二〇年近く続いたリヨンとのパートナーシップのおかげで、グルノーブルは次第に欧州の主都市のひとつになっていった。社会党選出のミシェル・デスト市長は着任早々グルノーブルを科学都市にしようと奔走し、街はすでにフランスの「シリコンバレー」と呼ばれるまでに発展していたが、そこに「芸術都市」という看板を加えることができた。ただ、異なる運営方法や歴史を持った二つのオーケストラの合併は、決して容易ではなかった。プロジェクトによっては、パリや他の都市でリハーサルをしなくてはならないこともあり、日常生活面で苦労する楽員も少なくなく、市役所側に「増員するな」と言われていたので、「正社員」として新たな楽員を雇うこともできないような現状だった。だが我々も、そもそも世直しをするような大それた野望などなく、せいぜいカボチャを馬車に変身させることができれば、それだけで満足だった。

何はともあれ、ロッシーニの録音が高く評価されたことが大いに功をなして、合併は一九九六年に達成された。同年一〇月には、我々の代名詞にもなったグルックとキノー（台本）の抒情悲劇『アルミード』を引っ提げて、演奏ツアーに出ることができた。アムステルダムのコンセルトヘボウを皮切りに、グルノーブル、ボルドー、パリのシテ・ド・ラ・ミュジックで公演を行い、最後のパリの会場で、一ヶ月後に同曲をドイツ・グラモフォン・レーベルで録音した。グルノーブルの旧室内楽団のメンバーにとっては、全く新しい生活の始まりだった。彼等はそれまで接したことのなかった観客の前で演奏するようになり、日々新しい感動を味わうようになった。一番嬉しかったのは、彼等に感謝されたことだった。誰にとっても、全てが良い方向に転じていた。給与取得者もそうでない奏者も、文化会館のために、グルノーブル市のために、お客さんのために、手を取り合い、一枚岩となって頑張っていると、私は信じて疑わなかった。ちょうど、『アリオダンテ』の制作の時期で、アンネ・ソフィー・フォン・オッター、リン・ドーソン、デビューしたばかりのデニス・セドフとは初顔合わせで、ヴェロニカ・カンジェミ、リチャード・クロフトとは久しぶりの再会となった。この歌手陣と、アムステルダム、グルノーブル、ヘンデルの生誕地ハレ、ポワッシーで『アリオダンテ』を上演し、ポワッシーの公演はライヴ録音された。あのときの舞台を観た人たちの間では今でも語り草になっている、夢のようなツアーだった。

だが夢は唐突に終わりを迎えた。レ・ミュジシャン・デュ・ルーヴルは二〇年間グルノーブル市に忠実に尽くしてきたが、市長選挙があり、定期的にオペラに通っている音楽好きの新しい市長に、年間契約が更新されるわずか一か月前に急に、助成金の打ち切りを宣告されてしまった。私自身、新しい市長とは一度も会ったことがなく、このような急転直下の展開は誰も予想していなかった。あれほどの緊急事態に直面したアンサンブルや芸術団体は、我々が初めてだったと思う。あそこまで根拠のない支援打ち切りも、珍しい。交渉の余地も、何ら対策を講じる準備の時間も与えられず、ソリストなどのギャラの支払いも残っていて、話し合いもないまま、「みなさんは有名だから、自分たちで何とかできるでしょう」と、いきなり突き放されたのだ。慌てふためいた私たちは、必死に「自分たちで何とかする」しかなかった。市は金銭面も含めダメージを受けることなく、新たな見通しがつくまで我々を見守ることができたはずなのに、そうはせず、「お高くとまっている」「ブルジョワ」な芸術を潰すことを、密かに楽しんでいるようだった。だが、敷居が高いと敬遠されがちな音楽芸術を、それこそ、誰にでも楽しめる、活き活きとしたものに生まれ変わらせようと懸命に努力してきたのが、私たちだったのに。

設立から四〇年たった今でも、ルーヴルは音楽をさらに社会に浸透させていく社会活動を続けている。二〇二二年にジュリアン・キャロンを新しい事務局長に迎え、今後は彼が我々の旗手となり、チームをけん引していくことになる。シェーズ＝ディユー音楽祭（Festival de La Chaise-Dieu）の総裁を長年務めてきたジュリアンは、その運営手腕と豊かな感性、幅広い音楽知識をレ・ミュジシャン・デュ・ルーヴルのために発揮してくれるだろう。

♪

ルーヴルほど大がかりでもなく、私の仕事の中ではそれほど大きな比重を占めているわけではないにもかかわらず、大切にしている活動がある。ここで、ジャック・トゥボンと一緒に毎年やっているレ・マジョール（Ré Majeure：〈ニ長調 ré majeur〉と〈レ島 île de Ré〉を組み合わせた造語）音楽祭についても、ひとこと触れておきたい。

ジャックは一九九三年から九五年までフランスの文化相だったが、その頃の彼とは、ほとんど面識がなかった。唯一接点があったのは一九九四年で、ラモーの歌劇『イポリートとアリシー』を、ボーヌ（Beaunes）のオスピス（旧施療院）の中庭で演奏会形式で上演したときに、簡単な挨拶を交わした程度だった。ほんの束の間の楽しい会話だったが、あの夜は公演の最中に、同じ「ルーヴル」でもパリの「美術館」のほうで絵画が盗まれる事件が発生して大騒ぎになった。会場で演奏を聴いていたトゥボン文化相は、恐らく当時使われ始めたばかりだった携帯電話で呼び出され、いったん席を立って会場の外に出ていき、再び戻ってきた。彼は休憩中に舞台裏に挨拶に来てくれたが、そのまま至急、パリに戻らなくてはならなかった。

一度縁が切れたジャックとの縁が復活し、深まったのはレ島のおかげで、そのときの彼はすでに文化相も法相も辞めていた。私は子供時代に島にも、そこにあったカサドシュ家の邸宅にもよく遊びに行っていたが、大人になってから島を訪れたのは二〇〇六年になってからだ。最初は海沿いに並ぶ素敵なホテルのひとつに泊まっていたが、そのうち島のロワという村に素敵な家を見つけて、借りて滞在するようになり、結局、同じ村で家を購入してしまった。人混みや道路から外れた、半島の先端に建っている家だ。ジャックと再会したのは、ラ・ロシェルでルーヴルと公演を行ったときで、偶然だった。会場は同市のラ・クルシーヴという複合文化施設で、当時事務局を率いていたジャッキー・マルシャン事務局長とフロランス・シモネ副局長に招聘されて、客演した。あの晩、ジャック・トゥボンはレ島から我々のコンサートに来てくれた。女優の母、ジゼルを筆頭に、一族がレ島のアルス（Ars）村で暮らしているジャン＝クロード・カサドシュも一緒で、嬉しい再会になった。こうして、誰もが知る大物政治家のジャックとの、肩書抜きの真の友情が芽生えた。

ハリケーン「シンシア（Xynthia）」がレ島を直撃したのは、この嬉しい再会の直後だった。過去に例のない大波が天国のように美しい島を呑み込み、堤防が決壊して橋が流され、低地に建つ家が人の背丈の胸まで冠水し、道路は遮断され、島の水産養殖所から流出したカレイが近所の家の庭にまで流れてきて散乱していた。私はジャックと協力して、奇跡的に被害を逃れたロワ（Loix）村で、被災者支援のチャリティー・コンサートを行うことにした。プログラムはバッハの『ブランデンブルク協奏曲』で、来客には被災者のための救援物資を持参してもらい、我々はわずかばかりの「音楽」を届けることにした。ジャック、ジャッキー、フロランス、そしてレコード会社ナイーヴ（Naïve）で私のプロデューサー兼マネジャーをしていたクレマン・ルドゥーも加わり、レ・マジョール音楽祭の礎がこのとき築かれた。「仕事から離れるためにわざわざ行く島で働いて、楽しいのか？」と、よく訊かれることが、返事は勿論「イエス」。何回訊かれても、答えは変わらない。レ島は人を温かく包み込む静かな島で、魅力は尽きない。そして島には、音楽が息づく美しい場所がたくさんある。居心地の良い、ちょうどいい大きさの教会や、かつて塩作りに使われていた納屋、古い屋敷の中庭もあり……そこで何もしないのは、もったいない。マニュ・ビガルネにも力を貸してもらい、愛する馬たちをそうした島の舞台に登場させたこともある。ジャック・トゥボンがこの理想郷のような音楽祭の総裁に就任したのは、極めて自然なことだった。フィデュシアル（Fiducial）社（中小企業向けの経営コンサルタント会社）が音楽祭のメイン・スポンサーになってくれたのも、彼のおかげだ。

トゥボン夫人、リーズは太陽のように明るく、生涯を通じて芸術を支え続けた女性だった。音楽祭が始まった頃から親しくなったが、残念ながら最近亡くなり、チャーミングな夫妻は死によって引き裂かれてしまった。ジャックとリーズは音楽祭が創設されて以降、オーストリア、ドイツ、ボルドーなど、ルーヴルが客演する都市に必ず来てくれた。私よりやや年長のジャックは、いつも温かく見守ってくれる父親のような存在で、私がいつものように（そうなってしまう理由はわからないのだが）政治的難局に直面すると、その都度貴重な助言を与えてくれる。親しくなったのは割と最近だが、彼をよく知れば知るほど、文化はもちろん、欧州政治、法律、フランス社会にいかに造詣が深く、とてつもない記憶力の持ち主であることがわかってきた。一〇年前に口にした概念を記憶していて、急に話題に上げたりする。聴いたコンサートのことは全て覚えていて、一度しか会ったことのない演奏家でも、再会するときは必ず名前で呼ぶ。あらゆる意味での人格者で、多くの事柄について驚くほど正当、かつ自由な判断を下す。私の父と同じくらい好奇心が旺盛だが、彼のほうが思慮深く、節度がある。コロナでロックダウンが続いたとき、彼の落ち着いた対応にどれほど救われたかしれない。

グルノーブル、そしてレ島へ。私たちは何もない状態から、ここまでやってきた。チャンスには恵まれてきたが、同時に幾多の厳しい障害を乗り越えてきた。仲間と共に築いたレ・ミュジシャン・デュ・ルーヴルの運営は、安定した試しがない。観客、楽団員、歌手、温かい支援者に支えられる一方で、国の機関とは絶えず対立してきた。残念ながら、機関そのものが矛盾だらけなことが多いのだが、誰かを批判するつもりは毛頭ない。

最後に、すでに何十年もの長きにわたり、私を助けてくれているマリー・グリデンの名前を上げないわけにはいかないだろう。私のように常に動き回っているアーティストにとって、なくてはならない存在で、彼女はスケジュール管理以外の仕事もいろいろやってくれている。私の習慣、私と各地のオペラ・ハウスや音楽祭との関係、私が何を必要としていて、自分のキャリアをどうしたいかなど、全てのことを把握している。そして客演するオーケストラと愛するルーヴルの間で上手にバランスをとりながら、私の仕事を振り分けてくれる。彼女にはとても感謝している。私の中には、何かを創造して伝え、見返りを求めず、ひたすら与えるだけで悦びを感じる自分と、争いを繰り返し、すぐにカッとなって喧嘩腰になり、相手を警戒させてしまう、もう一人の自分が常に共存しているので、マリーのような優れたバランス感覚を持った人間が側にいてくれるのは有難い。私は、寛容で計算高くない、人の運命を策略に利用しない人が好きだ。策略家を前にすると、極端な嫌悪感を覚える。その怒りを「行動」で表してしまうこともある。コロナ危機のときに、ボルドー市のサン＝タンドレ（Saint-André）病院の中庭で、ボルドー歌劇場の数人の演奏家がチャリティー・コンサートを行うのを、とある労働組合に妨害されたことがあった。そのとき彼らはマスコミを利用して、私を、「ウィルスをまき散らす人殺し」と罵倒した。私は建物の窓からコンサートの様子を眺めていただけだったが、医療関係者へ感謝の気持ちを伝える、ささいだが、意味ある行動だったと思う。市にとって、市民にとって、そして同じ市民でもある私たち音楽家にとっても、必要なコンサートだった。即興同然の小さなコンサートだったが、終演後、その場にいた歌劇場のオーケストラで弾いている楽員から興味深い話を聞いた。彼は未熟児で生まれて、私の父がフランスに導入した技術のおかげで命が助かったらしい。音楽と公衆衛生の関連性など考えたこともなかったが、案外何かあるのかもしれない。私にとって音楽は薬のようなもので、余計なことは一切考えずに服用している。服用を止められると、病気になってしまう。不思議な命だ。

8　劇場は生きている

私には自分のオーケストラを、レ・ミュジシャン・デュ・ルーヴルを創りたいという「夢」があったわけではない。夢見る前に行動に出た、とでもいうべきだろうか。人生のかなり早い時期にルーヴルを結成して、様々な要因が重なって、かなり早くから注目された。一九八二年当時、フランスにはピリオド楽器のアンサンブルがまだ珍しく、オランダやイギリスのバロック・オーケストラの影響が強かった時代だったことが、一因だったと思う。

あの頃は本当に自由にのびのびと活動していて、パリやリヨン、ヒューストン、ウィーンのオペラ座を渡り歩き、エクサンプロヴァンスやザルツブルク、ユトレヒト、ボーヌ、ブレーメンの間を頻繁に行き来していた。ヴェルサイユ宮殿でもアムステルダムのコンセルトヘボウでも、ほぼ毎シーズンのように公演を行っていた。独立系のアンサンブル、とくにフランスのクラシック界でルーヴルほど世界各地に招かれ、定期的にオペラを上演してきたアンサンブルはないだろう。

すでに述べたように、レ・ミュジシャン・デュ・ルーヴルはウィーン国立歌劇場で演奏した最初の「部外者」オーケストラだ。パリ・オペラ座でヘンデルの『テゼオ』、そしてラモーの『プラテー』をコンサート形式で上演したのは、まだジャン＝アルベール・カルティエ総裁の時代で、あの劇場でバロックの作品を、当時はまだ目新しかったピリオド奏法で初めて演奏したアンサンブルのひとつだった。パリはどちらかといえば保守的で、一九八〇年に『ダルダニュス』、一九八七年に『エジプトのジュリオ・チェーザレ』の新プロダクションを上演したときは、オペラ座常設の管弦楽団を使っていた。しかしこれがあまり成功しなかったことで、劇場は新しい音楽的アプローチの必要性に目を向けるようになった。

私はルーヴルのツアーで各地をまわったことで名前を知られるようになり、指揮者としての客演の話も舞い込んでくるようになった。音楽の世界ではよくあることだが、ルーヴルを招聘してくれる主催者が、急にひらいめいたように、自前のアンサンブルやオーケストラの指揮者に招いてくれることがある。こうして私は想定外の形で、あっという間にヴェネチアのフェニーチェ歌劇場、ウエールズ国立歌劇場、ロンドンのコヴェント・ガーデン王立歌劇場、ベルリン国立歌劇場、そしてその後しばらくして、チューリヒ、ミラノやサンフランシスコの歌劇場にも指揮者として招かれるようになった。

当初、自分には荷が重すぎるかもしれないという不安があった。何事にも縛られるのが苦手で、子供の頃から自由に育てられてきたといっても過言ではなく、組織のルールは面白く感じたり……感じなかったりする。いずれにせよ、解らないことだらけだ。だから、その都度学び、叩かれ、絶望しては再び立ち上がってきた。人の反発は予見できないことが多い。経済危機も、技術的なトラブルも、年金や賃金引上げを求めるストライキの警告もしかり。組織を率いる人間は、その幸も不幸も分かち合うことになる。

いずれにせよ、色々やっているうちに気がついたことだが、アンサンブルの芸術監督という立場と、歌劇場のトップの仕事には共通点が多い。リュリもヘンデルも自らの「王立アカデミー」を創立しているし、ワーグナーも自分のための歌劇場を建てているが、いずれも上に立つ人間に翻弄され、余計な指図を受けることなく、自らの責任で全てを決めたかったからだ。こうした作曲家を崇拝するあまり、私は彼等を手本にするようになってしまったのかもしれない。勿論、自分に「創造的才能」はない。だが何かを企画して実現していく過程において、私は彼等を指針にしている。

ボルドーの話がくる前に、私がごく自然の成り行きとして目指したのが、パリのオペラ・コミック座の音楽監督の座だった。バソン奏者として何度も演奏した劇場だったし、指揮に転じてからも、『アルシオーヌ』や『プラテー』、『ペレアスとメリザンド』、ボワエルデューの『白衣の婦人』、マスネの『サンドリヨン（シンデレラ）』、『こうもり』、『マノン』など、数々のオペラを指揮していた。「あの魔法のような劇場の扉は全ての者に対して開かれている」と言って、後任になることを勧めてくれたのは、当時の支配人、ピエール・メドサン本人だった。彼の退任発表を受けて内密に文化省の劇場担当課長に相談したところ、是非応募するように言われた。だが水面下ではグラン・マジック・サーカスの創立者、俳優、演出家のジェローム・サヴァリーの名前がすでに後任者としてあがっていた。これまでのフランス共和国への貢献の見返りとして、ポストが約束されているということだった。サヴァリーは演劇界の重鎮で、エネルギーとファンタジー溢れる天才演出家だ。オペラの演出でもいくつかは大成功を収めていたが、この時、当人は何がどうなっているのかさっぱり理解していなかった。「オペラ・コミック座は君のものだよ」と言われただけだったらしいが、実際、言葉通りになった。その結果、ボワエルデューの名を冠する広場に建つ劇場のプログラムからオペラが消えて、歌の入ったキャバレー公演が上演されるようになった。とても楽しいショーではあったが、劇場が担ってきた本来の歴史的な役割からは、程遠い内容だった。

オーケストラを使った出し物をほとんどやらなくなっていたので、私はサヴァリーに会いに行って、次のように打診してみた。「二〇〇二年は歌劇『ペレアスとメリザンド』がオペラ・コミック座で初演されて一〇〇周年を迎える年です。同劇場のみならず、オペラ界全体にとって、とても重要なこの作品の一〇〇周年を、作品が誕生したこの劇場で、是非祝いたい」

サヴァリーは快諾し、私はマーラー室内管弦楽団というクラウディオ・アバドによって設立され、定期的に指揮していた若いオーケストラを招いて、ダニエル・ハーディングとアントネッロ・マナコルダの協力も得て、同作を演奏会形式で上演するプロジェクトを比較的短期間でまとめあげた。我々は最初にオーケストラの本拠地であるイタリア、フェラーラの歌劇場で公演を行ったのち、パリのオペラ・コミック座で同作を上演した。パリの公演には、ベル・エポック期の名歌手イヴェット・ギルベールのツアー伴奏者で、祖母エディスともたびたび共演していたイレーヌ・アイトフも座っていて、感無量だった。イレーヌは一九三〇年から二〇世紀末まで、世界中の歌手に『ペレアスとメリザンド』の歌唱指導を行っていたことでも有名なピアニストだ。二〇〇二年四月三〇日、この日は、友人でもあるテノール歌手のユーグ・キュエノも聴きにきてくれた。彼はナディア・ブーランジェのお気に入りのテノールで、メリザンド役の初演歌手だったメアリー・ガーデンの弟子でもあり、一九〇二年、『ペレアスとメリザンド』が世界初演された数か月後に生まれている。間奏が通常版より短いオリジナル版によるこの日の公演は、作品が世界初演された時代と現代の時間的な隔たりが、ほんの数分に狭まったかのような錯覚を与える、忘れられないものとなった。

しかしオペラ・バスティーユの誕生以降、オペラ・コミック座はパリ国立歌劇場の傘下から切り離され、予算もつかなくなり、結局、経営破綻に陥ってしまう。ジェローム・サヴァリーはその豊かな発想力をもって劇場の立て直しを図ったが、何をやっても聴衆は戸惑うばかりで、劇場から離れてしまった。こうしたなかで、オペラ・コミック座の新しい理事長に就任した政府高官のマリヴォンヌ・ド・サン＝ピュルジャンは、一九〇一年から「非営利社団法人」だった同劇場の法人格を「公共法人」に変更した。そのため、同劇場の支配人にも公務員と同じ年齢制限が適用されることになり、サヴァリーも、辞めざるを得なくなってしまう。彼が後ろ髪を引かれる思いで劇場を去ったのは、想像に難くない。そして文化省は、オペラ・コミック座の運営に対して新たな方針を打ち出した。「パリであまり上演されていない、フランスの文化遺産と呼ぶに相応しい作品を積極的にとりあげ、若い歌手の育成に力を入れる劇場にするべし」という内容のお達しだった。それこそ自分が長年やってきたことだった。こうして私は初めて、本格的な応募のプロセスというものに身を投じることになるわけだが……駄目だった。

生まれてこのかた試験というものを受けたことがない私は、いつも自分の「肩書」を自分で勝手につけて生きてきた。オペラ・コミック座の芸術監督のポストは三度トライして、三度断られてきた。格式ばった選考手続きや面接、選考委員会との面談を頑張って受けても、文化省が急に態度を翻したり、大統領府の鶴の一声で全ての努力が水の泡と化する苦い経験ばかりしてきた。多くの専門家や役人の協力があったにも関わらず、運命の悪戯か、自分、そして自分以外の者にとって、あまりにもシンプルで自然に思えたオペラ・コミック座とのマリアージュは、ついに実現することはなかった。

国が采配を握り、高圧的で旧態依然としたフランスの任命プロセスと、私がザルツブルクと交わした端的な契約書やヨーロッパの他の国で経験した単純明快な手続きの違いには愕然とさせられる。まあ、愚痴をこぼすのはやめよう。ミシェル・デストとアラン・ジュペという、公共サービスとか公共施設の運営には文化省以上に関心がない大物政治家二人が、グルノーブルとボルドーで私に信頼を寄せてくれたのも事実なのだから。そしてフランスの不透明な人選システムもときには功をなすようで、その後、オペラ・コミック座にも数々の素晴らしい芸術監督が選ばれている。二〇二一年に就任した指揮者のルイ・ラングレの才能が、劇場に大いなる利益をもたらしているのも明白だ。

それでも、どうしようもないこの運命を自分で何とかしたいという欲望は、潰えなかった。オペラ・コミック座の夢が消えた後、レ島で自分の音楽祭を立ち上げた。レ・マジョールと名付けた音楽祭では、私が信頼するアーティストを招いて演奏してもらっている。それから、亡き夫の楽譜や楽器の保存先としてコンスタンツェ・モーツァルトの肝いりで設立された国際モーツァルテウム財団が創立した同市の冬の音楽祭、「モーツァルト週間」の音楽監督も引き受けた。同財団はコンサート・ホールと音楽学校も創立、管理・運営していて、一月末のモーツァルトの命日の前後に開催される音楽祭も開催している国際的な機関だ。音楽祭にはウィーン・フィルハーモニー管弦楽団がレジデンス・オーケストラとして、当然、毎年出演しているほか、超一流のソリスト、アンサンブル・アンテルコンタンポラン、アカデミー・オブ・セント・マーティン・イン・ザ・フィールズ、アンドラーシュ・シフ率いるカペラ・アンドレア・バルカ、フライブルク・バロック・ゾリステンといった室内管弦楽団も客演していて、ルーヴルも定期的に招かれている。私が音楽監督に就任したのは二〇一三年だが、それ以前から頻繁に招聘されていた。二〇一〇年には、フランスのエクサンプロヴァンス芸術祭との共同制作『イドメネオ』を指揮して、一連のオペラ公演のオープニングを飾った。演出はオリヴィエ・ピ、演奏はルーヴル。この年までオペラをほとんどコンサート形式でしか上演してこなかった音楽祭にとって、画期的な出来事だった。

当時はモーツァルテウム財団の理事長が音楽祭の総裁を兼務していた。ヨハネス・ホンジッヒ＝エルレンブルク理事長は、芸術監督に就任する私の右腕として、マティアス・シュルツを事務局長に迎えるというこちら側の提案も快諾してくれた。シュルツはその後、ちょうど私がボルドーに移るのとほぼ同時にベルリン国立歌劇場の総裁に就任したが、最近、チューリヒ歌劇場の総裁になったようで、スイスにとっては朗報だ。ザルツブルク・モーツァルト週間の芸術監督に就任した私は、音楽に関する全体的な方向性を示し、新たな扉を開けていく仕事に邁進した。ザルツブルクでの五年間は、まさに至福の日々だった。

伝統を重んじつつもオープンで、運営も順調で、音楽史上最高の天才（バッハも含めて）に捧げられた組織で、ようやく念願の仕事をすることが叶った。誰もが知る、あの素晴らしい音響の会場を与えられ、私はザルツブルクでやっとオペラの制作を統括する芸術監督になれた。マーシャル・ピンコスキの演出で『ルーチョ・シッラ』、イヴァン・アレクサンドルの演出でグルックの『オルフェ』、バルタバスとカンタータ『悔い改めるダヴィデ（ダヴィデ・ペニテンテ）』とレクイエム、そしてロランド・ヴィラゾンが私の後任になってからも、ロバート・ウィルソンの演出でヘンデル作曲モーツァルト編のオラトリオ『メサイア』をモーツァルト週間で上演することができた。『ルーチョ・シッラ』にいたっては、夏の音楽祭との共同制作にもなった。

我々のモーツァルト週間は評判になり、従来よりも遠方から来る新しい客層を呼び込むことができた。一〇〇年以上前に用途を変えて、劇場として使われてきたかつての馬術の訓練場、フェルゼンライトシューレ（岩窟乗馬学校）に馬術のパフォーマンスを復活させた二つの公演が、とくに新しい集客につながった。

二〇年間ボルドー国立歌劇場の総監督を務めたティエリー・フーケが退任の意向を発表したとき、オペラ・コミック座で挫折したものの、ザルツブルクで大成功を収めたことから、応募してみるのも悪くないと思った。選考プロセスは極めて複雑だったが、最終的に選ばれることができた。このときも、友人の貴重な助言と協力に支えられた。ジャック・トゥボン、ジャッキー・マルシャン、オリヴィエ・ピ、アントワーヌ・ブレ、そしてラジオ・フランス放送のジャン＝ポール・クリュゼル元会長、ボルドー国立歌劇場の理事長でもあったロランス・デセルティーヌ副市長、ジュペ市長の秘書官リュドヴィック・マルティネスにも助けてもらった。ボルドーに着任するにあたり、アラン・ジュペ市長にザルツブルク・モーツァルト週間の芸術監督を辞するよう求められた。泣く泣くではあったが、「ジロンド県の県庁所在地、ボルドーのためなら仕方ない」と、応募したときから覚悟を決めていた。このときの心境についてはまたのちほどふれたい。モーツァルト週間の芸術監督の私の後任には、何事にも一途で情熱的なロランド・ヴィラゾンが選ばれ、その後もザルツブルクとの関係が途切れることはなかった。

音楽愛好家ならよくわかると思うが、劇場にはそれぞれ異なる魂が宿っていて、どの会場、どの舞台にも固有の歴史がある。バッハの受難曲、モーツァルト、ワーグナー、ドビュッシー、ラモーのオペラなどが初演された場所には、その痕跡が永遠に残っていて、そうした空間は劇場に限らない。ここで思い出の空間を自由に散策してみたい。とりとめのない四方山話にお付き合いいただき申し訳ないが、私にとって強く印象に残る体験、有意義だった出会いについて、もう少し語らせてほしい。

最初に思い浮かぶのが、初めて指揮をしたポール・ロワイヤル修道院の集会室だ。美しい板張りのとても親密な会場だった。修道院といえば、ベック＝エロワン修道院も、さらに特別な場所だった。両親が村に別荘を所有していて、子供の頃は週末やバカンスをそこで過ごしていたので、修道士とも親しかった。村の近くで父とよく釣りをしていたことは、すでに述べたとおりだ。乗馬に目覚め、控えめだが確かな信仰心を持つようになったのも、ベック・エロワンに滞在していたときだった。修道院について、改めて触れておきたい。

当時ベック＝エロワン修道院の院長は、ド・グラモンムという名前の神父だったが、彼は戦時中、ナルヴィック（Narvik）で同じ部隊で戦った父の戦友でもあった。私が生まれる数年前に末の息子を失った両親を絶望から救ったのもド・グラモンム神父で、私はこの亡き兄の代わりに生まれてきたのかもしれない。兄は修道院の近くで事故に逢い、修道院の墓地に埋葬された。今は両親も、彼の傍で眠っている。母は最晩年をベック・エロワン修道院で過ごし、そこで息を引き取った。デビュー当時、ルーヴルとの転機となったポール・ロワイヤルのコンサートの後に、同じ公演を行うことを快諾してくれたのも、あそこの修道院だった。

　私のフルネームはマルク゠アンセルム・ギヨーム（Marc-Anselme Guillaume）だ。アンセルムは、神の存在証明、そして魂の不安について論じた著書『プロスロギオン（*Proslogion*）』で有名な中世ヨーロッパの神学者で、ベック（Bec）の修道士だったカンタベリーの聖アンセルモに由来する。三つめの名前は、ノルマンディー公で初代イングランド王、ウィリアム（フランス語式ではギヨーム）征服王からとっている。私の正式名がマルク゠アンセルムであることからも、両親がベックの地、そして修道院史上もっとも名高い院長、ド・グラモンム神父にどれほどすがっていたのか、想像がつく。

　ベック゠エロワン修道院には安らぎと、手の届かない、遠く離れた伝説の宮殿のような雰囲気があって、中に居ると心地よい気分になる。教会の外陣だった部分は廃墟になっている。そのため一八世紀に新しく建てられた部分が礼拝堂として使われているが、そこは当初……厩舎だった。長年パリのサン゠メリ教会の専属オルガニストだった音楽学者ノルベール・デュフルクが、実娘が同修道会の修道女だったことから複数のオルガンを寄贈していて、司祭たちはそれを祭壇の裏に隠すように保管している。ヒエロニムス・ボッシュの『祝福された者の天国への上昇』に描かれている聖なるトンネルを連想させるやたらと天井が低い教会で、あの絵画のように構造が……音楽的だ。天井が低くて丸いため、残響が少なく、石壁に反響する音がそのまま直接耳に届く「ミネラルな響き」がする。

パリのサン＝テティエンヌ＝デュ＝モン教会も、ベック・エロワンと同じくらい素晴らしい音響の教会で、私たちはパーセルの『ディド』、『アーサー王』、『妖精の女王』をそこで上演することができた。同教会ではフィリップ・ヘレヴェッヘも我々の前にバッハの『マタイ受難曲』を指揮していて、二組の合唱を使い、クルト・エクウィルツが福音史家を歌った名演だった。エクウィルツといえば、最近亡くなったが、人としてもとても魅力的な歌手で、アーノンクールの『マタイ』の福音史家としても有名だった。

あのときの公演にはルネ・ヤーコプスがアルト独唱を歌い、テルツ少年合唱団のボーイ・ソプラノ団員数名、二つのオーケストラ（ムジカ・アンティクヮ・ケルンとヘレヴェッヘのシャペル・ロワイヤル）、指揮者でもある名ヴァイオリン奏者ラインハルト・ゲーベルも参加していた。ゲーベルはヘレヴェッヘとは趣向が違っていて、もっとメリハリの利いたアーティキュレーションと音楽の輪郭を明確に浮かび上がらせることを好む演奏家だが、ヘレヴェッヘをはじめ、オルガンのトン・コープマン、そしてヘレヴェッヘの手兵、コレギウム・ヴォカーレ・ゲント合唱団と見事に連携がとれた名演だった。公演はフランス・ミュージック・ラジオ放送で録音されたが、兎も角、衝撃的だった。あれほど強烈で個性的な名奏者がひとつに溶け合い、聴衆をも一員にしてしまう大きなアンサンブルとなって演奏される『マタイ受難曲』、いや、さらにいうならバロック音楽の演奏がフランスで聴かれることはそれまで一度もなく、画期的な出来事だった。

私の人生に寄り添うように登場する石の建物といえば、ザルツブルクの大司教の宮殿の中庭もそのひとつだ。飾り気がなく、あそこも「ミネラルな響き」がする空間だ。決定的な成功を収めた『後宮からの誘拐』、そしてルーヴルが初登場した『ミトリダーテ』で夏のザルツブルク音楽祭のオーケストラ・ピットで初めてピリオド楽器が響いたのも、あの中庭だった。

ジェラール・モルティエの後任の作曲家のペーター・ルジツカに、『ミトリダーテ』の指揮を勧められた当初は、正直、あまり乗り気ではなかった。モーツァルトはモーツァルト、ヘンデルはヘンデルらしいオペラがある。だが、このオペラは堅苦しく、形にはまったオペラ・セリア、延々と繰り返されるソナタのような、まだ自分のスタイルを確立できていない、どっちつかずのモーツァルトの幼さが残るオペラ……という印象があったからだ。とくに私の場合、『イドメネオ』、『後宮からの誘拐』、『フィガロの結婚』、『魔笛』、『ドン・ジョヴァンニ』をすでに指揮していたので、不完全燃焼に終わるのではないかという不安があった。ひとまず、オーケストラはルーヴルを招聘することを条件にした。だが、私の不安は瞬く間に払しょくされた。『ミトリダーテ』は傑作で、最近録音も行ったほどこのオペラに惚れこんでしまった。狂おしいほど激しい愛憎が入り混じり、情熱的な人物が次々と登場し、若いモーツァルトのオペラの才能が譜面の随所からほとばしっている。ホルンの独奏を伴うシーファレのアリア、王の登場、毒が盛られる場面、ファルナーチェの後悔……ある程度の製作費さえ工面できれば、この最高の芸術作品を堪能してもらえると確信した。ギュンター・クレーマーの演出は称賛され、リチャード・クロフトは迫真の演技で、怒りを爆発させながらも人間味あふれるミトリダーテを好演し、牢屋のシーンに登場したファルナーチェ役のベジュン・メータは、神々しいまでの圧巻の歌唱で空間を完全に制していた。ザルツブルクの石の中庭は、このときも私に幸運をもたらしてくれた。

ザルツブルクはどこもかしこも石だらけで、暗く、威圧的な高い崖のふもとにつくられた大きな村だ。私がフェルゼンライトシューレで観たプロダクションの中で、一番美しいと思ったのは、ピーター・セラーズの演出でケント・ナガノが指揮したメシアンの『アッシジの聖フランチェスコ』だ。あれはジェラールがザルツブルクで最初に挑んだ大きな賭けだった。フランス国外、それもドイツ語圏屈指の音楽祭で、あの作品を上演するのは相当勇気が要ったはずだが、すべてが完璧で大成功だった。ピーター・セラーズは横長の広い舞台を三分割していた。下手に教会をイメージさせる複数の木柱、中央に十字架のネオンが輝く巨大なパネルを設置し、上手の庭側に積み重ねられたテレビの画面に歌手の動作を反映させて、説教のときに様々な色の鳥を映し出していた。のちにも似たような演出が幾つも出てきたが、セラーズのオリジナルを超えたものはない。普通の舞台ではなかった。その場にいる全員を惹きつける集団体験であると同時に、個々の感性を刺激する個人的な体験でもあった。セラーズは観客に、そっと鏡をかざしてくる。無理やり押しつけてくるわけではない。だが、舞台上に己の姿があまりにも明快に映し出されるので、心を奪われる。あの『アッシジの聖フランチェスコ』は、石、木、そして光の儀式だった。集団入信の儀式とでもいうべきだろうか。

ザルツブルク音楽祭が約一〇〇年前に産声を上げたのも、あの劇場だった。かつて大司教によって建築された馬術学校の建物で現存しているのは、三層に裏山の岩盤に直接掘られた深いアーチ型の観客席だけだ。シュトラウス、ベームやトスカニーニが写っている古い写真を見ると、何もなかった遺跡に、照明、技術、観客席、オーケストラ・ピットなどが、少しずつ整備されていったのがわかる。当初はオープンエアーの劇場だったが、屋根がつくられ、今では開閉可能な屋根に代わっている。教会と劇場を足して二で割ったような音響も、驚くほどいい。舞台は極端に横長で、緞帳や幕がない。一九五四年にフルトヴェングラーが指揮したヘルベルト・グラーフ演出の『ドン・ジョヴァンニ』のように、独特な構造を巧みに活かした演出もあるが、どうにも手に負えず、完全に隠してしまう演出家もいる。私は何も手を加えない素の姿が一番好きだ。だから困難を承知の上で、建物の構造をありのまま見せる、馬を使った異色のプロダクションを二作、バルタバスと実現させた。オーケストラと合唱は舞台の奥のアーチに分散して配置され、蜂の巣を割ったような背景が広がる演出になった。

最初に手掛けたのが、二〇一五年に上演したモーツァルトの『悔い改めるダヴィデ』だったが、初めて会場に足を踏み入れたとき、バルタバスは愕然としていた。馬術の演出は空間の広さと形状に大きく左右される。一緒に会場を下見して、最初に問題になったのが、馬、オーケストラ、合唱の配置だった。オラトリオなので、オーケストラ奏者と合唱団員がそれぞれ四〇名、そしてソリストが三名必要だが、どうすればよいものか……

巨大なステージは勿論、分割することにした。まず奥から、合唱、オーケストラの順に配置して、ソリストを岩壁のアーケード内に収めて、馬を上手にもってくるようにしてみたが、どうもしっくりこない。窮屈な感じでバランスが悪く、面白みがなくて動きづらい。空間配分をもう一度計算してもらった。アーケードは三層ある。そこにオーケストラと合唱を配すれば、馬は舞台全体を自在に駆け巡ることができる。

技術的な問題も山積していた。遠く、奥まった場所に配された演奏者に、果たして指揮が見えるのか？　そしてお互いの音が聞こえるのだろうか？　通常の演出でアーケードが使われることはほとんどない。遠い背景として、ぼんやりと照明が当てられることはあっても、アーケードの構造そのものが「舞台」として活かされたことは一度もなかった。こうして斬新なアイディアが次第に形になっていった。

二〇一三年に芸術監督として初めて挑んだモーツァルト週間で、マーシャル・ピンコスキが演出し、美術のアントワーヌ・フォンテーヌが舞台に魔法をかけたような見事な『ルーチョ・シッラ』を指揮したときは、まだ旧乗馬学校の建物に入ることができなかった。だが翌年、イヴァン・アレクサンドルが演出したグルックの『オルフェ』を祝祭劇場の小ホールで指揮したときに、そこで同公演に出演していたルーヴルとザルツブルク・バッハ合唱団を使ってモーツァルトのハ短調ミサのキリエとグロリアを試奏することができた。『ダヴィデ』は同ミサ曲に新しいイタリア語の歌詞をつけて書かれた「リメイク」曲なので、恰好のリハーサルになった。

まず全員が指定の位置につき、アンプは一切使わなかった。すると、奇跡が起きた。私は音響を確認するために、指揮を助手に託して客席に座っていた。指揮棒が振り下ろされ、下降する八分音符、跳ねる八音符がふたつ、序奏が浪々と流れていく……一糸乱れぬアンサンブル！　互いに離れて発せられる音を、岩壁がひとつにまとめているようだった。音は実際、岩壁に反響して客席に届いている。モーツァルトの家（祝祭劇場の小ホール）、フェルゼンライトシューレ（旧乗馬学校）、そして一九六〇年に完成し、カラヤンの指揮でこけら落とし公演が行われた祝祭大劇場の三つの舞台が、寄りかかるようにして横に連なる、あの岩壁だ。モーツァルトのハ長調ミサ曲が初演された聖ペーター修道院も、その隣にある有名なレストラン「ペータース・ケラー（Peterskeller）」も、同じ岩壁を背にして建っている。ミュンヘン方面からザルツブルク市内に入ってくるときに通過するトンネルも、同じ岩山をくり抜いてつくられている。ザルツブルクは岩壁が奏でる同じA音で、町全体が整えられていく。

話を『ダヴィデ』に戻そう。キリエよりも激しいグロリアでは、アーティストがお互いの音が聞こえず、雲行きが怪しくなってきた。それでも、この劇場特有の音響を十分に理解したうえで、意を固めて、バルタバスとともに『悔い改めるダヴィデ』をあの空間で上演することを公表した。リハーサルを何週間も重ね、翌年、二〇一五年冬、ようやく本番を迎えることができた。バルタバスは舞台全体を火山灰で覆い、馬が三〇〇年ぶりに旧乗馬学校に入場するという奇跡が起きた。乗馬をやっていない人、馬を知らない人には、どれほど重要な歴史的瞬間を目の当たりにしているのか、理解できなかったかもしれないが、私は感動で震えが止まらなかった。馬の荒い呼吸が響く。毛が照明に照らされてふわりと輝きを放ち、砂である程度吸収された蹄の音がこだまする。岩壁を貫通する連絡通路から、馬を舞台へ連れていく。騎手は馬の横を歩いている。騎手に手綱を引かれた馬が、木のブリッジを上って舞台に入っていく。蹄の音が繊細な打楽器のように、コッツと一定のリズムを刻む。空間に、あるべき自然な光景が広がる。かつての乗馬学校の舞台に馬が戻ってきて、長い間空だった額縁に、もともとあった絵がぴたりと納まった感じがした。

言うまでもなく、環境が整うまでは、苦労の連続だった。旧乗馬学校に舞台を組み立てるには、建物の所有者であるザルツブルク市と音楽祭の理事会の承認を得なければいけなかった。馬が急に暴れて観客をなぎ倒すことを心配した当局が、舞台をアクリル板で囲むよう、要求してきたこともあった。だが、ジンガロ（Zingaro）やヴェルサイユ（Versailles）の騎手が乗っている馬をコントロールできなくなる事態など、バルタバスや私のように馬のことを熟知している人間には、「あり得ない」ことであり、そのような可能性を示唆されること自体、極めて失礼な話だ。バルタバスは幻想の世界を生み出す詩人であり、「ゲルマン的」な厳格さ、乗馬の伝統に対する絶対的なリスペクトを持ったアーティストだ。アクリル板の設置は却下し、数本の細い銅線を目立たないように張るだけで問題は解決した。今思い返しても、魔法のような公演だったと思う。

その後、モーツァルト週間のマティアス・シュルツ総裁と、私の最後の任期を締めくくる作品を何にしようか検討したときに選んだのが、モーツァルトのレクイエムだった。バルタバスが長年、手掛けたいと願っていた作品でもあった。このプロジェクトは一部の保守的な人たちから相当な反発を受け、私を「馬監督（Pferde Direktor）」と揶揄する者もいた。私が人生の手本としてきたあのニコラウス・アーノンクールまでが、音楽祭宛てに「神への冒涜ではなかろうか」と、懸念を示す手紙を送ってくるほどの騒動になった。だが私は全くそう思わない。馬は聖なる生き物で、旧約聖書にもソロモンやナアマンの良き友として登場するし、イエス・キリストも驢馬か小さな馬に乗っている図像が多い。聖ゲオルギウス、聖デメトリウスも騎士だ……そもそもレクイエムで描かれる黙示録には、馬に乗った恐ろしい騎士が登場するではないか。バルタバスは唯一無二のこの公演を「聖なる儀式」ととらえていた。彼は朗誦より瞑想を好む人間だ。結局、誰もが納得がいく結果に終わった。海外からのお客さんが多い夏の音楽祭で、このプロダクションが再演できなかったことが悔やまれる。

いずれにしてもこうした挑戦が成功したのは、ザルツブルクの夏の音楽祭のヘルガ・ラーブル＝シュタードラー総裁の全面的なサポートがあったからに違いない。夏の音楽祭の総裁はモーツァルト週間に関して、基本的に何の影響力も持たない。芸術団体の総裁というのは、そもそも単なる名誉職であることが多い。だが意欲的で、熱心で、大活躍する総裁もいる。とくに音楽祭の場合、地元の団体との交流があり、地元の事情に詳しい総裁が果たす役割が俄然重要になってくる。私はザルツブルクのヘルガほど、音楽祭に深く関与し、決定的な役割を果たしてきた総裁を知らない。彼女は音楽祭を守る「母」であり、闘う「外交官」でもあり、上手に人を操る「戦略家」で、ジェラール・モルティエ、ペーター・ルジツカ、アレクサンダー・ペレイラ、あるいはマルクス・ヒンターホイザーといった曲者ぞろいの芸術監督を支え、彼等が仕事をし易いように八方で手を尽くしてきた。

私があの気さくに何でも話せて、完璧なフランス語を操る貴婦人に初めて会ったのは、一九九六年に『後宮からの誘拐』の準備のために、初めてザルツブルクを訪れたときだった。すぐに地元の文化界の代表に見初められた私は、保守的とされる彼女のような名誉職の人たちの顔の広さに驚いた。ヘルガはピーター・セラーズと親しく交流する一方で、バルセロナやムンバイからやってくる若いクリエーターや無名のアーティストも熱心に応援するような人だった。「狭い分野」で活躍する、ちっぽけなフランス人指揮者だった私は、ザルツブルク音楽祭の歴史と伝統に押し潰されてしまっても、不思議はなかった。だから総裁に温かく迎えられたのは意外だったし、彼女は貴重な心の支えだった。五年後に『こうもり』が派手に撃沈したときは、流石のヘルガも悲痛の表情を浮かべていたが、その後、音楽監督が次々と交替していくなか、変わらず気にかけてくれて、対立にまきこまれたときは機転を利かせて上手に助け船を出してくれた。モーツァルト生誕二五〇年記念公演の『ミトリダーテ』がルーヴルに託されたのも、ヘルガと音楽祭のキャスティング・ディレクターのエファマリア・ヴィーザーのおかげだったし、モーツァルト週間の芸術監督に選ばれたときも、モーツァルテウム財団理事長で音楽祭の総裁でもあるヨハネス・ホンジッヒ＝エルレンブルクとともに、一貫して見守ってくれた。ザルツブルクで二人から授与された国際モーツァルト財団のモーツァルト・メダルは、私にとって生涯最高の栄誉のひとつになった。二〇一七年の授賞式でヘルガが行ったスピーチに、私は胸が熱くなった。自分のような「ちっぽけなフランス人」が、モーツァルトの町、ザルツブルクの殿堂の守護神のような面々から、「モーツァルト指揮者」として認められたことが物凄く嬉しくて、今でも思い出すたびに感動がこみあげてくる。とくに親密な間柄でなくても、理解してくれる人は理解してくれる。波長が合う相手といると、音も自然に流れていく。

総裁の存在意義を教えてくれたのが、ヘルガだった。ボルドー国立歌劇場のロランス・デセルティーヌとの仕事を明るく照らすことができたのは、ヘルガという灯台があったからだ。

レ島のレ・マジョール音楽祭の初代総裁パスカル・ラミー、そして後任のベルナール・カズヌーヴ、そしてジャック・トゥボンといった歴代総裁の音楽祭、そしてルーヴルへの励ましや具体的なサポートがどれほど重要だったかは計り知れない。世の中には二通りの総裁がいる。優秀な総裁なら天国への扉を開いてくれるが、悪い総裁は地獄に突き落とす鍵を持っている可能性がある。信頼と適格な役割分担さえ

2017年1月31日　ザルツブルク国際モーツァルテウム財団よりゴールデン・モーツァルト・メダルを授与（右から国際モーツァルテウム財団ヨハネス・ホンジッヒ＝エルレンブルク理事長、ザルツブルク音楽祭ヘルガ・ラーブル＝シュタードラー総裁）
©Salzburg Mozarteum Foudation/Wolfgang Lienbacher.

できていれば、とりあえず上手くいく。音楽の女神の仕事は女神に任せて、事務局の仕事は事務方に任せればいい。

事務局！　理事会！　音楽家、出資者、運営者、制作者、政治家がクラクションを爆音で鳴らしながら衝突する交渉場……ボルドー国立歌劇場の音楽監督に就任早々、市の文化担当官を事務局長として歌劇場に引き抜きたいと願い出たときのアラン・ジュペ市長の顔を、今でも思い出す。あのときは、市の総務局長が、市長の意向だったにも関わらず、私の就任に批判的で、こちらが提案する候補者をことごとく却下していた。そこで私は選挙で選ばれた議員を市の役人にするという、突飛な発想で事態の打開に成功した。その結果、市長は問題の側近に、私の邪魔をしないように釘を刺してくれた。グルノーブルでミシェル・デスト市長と常に建設的なやりとりをしていたように、当然ボルドーでも市長と頻繁に連絡を取ることは必須だったが、強力な助っ人になってくれた市長の秘書官をはじめ、副区長でもあった歌劇場の総裁、総務局長、市の文化担当官等々……何をやるにも大勢の人たちと、毎日のように交渉しなければならなかった。オーケストラの運営にも、相応のヒエラルキーがあり、様々な交渉が必要だが、あそこまでややこしくない。ボルドーは想像を絶する複雑さだった。

接点は少なかったが、尊敬する敏腕総裁の一人が、シャンゼリゼ劇場の総裁だったレイモン・スビーだ。今はミシェル・フランクとバプティスト・シャロワンが見事に運営している劇場だ。ヘルガと同様、彼が「権威」になった背景には、長きにわたって総裁を務めてきた事実がある。二人とも名誉職で、劇場や音楽祭を実際に運営しているわけではない。だが、時代の移り変わりとともにクラシック離れが深刻化するなかで、それぞれの劇場や音楽祭が「クラシック音楽の殿堂」としての確たる地位を守り続けることができたのは、彼等のような総裁の強固な意志と庇護のおかげだと言っても過言ではない。

ザルツブルクでは極めて自然な形で、次の芸術監督への継承が行われた。私の後任には、私が初めて指揮した『ルーチョ・シッラ』でタイトルロールを歌ったロランド・ヴィラゾンが選ばれた。ロランドは就任してすぐ、ヘンデルの『メサイア』をモーツァルトによるオーケストレーション（K五七二）指揮してほしいと伝えてきたが、私は毎度のように返答にためらった。根っからのヘンデル好きで、オペラは一〇作以上、協奏曲、モテット、宗教音楽、頌歌、オラトリオも山のように指揮していたが……『メサイア』だけは、やりつくされた感じが否めず、ずっと避けていた。勿論、バソン奏者時代に何度も演奏していたので、熟知している作品ではあった。

一九九〇年代の中ごろ、写真家で映画監督のウィリアム・クラインから、製作中の新作映画のサウンドトラックをレ・ミュジシャン・デュ・ルーヴルで録音したい、という依頼が舞い込んできた。映画はヘンデルの『メサイア』を題材にしたものだった。一度も指揮したことがない曲をスタジオで初めて指揮するのは、正直、あまり気が進まなかったため、「サイモン・ラトルに頼んでみたらどうですか。そのほうが、面白いですよ」と、返事を渋った。するとクラインからすかさず、「サイモンには声をかけたんだが、『メサイア』は嫌いらしい。あなたを推薦してきたのは、彼なんだ」と返された。

クラインの『メサイア』（一九九九年）は強烈な映画だ。事前に録音された我々の演奏が作品を通して流れ、アメリカ社会を象徴する人物像が次々と映し出される。警察官と重罪人のような囚人のコーラス隊、ラスベガスのヴォーカル・グループ、福音教会の司祭……こうした人物の映像が、パリのオペラ・バスティーユの地下にあるドビュッシー・ホールに設けられたとてもスタイリッシュな録音スタジオで演奏する我々の映像と交互に映し出され……日常、路上、貧困、自然、スポーツ、狂気、死……風景が走馬灯のように流れていく。映画というよりは、人の心を揺さぶる「視覚体験」のような作品で、絶頂期にあったリン・ドーソン、マグダレナ・コジェナー、シャルロット・ヘレカント、ブライアン・アサワ、ジョン・マーク・エインズリーといった、超一流の歌手を集めた「声の祭典」にもなった。

この映画の後、『メサイア』は一度しか指揮していない。ボルドー音楽院の学生オーケストラ、私が名誉総裁を務める地元アキテーヌ地方の青少年声楽アカデミー合唱団ＪＡＶＡ（Jeune Académie vocale D'Aquitaine）、そしてボルドー国立歌劇場の歌手数人による公演だった。多様なプロフィールのアーティストが自然にひとつになれる、誰の心にも届く作品だ。

モーツァルトの編曲版は録音でしか聴いたことがなかった。ルーヴルでは、モーツァルトが編曲したヘンデルの『聖セシリアの日のための頌歌』と牧歌劇『エイシスとガラテア』は、指揮したことがあった。いずれもファン・スヴィーテン男爵がウィーンで結成した音楽愛好家協会の依頼で、モーツァルトが『メサイア』とちょうど同じ頃に編曲している作品だ。ファン・スヴィーテン男爵は一八世紀のウィーンで、のちに本格化する「バロック音楽復興運動」の先駆者だった人物で、フリーメーソンだったことでも有名だ。モーツァルトの編曲にはフルート、クラリネット、トロンボーン、ホルンといった楽器が加えられていて、アイルランドの小編成のアンサンブルを念頭に置いて書かれたヘンデルの原曲を、いわば「現代オーケストラ」用に書き換えたものになっている。原曲の英語の歌詞もドイツ語に訳されていて、ほとんど別の作品といってもいい。そのため私はこの編曲版を取り上げるのを躊躇していたが、実際に指揮をして初めて、その素晴らしさに気づかされた。ヘンデルの原曲は大好きだが、どちらも甲乙つけがたい。異なる二つの世界、完全に独立した二つの作品なのだ。

さて、私の人生劇場の廊下を改めて歩いていくと、どこかでボブ（ロバート）・ウィルソンに遭遇する。私は例え辛い経験になっても、趣向が大きく異なる様々な舞台に関わっていきたいという好奇心を、ずっと捨てずに生きてきた。だが、あのウィルソンと一緒に仕事をするなど、私一人の頭で考えられたかどうか定かでない。当人に会う数年前に、私はザルツブルク音楽祭で彼が演出し、シルヴァン・カンブルランが指揮する歌劇『ペレアスとメリザンド』を観ていた。メリザンドを歌ったのは、（一九九六年の私が指揮した『イドメネオ』でイリアを歌った）ドーン・アップショウで、彼女は『アッシジの聖フランチェスコ』の天使役でも、役になりきっていて圧巻の歌唱だった。ウィルソンの『ペレアス』は、影、髪の毛、指輪、瞳といった歌詞の一言一句を、厳格な手法で楽器を操るように浮かび上がらせ、言葉が光の中で揺いでいた。圧倒された。精神面からのアプローチではない。現実を超越した世界で、時の流れに逆らう巨大なアニメーションを観ているようだった。

彼と仕事をしたことがある者の中には、「人間嫌いで気難しい、自分の世界に閉じこもっていて、相手のことを考えない人だよ」と、忠告してくれる人もいた。だが私には、奥が深い、的を射た演出をする人物に感じられた。ウィルソンと親しかったジャン＝ピエール・ブロスマンは、彼にワーグナーの『指輪』など、誰も想像しないような作品の演出をいくつも依頼していて、その都度、熱く語っていた。ウィルソンのような巨匠は、ステータスと引き換えに高い代償を払わされることが多い。生身のまま冷凍されるように、超人的な存在に祭り上げられる。

リハーサルが始まる一年前、私たちはザルツブルクでモーツァルト週間の事務局と音楽祭側のスタッフとの会議に参加した。このような顔合わせは、お互いの落としどころを探る場になることが多い。会議はひとまず平穏無事に終った。ボブは、一緒に働く組織や団体とは異なる独自のスタッフと、「離れた場所で」、独自に準備を進めていく。見かけに反して、アカデミックなところは一切なく、全てはボブの直感、ひらめきで始まり、大編成のチームがそれを形にしていく。演出助手をはじめ、照明、衣装、メイク、美術の各ディレクターが軍隊よろしく一丸となって、彼の世界を創り上げていくのだ。

リハーサルが始まり、最初は姿を現さなかったボブが、しばらくして会場に入ってきた。彼にとって音楽は「付属品」のようなものらしく、オーケストラのリハーサルにはあまり関心がない様子だった。ところが歌手がリハーサルに加わると途端に積極的になり、歌手に横を向かせたり、正面に戻したり、身体の四分の三を斜めにしたり、執拗なほど細かく丁寧に、何時間もゆっくり時間をかけながら、視線、膝の曲げ方、ジェスチャーのスピードについて細かい指示を出し始めた。私はいつもリハーサルの初期段階で相手の出方を観察しながら、ゆっくり「慣らし運転」するように心がけている。ボブの側にはいつもマックス・コルタイという側近……というか「助手」が、ニコニコ微笑んでいる。手兵のチームには、米ロング・アイランド大学でボブに師事している学生も多い。『ポッペアの戴冠』で、哲学者セネカの後をぞろぞろついてくる弟子みたいだ。ボブに「グル（師）」のような側面があることは、誰もが知っている。

彼がよく一緒に仕事をしていたジェシー・ノーマンについて話題を振ってみた。ジャン＝ピエール・ブロスマンがパリ・オペラ座総裁を辞したときの「お別れ公演」で、パーセルの『ディドとエネアス』を彼女とやった話をした。要求の厳しい気難しい歌手だったが、お互いのやりとりは極めてスムーズで、とても広い心の持ち主だった。するとそれまで威圧的な八〇歳の石像だったボブが、急に大理石のマントを脱ぎ棄てて、「僕の」ジェシー、ジェシーの苦悩、極端なまでの孤独について語りだした。パリのシャトレ座で、彼女が歌うシューベルトの『冬の旅』の演出を手掛けたときのリハーサル中、二〇〇一年九月一一日、アメリカ同時多発テロが起きたあの日の思い出。今は亡き偉人が、残された者を近づけてくれる。

このときのやりとりのおかげで仕事に対するお互いの方向性が定まり、どのように作業を進めていけばよいのか突破口が開けて、音楽の本質である「感情」がリハーサル室に解き放たれた。祝祭劇場の隣にある有名なレストラン、ペータース・ケラーで夕飯を共にしたときには、故郷のテキサス州について、質素「ラフ（rough）」な家庭で育ったこと、予想外の人生を歩むことになったいきさつや養子に迎えた子供たちについて、語ってくれた。ボブ・ウィルソンという、一人の男の人生物語。これでお互いの距離はぐっと縮まり、以降全てが順調に進んだ。オラトリオの演出は簡単ではない。とくに『メサイア』は宗教的な題材をもとにした「歌劇」ではなく、様々な福音の言葉のコラージュのような作品で、これといった登場人物もいないし、物語性もないので難儀だ。リハーサル中は時々指揮台を離れて客席に行って、彼の近くに座っていた……ボブは瞬間湯沸かし器のような人だが、良いタッグを組むことができた。演出家とは距離を置くことを良しとする音楽家もいるが、私は昔から良好な関係を築こうと心掛けるようにして、それができないと不安になる。

指揮者にとって、「ピアノ・リハーサル」と呼ばれるリハーサルは試練だ。長時間続く演出家のためのリハーサルで、事前に全てが決められているのか、あるいはその場での即興になるのか、単純明快か謎解きみたいになるのか、光を当てるのが個人か集団なのか、歌手にとって歌いやすい動きか否か、そして音楽に合っているのかどうかで、その場の空気が一変する。作品とかけ離れた演出もある。ピアノ・リハーサルの間、指揮者は全体の流れや歌手の立ち位置を決めるのを手伝う程度で、まったく、ないしほとんど喋らない。演出と演奏が融合することで初めて舞台が完成するので、私は指揮者として、最初からチームに参加して、全体をまとめていくのが自分の役割だと常に思って、これまでやってきた。舞台とオーケストラの「合わせ」の段階に入れば、演出家の仕事は終わっているのが前提なので、そこからは指揮者が主導権を握る。演出家は現場に口を挟まないのが基本だが、私はいつも「一緒に」舞台を仕上げていきたいので、敵対するなどもってのほかだと考えている。『メサイア』のときも、ボブが音楽からあらたなインスピレーションを得て、細かい修正ができるように、可能な限り時間をあげるように配慮した。ボブの演出というのは、最初はぐちゃぐちゃとした破線だらけの簡易化されたスケッチ画みたいだが、ミステリアスで寡黙なまま、誰の目にも明らかな真意が伝わってくる。公演初日に彼と一体になれたら、理想的だ。

初日の終演後、モーツァルト週間の新監督に就任したロランド・ヴィラゾンが、私たちがやっていることの意義、精神性、歴史が残してくれた「みんなの宝」を守っていく重要性、少なくとも西欧ではほとんど世俗化している音楽作品の精神性が持つ意味、『メシア（救世主）』について、素晴らしいスピーチを行った。続いてボブが話をする番になったが……彼は黙ってしまった。ボブの言語は沈黙なのだ。騒々しい場で意思を伝えるには、同じことを何度も繰り返さなくてはならない。だが沈黙の中であれば、一言発するだけですべて伝わる。

沈黙が九分間も続いた。ボブはいつもそうらしい。その後は、胸が熱くなるような賛辞が続いた。ボブと一緒に創り上げた世界、オーケストラ・ピットの輝き、新しい舞台の門出……彼のような大御所に褒められ、私はラ・フォンテーヌの詩に登場する阿呆な自惚れ烏みたいに有頂天になってしまった。私も所詮、人の子にすぎない。仕方ない。指揮者というのは指揮棒を振りかざして偉そうにしているように見えるが、実際は、事務局のオフィスや省庁の廊下で、政治家やときの権力者、マスコミやインターネットで年中叩かれ、批判され、無視されている。だからほんの少しでも優しい言葉をかけられると、正直言って、心が癒されるし、元気が出て、明日も現場に出て、さらに良い仕事をしようという気分になる。

チューリヒでは、アレクサンダー・ペレイラからも同じような勇気をもらった。初めて彼から電話がきたときの最後の言葉は、「これがチェチーリア・バルトリの電話番号だから」だった。私は天にも昇るような気持ちになった。チューリヒ歌劇場は遠くから見ると、パリのファヴァール座（オペラ・コミック座の別名）によく似ているが、運営システムは全く違う。ウィーン国立歌劇場と同じ、レパートリー・システムの劇場で、連日のように公演が行われている。固定のオーケストラ、合唱、アンサンブル歌手、バレエ団があり、毎週六公演上演している。意外と舞台裏が狭いので、その日に使われない舞台セットが表通りに山積みになって置かれていることがある。チューリヒでは多くを学ばせてもらった。『時と悟りの勝利』の後に指揮した『ジュリオ・チェーザレ』では、チェチーリアが初めてクレオパトラを歌い、他にもフランコ・ファジョーリ、アンナ・ボニタティブス、シャルロット・ヘレカントといった一流歌手がずらりと揃い……流石はチューリヒといったところだ。ヴェッセリーナ・カサロヴァを主役に、『アグリッピーナ』と『ラ・ファヴォリータ』

も新演出でやったし、アーノンクールのプロダクションだった『フィデリオ』を、ヨナス・カウフマンの情熱的なフロレスタンで再演した。スイスは全てが超一流でないと、スイスでなくなる。

旅を続けよう。次はアムステルダムだ。パリからだとあっという間に着く。アムステルダムのコンセルトヘボウは、何度も客席で演奏会を聴いている会場で、バソン奏者時代にはアンサンブルの一員として度々客演していて、指揮者になってからも会場が大いに沸く瞬間を繰り返し経験してきた。物凄く広いが、客席との距離が近い。お客さんがまるで食べごろの美味しい葡萄の房に生る実のように見えて、真四角な平土間はとてもシンプルな作りだ。指揮者はラスベガスのショーのように、大階段を下りて舞台に出ていく。日によっては、アムステルダム市内の民家によくある階段にも見えるし、どこかの神殿に入っていくような感じもする。階段を下りるときに転倒しないよう、足もとに注意にしながら舞台に出ていくので、指揮台にたどりつくまで結構時間がかかる。残響が比較的多いホールで、お互いの音が聞こえ辛いため、若干慣れが必要だ。ちなみに私は、このホールを本拠地にしているコンセルトヘボウ管弦楽団を指揮したことはない。ウィレム・メンゲルベルクの時代から、バッハ、そしてとくにマーラーを得意としている世界有数の交響楽団だ。彼は一八九五年に首席指揮者に就任し、以後五〇年の長期に渡って同楽団を率いたが、最後は悲劇的な形で指揮者生命を絶たれている。ルーヴルはコンセルトヘボウでいつも温かく迎えられてきた。演奏会形式で上演した『アリオダンテ』は、運良くライヴ録音が残っていて、公演の雰囲気とポップス・

コンサートばりに沸く客席の熱狂的な反応が活き活きととらえられている。永遠の価値ある音楽が時代を超えて受け入れられることを再確認できる喜びほど、大きいものはない。録音がリリースされるのと同時期に、グルックの『アルミード』もコンセルトヘボウで上演することができて、とても楽しかった。ルーヴルとは、隔年か毎年客演しているが、悪い思い出は、ひとつしかない。

それは一九九四年、客演指揮者としてあちこちに招聘され始めた頃のことで、オランダの音楽祭から同ホールで『オルフェオ』を指揮しないか誘いを受けた。「モンテヴェルディなら、素晴らしい」と、一度は快諾したものの、よくよく話をきくと、モンテヴェルディでも、ブルーノ・マデルナによる「編曲版」であることが判明した。マデルナといえば、イタリアの現代音楽の急先鋒、ルイジ・ノーノとルチアーノ・ベリオの間の世代を代表する作曲家・指揮者だ。モンテヴェルディを好んで編曲した作曲家は多い。ヴァンサン・ダンディをはじめ、フィリップ・ブスマンズ、ダラピッコラ、そしてベリオも……マントヴァ公国の宮廷楽長の作品をダルムシュタット楽派（戦後の現代音楽の聖地）の言語に翻訳した作品の指揮など、自分には全く似合わないことは、火を見るより明らかだった。しかし、ここが私の悪い性分で、あえて危険な方に足が向いてしまう。不安を感じたときはすでにいつも手遅れで、この性格のせいで何度も痛い目にあってきた。あのときも、『オルフェオ』は知らない作品ではないし、指揮するロッテルダム・フィルハーモニー管弦楽団との関係も良好だったので、とりあえず試してみようと思ってしまった。だが、『オルフェオ』は『ポッペア』とは違う。モンテヴェルディの『音楽による寓話』のオーケストレーションは極めて緻密に書かれている。マデルナの編曲は、ブーレーズよりも一九世紀のフランスの建築家、ヴィオレ＝ル＝デュックが手掛けた中世のゴシック建築物の修復作業に近いものだった。沈没しそうなネオ・ゴシックばりの「船」を、誰かが救済しなくてはいけない状況だったわけだが、木造のオルガンや古楽器のコルネットをこよなく愛する人間が手を出すような代物ではなかった。私はモンテヴェルディの原曲とマデルナの深い闇のようなオーケストレーションの間で、身を引き裂かれる思いでその場に立ちすくんでいた。モンテヴェルディは天空に舞い上がろうとするのに、マデルナは雄叫びを上げながら地を這いつくばっている。私は途方に暮れてしまった。

哀れなオーケストラも、同じ心境だった。モンテヴェルディの音楽スタイルで歌手の伴奏を弾きたいのに、マデルナが楽譜に書いた音、ニュアンス、効果を忠実に再現しようとあがく指揮者に従わなくてはいけないのだから、無理もない。オルフェオのアリア『力強い霊、恐るべき神よ（Possente spirto）』の印象的なヴァイオリンの上昇音型との対話も、編曲では楽器が現代ギターに置き換えられていて、チェンバロとチェロは、即興ではなく、楽譜に書かれた演奏を強いられていて……何が何だかわからない、不安だらけの本番になってしまった。そして私は以降、ロッテルダム・フィルから招聘されなくなった。

自らへの戒めも含め、とくに若い指揮者に改めて忠告したい。指揮する作品を間違えてはいけない。七〇歳になれば、何をやっても許してもらえるが、三〇歳では命取りになる。

コンセルトヘボウは伝説的な会場だが、ベルリンのフィルハーモニーは泣く子も黙る音楽の殿堂だ。世界中の音楽ホールの手本になっている会場だ。あのホールでのデビューは、厳しいものだった。二〇〇三年にサイモン・ラトルに招かれて、彼の手兵のベルリン・フィルハーモニー管弦楽団を指揮することになった。同オーケストラでのデビューだったので、純粋なフランス音楽のプログラムにした。喜びで胸は高鳴り、若干の怖さも感じていた。指揮者なら誰もが夢見るオーケストラだ。子供の時、誕生日プレゼントにもらったドイツ・グラモフォンの金色のボックスに入ったカラヤンのレコードで演奏しているオーケストラの指揮台に、自分が立つのだ……物凄く緊張していた。

プログラムはビゼーの交響曲ハ長調、フォーレのレクイエムの初稿版、ラモーと同時代人のジャン＝フェリ・ルベルのバレエ音楽『四大元素』という内容だった。ルベルの『四大元素』は、この世界を構成する空気、土、火、水を描いた壮大な作品で、全ては「無調」のカオスから始まる……のだが、この長大な管弦楽組曲は、ベルリン・フィルの伝統や得意とする音楽スタイルとあまりにもかけ離れていたため、リハーサル会場は不思議な空気に包まれてしまった。天下のベルリン・フィルも、四大元素を制することには不慣れだったわけだ。ベルリン・フィルはエクサンプロヴァンス音楽祭で『プラテー』やモーツァルトの名演を残したハンス・ロスバウトの指揮でこの作品を弾いているのだが、それは一九五〇年代のことだった。私が彼等を説得するしかない。アーノンクールやクリスティもそうだが、バロック出身の同僚の多くは、教育者としても有名で、目の前の奏者を指導しながらリハーサルを進めていく。学生相手なら兎も角、私はそうしたやり方があまり好きではない。だが、あのときオーケストラは、私にバロック音楽を弾くときの「決まり事」や、明確な理論を教えてもらいたかったようで、期待を若干裏切る形になってしまった。彼等はルベルの世界に馴染めないまま、本番を迎えてしまった。一方、ビゼーとフォーレは慣れているようで、お互いよそよそしい関係だったが、とても素晴らしい演奏になった。三回公演だったが、いずれも高い評価を得ることができた。良く響く巨大なチェロのようなフィルハーモニー・ホールでは、いかなる不満よりも、美しい響きに抱かれる喜びが優る。ベルリン・フィルを次回指揮することがあれば、もう少し音楽を深く掘り下げて、お互いを良く知ることができるだろう。

私にとってベルリンのフィルハーモニーは、いまだにカラヤンやアバドのホームグラウンドだ。ダニエル・バレンボイム、サイモン・ラトル、ヤニック・ネゼ゠セガン、クリスティアン・ティーレマン、グスターヴォ・ドゥダメルにとっては「マイホーム」みたいだが、私はまだ「客人」の一人にすぎない。

あれから二〇年近くたち、近年、ベルリン・フィルとの繋がりが復活し、オーケストラのアカデミーを一週間託されて、指導と指揮を任された。カラヤン・アカデミーは若手オーケストラ奏者を育成するアカデミーで、選ばれた才能が団員の指導を受け、時々ベルリン・フィルと一緒に演奏して研鑽を積み、団員になる道が開かれることもある。アカデミー生の数が増えたことで、「大先輩」である本体から独立した小さなオーケストラができていて、私が指揮したのはそのオーケストラだ。ハイドン、モーツァルト、そしてシューベルトというプログラムのコンサートの出来は上々で、

「次世代のベルリン・フィル」には再度、招かれている。弓使いが特殊なムッファトやバレエ音楽といった厄介なバロック音楽を避けたのが賢明だったようだ。三度目の正直とでもいうべきか、滅多に全曲演奏されないベートーヴェンのバレエ音楽『プロメテウスの創造物』を二年前に指揮して、今度は上手くいった。ベルリン・フィルは安堵した様子だったが……彼等以上に、私のほうが胸をなでおろしていた。

劇場やホールの中には、そこを本拠地にしているアーティストよりも、建物自体の逸話や歴史で有名なところもある。ウィーンのアン・デア・ヴィーン劇場も、そうした劇場のひとつだ。ベートーヴェンが一時住んでいたことがあり、交響曲『英雄』と歌劇『フィデリオ』が書かれた場所でもある。私はこの二作を、作曲されたあの劇場で指揮することができた。アン・デア・ヴィーンでは、オリヴィエ・ピが演出を手掛けたアンブロワーズ・トマの『ハムレット』とワーグナーの『さまよえるオランダ人』も指揮している。どこからが劇場なのか、よくわからない建物で、もともと正面だったファサードが都市開発で側面になって忘れられてしまい、暗渠化されたヴィーン川沿いの通りに面するそっけない入口が、現在、正面口になっている。しかし、劇場の中はビロードと木がふんだんに使われていて、舞台を引き立てる美しい内装になっている。

ここで再び北へ移動しよう。スウェーデンのドロットニングホルム宮廷劇場は、イングマール・

ベルイマン監督が初めて足を踏み入れて一目惚れしたことで一躍有名になった劇場で、監督は同劇場で歌劇『魔笛』の映画の一部を撮影している。ロヴィーサ・ウルリカ王妃のために建てられた完全に木だけでできた「小さな靴箱」のような劇場で、一七九二年に国王グスタフ三世が暗殺されて以降、閉鎖され、一九二一年に再びその扉が開かれるまでドロットニングホルム宮殿の倉庫として使われていた。まるで長い眠りから目覚めた眠れる森の美女のように、劇場の中にはかつての壁画美術、歴史的な舞台装置がそのまま残されていて、風と雷の音を起こす古い装置は、現在大勢の音楽家や観光客を惹きつけるアトラクションになっている。

ドロットニングホルムは、ベルイマン監督の個人秘書だったソフィ・ラールストレームがこの劇場を会場にした夏の音楽祭の総裁に就任するまで、何度か再オープンが試みられたが、うまくいかず、長い間使われていなかった。繊細な舞台美術が外気にさらされて壊れていく様子を、私はこの目で見ている。

ソフィ・ラールストレームに新しい企画をやろうと誘われて、はじめはカンプラかラモーのフランス抒情悲劇の上演を検討していたが、すぐにモーツァルトのダ・ポンテ三部作に気持ちが傾いた。三作を続けて指揮するのが私の夢だった。新しいモーツァルト・オペラの伝統がドロットニングホルムに根付くのは間違いなく、演出家のイヴァン・アレクサンドルが長年、この企画を温めていた。イヴァンは一八世紀の自由人、カサノヴァ、サド侯爵、あるいはボーマルシェと同時代の一八世紀の架空の「自由人」を軸に、三作が繋がることに注目した。少年期にケルビーノ（『フィガロの結婚』）と名乗っていた男が、成人してドン・ジョヴァンニとなり、ドン・アルフォンソ（『コジ・ファン・トゥッテ』）として晩年を迎えるというコンセプトだ。あまりにも上演されすぎて、誰もが深く理解しようとしなっていたモーツァルトの歌劇に新たな光を当てた、素晴らしいアイディアだった。劇場が誇る歴史的な舞台美術や装置を一切利用せずに、劇場を三年間占拠するこの大規模な冒険の実現には、いかにも北欧人らしい、細かくて頑固なソフィの自由な発想を歓迎する姿勢が不可欠だったことは言うまでもない。

『イポリートとアリシー』でイヴァン・アレクサンドルの演出の舞台美術を担当したアントワーヌ・フォンテーヌは、バロック劇だけでなく映画にも精通している人だが（ローラン・ジョフェ監督の『宮廷料理人ヴァテール』、エリック・ロメール監督の『グレースと公爵』、ソフィア・コッポラ監督の『マリー・アントワネット』の製作にも携わっている）、彼が美術と衣装を担当することになった。二人はシンプルで的を射た三部作を創り上げていった。作品ごとに色を変え、絶えず変容していく同じ舞台で、三つの物語が展開していく。私たちはスウェーデンで、三年かけて、毎年夏に一作ずつ上演していった。歌手陣は、御馴染みの面々に新顔が混ざった素敵なアンサンブルだった。ドロットニングホルムは不思議な劇場だ。小さくてオーケストラ・ピットが浅いので、客席がすぐ近くに迫ってくる感じがする。

このプロジェクトはヴェルサイユ宮殿でイベントを企画しているロラン・ブリュネールも虜にし、ドロットニングホルムより建てられた時代が新しくて、サイズもだいぶ大きく、形も異なるヴェルサイユ宮殿内の歌劇場で、同じ舞台を再演することになった。二〇一五年から二〇一七年まで毎シーズン、レ・ミュジシャン・デュ・ルーヴルの演奏で、私たちはダ・ポンテ三部作を上演した。長期にわたって同一のプロダクションを繰り返し上演することで、演奏内容は深みを増し、成功を重ねることで評判も広がっていった。そして、三日かけて三部作を上演するという、当初から考えていた理想的なスタイルで、各地を巡ることが叶った。ツアーは技術的にも音楽的にも声楽的にも、誰もが認める大成功を収めた。このときの成功は、私の優れた助手、ロマン・デュマの懸命なサポートによるところが大きい。この企画はバルセロナとボルドーでも実現し、ヴェルサイユでも再演された。

演出家・ジャーナリストのイヴァン・アレクサンドルとは三〇年来の付き合いになるが、私は彼の鋭い「感性」を通して、これまで本当に多くを学び、多くのことを気づかせてもらった。一九八七年にヘンデルの『時と悟りの勝利』という作品を知ることができたのもそうだが、私自身の視野も、彼のおかげでかなり広がったと思う。彼は私が自分の希望を叶えるために必要な新しい道を開拓し、守りを配備して、王道を示し、レールを敷いてくれた。大切な存在だ。指揮者というのは何かを選択するときも、キャリアを歩んでいく上でも、一人で立ち回らなくてはいけないことが多い。そして重要な責任を果たしても、「反響」が何もないことが少なくない。矛盾だらけの商売で、常に大勢の人間に囲まれているが、基本的には孤独だ。だからイヴァンの意見は、私にとって欠かせないものだ。長年影のように寄り添ってくれている、豊富な知識と類まれな感性の塊のようなイヴァンは、いつも時間を忘れて仕事に没頭していて、決して期待を裏切らない。彼が手掛ける演出は緻密でありながら自由な部分も含んでいて、精巧な作りの暖炉にどう反応するかわからない石炭を放り込んでいるような印象を受ける。人生には幸せな時間、チャンスや出逢いなど色々あるが、長い年月を通じてジャーナリストと仕事と生活を共にする難しさは常に感じていて、お互いの業界ではあまり良く思われていない上に、かなり誤解されていることもある。しかし彼が私の仕事や、私の仕事に関わる作品や演奏家について記事を書いたことは一切ない。公演について意見を述べることも、一五年以上控えていると思う。とくに指揮者について話をするときは、極端なほど慎重になる（実際は、アーティストによるアーティスト評のほうが、どんなに厳しい音楽評論家よりも残酷だ）。イヴァンは私とは無関係のところで演出家としてデビューしていて、これまで多くの指揮者と仕事をしてきた。若い頃は遠く離れたアルゼンチンに招かれたこともあったらしい。いずれにせよ、物書きとの生活に喧嘩はつきもので、これは致し方ない。

マスコミといえば、フランスのクラシック音楽界と演劇界でその名を知らない者はいない、ジャーナリストのヴァレリー・サミュエルは友人で、いつも応援してくれる。盾となって私を守り、次なる闘いやプロジェクトに向けて必要な情報を集めてくれる姉のような存在だ。人の話に耳を傾け、適格な助言をしてくれる素晴らしい広報だ。洗練されたセンスをもった真の芸術愛好家が多いジャーナリストのことは全て頭に入っていて、常に一目置かれている。彼女は本章で触れた多くの場所にも駆けつけてくれた。

最後に、私にとって重要な建物をもうふたつ紹介しておきたい。そのひとつがヴェルサイユ宮殿内にある歌劇場だ。人間的な大きさで、壁は木造だが、圧倒される空間だ。余談だが、同歌劇場で『ドン・ジョヴァンニ』の最終リハーサル中に足元の床が抜けて床下に身体半分まで落下して、ヴェルサイユ宮殿に常駐している優秀な消防隊員を急いで呼んで、穴から引き揚げてもらったことがある。歴史的な建造物ならではのハプニングといえる。話が脱線してしまった。兎に角、贅沢な装飾が施され、歴史の重さを肌で感じる劇場だ。私がレザール・フロリサンで初めて演奏したのもヴェルサイユだった。一九八二年に大統領に就任したばかりのミッテラン大統領が主催した首脳会談の催し物として、ホルヘ・ラヴェッリの演出でシャルパンティエの『花咲く芸術《レザール・フロリサン》』が上演され、客席にはマーガレット・サッチャー首相、ロナルド・レーガン大統領、ミハイル・ゴルバチョフ大統領……が座っていたが、オーケストラ・ピットの私の席からは青と金色の柱しか見えなかったことを覚えている。

ヴェルサイユは矛盾だらけの複雑な会場だ。親密で巨大だし（とくに舞台がとてつもなく広い）、よく響くがドライで、音ははっきり聞こえるが強弱のニュアンスが届かない上に、豊かな音色も一体感を失いやすい。だが修復工事が実施されてから音響はかなり改善されたようで、二〇一三年にルーヴルがガラ公演での演奏を依頼されたときに、そのことを実感した。ヴェルサイユは素晴らしい思い出しかない。一九九二年の劇場再開のときに上演したピエール・ルイジ・ピッツィ演出のグルックの『アルミーダ』、『イポリートとアリシー』のコンサートをライブ録音したこと、アントワーヌ・タメスティのヴィオラ独奏で『イタリアのハロルド』、そしてコロナ禍下でラモーの『新しい管弦楽の響き』を録音したのもヴェルサイユだった。カンプラの『優雅なヨーロッパ』、ムレの『ラゴンドの恋』、モンドンヴィルの『ティトンとオロール』、『ラ・ペリコール』、『町人貴族』、ダ・ポンテ三部作など、あの劇場で指揮した作品は数知れない。そしてロラン・ブリュネールが次々と実現する奇跡のような公演が、劇場に命を与え続けている。フランスが誇る文化遺産で演奏する私たちフリーランスの音楽家にとって、ヴェルサイユが「音楽の都」になったのは、彼のおかげだ。

最後に、フランスのもうひとつの都に戻る。私にとって、パリは生まれ故郷であり、音楽家として最初の一歩を踏み出し、初めて感動を覚えた街だ。素晴らしい経験も、沢山させてもらった。オペラ・コミック座では『ペレアスとメリザンド』の初演一〇〇周年を任せてもらったし、はじけるようなフランス風の『こうもり』で大いに盛り上がった。魅力溢れる『マルーフ』、そして『マノン』、……。一聴衆としての思い出も数知れない。パリにある劇場の中で、オペラ・コミック座ほど入りやすく……温かい雰囲気の劇場はない。子供の頃に初めてコンサートを生で聴いたシャンゼリゼ劇場もそうした数少ない会場で、あそこではマーク・モリスの振り付けで『ディドとエネアス』を指揮したほか、『ティトンとオロール』、そして最近ではボブ・ウィルソン演出のザルツブルクの『メサイア』も再演している。

シャトレ座は、ロラン・ペリー、ラウラ・スコッツィ、フェリシティ・ロットとともにオッフェンバックの音楽に酔いしれたところで、演奏を通じて器楽奏者としての基本的なことを学んだ場所だ。当時、ジャン＝アルベール・カルティエのバロック週間が開催されていて、合わせて十数公演様々なバロックの編成で連日公演が行われていた。オペレッタ公演も有名で、私の師匠、ジャン＝クロード・カサドシュが指揮した『白馬亭』は絶品だった。シャトレは現代音楽にも適した会場でピーター・セラーズが演出したジョン・アダムズの『エル・ニーニョ』が、とくに印象に残っている。『ニーベルングの指輪』の作曲家、ワーグナーがカルロ・ゴッツィの台本で書いた最初期の作品で、滅多に上演されない歌劇『妖精』を指揮したのもシャトレで、ワーグナー好きの音楽愛好家を大いに感動させた名プロダクションだった。

パリ・オペラ座のガルニエ宮は外観がどちらかといえば仰々しい構えで、オペラ・コミックやシャトレほどアットホームではないが、屋内は割と温かい感じがする劇場で、知らなかった階段、扉、窓など、訪れるたびに新しい発見がある。訪問者が来るたびに建て直されているみたいな錯覚を覚える。同じオペラ座の傘下にあるバスティーユは、野心的な面構えで非人間的な感じがする劇場だ。大きさの問題ではない。もっと大きなニューヨークのメトロポリタン歌劇場でオペラを観るのは心底楽しいもので、優しい巨人という感じだ。だがバスティーユは小柄な巨人にぼーっと横目で眺められているようで、『イドメネオ』と『魔笛』を指揮しているが、会場運が悪かったとしか言いようがない。あそこではモーツァルトしか指揮していないが、モーツァルトには不向きな場所だ。

まあ、良い。多くの人は、ウィーン、ベルリン、ニューヨークはパリよりも音楽都市として重要だと思っているが、それは誤解だ。一晩で開かれるコンサートやオペラの座席総数では、パリが他の都市を大きく上回っている。パリ国立歌劇場の傘下には二つの大きな会場と複数の小劇場がある。シャトレにもそれなりの座席数があるし、パリにはオペラ・コミックやシャンゼリゼもある。そしてブッフ・デュ・ノール座、アテネ座といった音楽劇場、どの劇場にも素敵な物語があり、音響も素晴らしい。シルク・ディヴェール（冬の厩舎）も、再びクラシックのオーケストラの公演を行うべきだし、ベルリオーズの全ての作品が初演され、ベートーヴェンの交響曲がフランスで初めて演奏された旧コンセルヴァトワールにも、同じ期待が寄せられる。様々な会場を持つフィルハーモニー・ホール、サル・ガヴォー、そして友人のジェローム・ペルノオが室内楽を総合芸術に変身させているサル・コルトーも忘れてはならない。

イヴ・モンタンが歌う次の歌詞には、どちらかといえば共感する。「悩みがあるのはパリだけではない、世界中にあるものだ。だが、世界中どこを探しても、パリはひとつしかない」

9 新しい家

ザルツブルクで企画を立てて実現できたときに感じた喜びはあまりにも大きく、たとえ一時期であっても、いつか自分の劇場を持ちたいという願いが消えることはなかった。そのため、ボルドー国立歌劇場のティエリー・フーケ総監督が辞任したとき、私は空席になったポストに大いなる関心を示した。ボルドーは知らない劇場ではなかった。一九九〇年代にロラン・ペリー演出の『プラテー』を指揮した劇場だったし、エントランスホールの大階段や錬鉄製の装飾、町中の公共施設に共通して使われている輝く白色の石、音響や舞台の規模、親密な雰囲気は記憶に新しかった。青と金を基調にした内装は、ヴェルサイユ宮殿の歌劇場とよく似ている。もともとヴェルサイユと同時代に建てられた劇場だが、長期にわたる大々的な修復工事を経て、一七八〇年の建設当時の輝きを取り戻した。いかにも街の「顔」という感じの、堂々とした佇まいの大劇場だ。建築家シャルル・ガルニエがパリ・オペラ座を建てるときにこの劇場のロビーをモデルにしていて、歴史を感じさせる柱も廊下も、何か訴えかけてくるようだ。柵を越えて、建物をぐるりと取り囲む柱廊から楽屋口に入るたびに、子供の頃のパリのパレ・ロワイヤル（旧王宮）を思い出す……パレの再開発を担当したのがボルドーの歌劇場を設計したヴィクトール・ルイという一八世紀の同じ建築家なので、当然といえば当然だ。天才建築家ルイは、フリーメーソンだったことでも知られている。兎に角、ボルドーのポストが空くことを知った私は、当然、応募を検討していろいろ調べだした。

すると、歌劇場には私の知らないコンサート会場（オーディトリウム）がもうひとつあることがわかった。地域行政区画についても、ボルドーがヌーヴェル＝アキテーヌ地域圏の首府であることは知っていたが、レ島が同じ地域圏に入っていることに気付いた。これは、面白い。私はすでに地域で「活躍」していることになる。応募する前に歌劇場のオーケストラ奏者による室内楽の演奏会を聴きに出掛けた。あのような素晴らしい劇場を二つも持っているとは、何とも恵まれた歌劇場だ。見た目も音響もタイプが全く異なるが、補足しあう二つの舞台が使える。これほど魅力的な話はない。

ポール・ダニエルが指揮する『トリスタンとイゾルデ』も観に行った。演出はボブ・ウィルソンの助手として知られているジュゼッペ・フリジェニだったが、感動的な公演だった。ホールの響きも素晴らしい。細かいところまで良く聞こえる、均整がとれた豊かで一体感のある響きが会場全体を包み込む。何となくバイロイト祝祭劇場を彷彿させる音響だ。オーケストラは若干音量を落として、歌手と同じ舞台上で演奏しているように聞こえる。不思議……そして、凄い「箱」だ！

ボルドー国立歌劇場、通称「グラン・テアートル（大劇場）」で上演された、大親友のミレイユ・ドランシュが演出するプーランクの『カルメル会修道女の対話』、そして若いレジデント指揮者のラファエル・ピションが指揮するミシェル・フォ演出のラモーの『ダルダニュス』も観にいきあの劇場がどれほど希少な宝であるかを、改めて確認するに至った。気持ちは固まった。あとは、泥臭くて夢のない「応募選考」という試練に身を投じるだけだった。

劇場の組織図について色々レクチャーを受けていくうちに、何となく予感していたことを現実として突きつけられた。ボルドーでは、ザルツブルクのような自由と柔軟さは決して望めない。ボルドーの劇場は、四〇〇人近い数の職員を抱える複雑に入り組んだ巨大組織なのだ。だが、首都パリのオペラ座と並ぶ、フランスを代表する歌劇場だ。

そのような劇場に命を与え、毎日観客と向きあって仕事をするという長年の夢を、叶えたい。あまり知られていない才能を紹介し、すでに有名なアーティストの新しい側面を引き出し、託された伝統を大切にしながらレパートリーを拡張していきたい……だが、今まで満喫してきた「自由」を手放すのは、あまりにも代償が大きすぎやしないか？　しかし、制作・技術スタッフは超一流で設備も立派だし、街も美しいし、住民も温かく迎えてくれる……あまりにも魅力的だ。劇場のオーケストラには音楽監督がいて、バロックのレパートリーを指揮するレジデント指揮者もいるが、それでも自分の居場所は確保できそうだった。そこでオペラ・コミック座のときと同じように、数字も入れた具体的な計画案を作成した。一苦労だった。ドイツやイギリスの指揮者仲間にこの選考プロセスの話をすると、いつも驚かれる。彼等の国では、こうした人事はもっと軽やかに、簡単に決まる。あのようなポストにアーティストや興行師が応募してきたら、業績や要求をみて、決めるだけだ。フランスのような企画書など、要求されない。所詮、卓上の架空の企画だ。だがやむを得ない。私は友人のアントワーヌ・ブレに助けてもらいながら、必死に企画書を書いた。あのときも、辛い日々を乗り越えるにあたって、自己啓発セミナーのコーチ、エドゥアール・ブロの励ましと有意義なアドヴァイスに、大いに助けられた。

選考プロセスの皮切りに、パリでボルドーのアラン・ジュペ市長との面談があった。面識はなかった。ちょうど大統領選挙の真っ只中で、彼が当時所属していた政党、共和党の党本部にこちらから出向いた。あのときは次期大統領の有力候補と言われていた。ジャック・シラク元大統領に「私のベター・ハーフ」と呼ばれて頼りにされた政治家で、世間からは役人臭くて人間味がない、というイメージをもたれていたが、実際に会ってみると全く違っていた。率直で、肩ひじ張らない、はっきりとした物言いの、実直で感じの良い人だった。ただ、大統領候補であろうと、ボルドー市長であろうと、彼の一存で私を選ぶことはできない。最大の出資者が市なので、最終的な決定権を有するのは市長だが、一応、ヌーヴェル゠アキテーヌ（Nouvelle-Acquitaine）地域圏と文化省の同意を得る必要がある。選考の手順は規定どおり踏まなくてはいけないが、市長が心から自分と仕事をしたがっているのを感じた。信頼感のようなものが感じられ、「あなたにはとても興味がある」と、言われた。それまで経験してきた政治的な駆け引き、役所による陰湿な嫌がらせとは無縁の、心のこもった言葉だった。

こうして第一関門は、予想に反して順調に突破できた。オペラ・コミック座のときは、役人が国防機密みたいに神経質に事を運び、長くて複雑な手順を踏ませられて、結局「出来レース」だったが、ボルドーのときはすぐに歌劇場のロランス・デセルティーヌ理事長と話をすることができた。彼女はジュペ市長の右腕としてボルドーで活躍中の政治家で、当然ながら、立場上、どの応募者とも一定の距離を置いていたが、相手をほっとさせる母親のような女性で、初めて会ったときから波長が合う気がした。自分と音楽について、メディアでも有名なエコノミストの夫、フィリップについて語ってくれて、彼が熱心な音楽愛好家であることも知った。

面接の数か月前から毎度御馴染みの「〇×らしい」、「噂によれば」、「知っていると思うが」、「あなたが選ばれるワケがない」、「〇×が応募したらしい」、「〇×の応募書類が凄いらしい」、「〇×には文化省の大物がバックについているらしい」、「大型スポンサーをひっさげて応募してきた人がいる」……といった情報合戦が始まった。マスコミも希望的観測を込めて、あれこれ予想を書きたてた。だが、話題に上るのはアドミニストレーターの名前ばかりで、アーティストはほとんど誰の眼中にもなかった。

立派な企画書が完成した。「伝統を尊重しつつ革新的で、まとまりも良く、詳細で、現実的で説得力がある」と、その道に詳しい友人たち、ジャック・トゥボン、ジャッキー・マルシャン、ジャン＝ポール・クリュゼル、オリヴィエ・ピにも太鼓判を押された。

この仕事を始めてもう三〇年になるが、ああいう選考プロセスは神経が磨り減るし、バカロレアの試験を控えた高校生のように不安になる。ザルツブルクのときは、自己アピールを書いて提出する必要などなかった。フランスの採用システムは応募者を怖気させるだけで、あまり適格とは思えない。優れた候補者が嫌気をさして、国内の文化施設の公募に応募しなくなってしまうことが危惧される。

そしてついに面談の日がきた。一〇数人が黒いガラス・テーブルを囲んで座っている。ビッグ・ボスはアラン・ジュペ市長で、私に対して好意的であっても、相応の要求はする姿勢であることを念押ししたいのか、私を試したいのか、戸惑うような質問を次々と投げかけてきた。例えば、ワイン業界のスポンサーについて訊いてきて、こちらの返事を一刀両断するかのように、「幸運を祈る！」とだけ言い残して、面談を締めくくった。市長は、「ボルドー・ワインの大手生産者が変わることなく、永久に歌劇場を資金的に支えてくれる」と、当たり前のように考えていたようだが、結局は期待を裏切られることになる。

理事会の中には、アーティストを国立劇場のトップに据えて、巨大組織である歌劇場の運営と財務は大丈夫なのだろうか、と案じる者もいた。たしかに前任者の時代に二〇〇〇万ユーロの予算が悪質な会計士によって不透明な形で流用され、劇場は財政難に追い込まれていたが、アーティストは全く関与していない。私は国からの助成金を減らされ、厳しい予算と格闘しなければならなかったが、劇場を去るときには、財政状態を就任当初より改善させている。

兎に角、私はパリ・オペラ座のガルニエ宮で『アルセスト』の公演を指揮する合間に、ボルドーの面接を受けに行った。翌日、ロランス・デセルティーヌから電話があり、応募者の中で私が最良と評価された、と伝えられた。審査報告を受けたその晩、オリヴィエ・ピの素晴らしい演出の『アルセスト』を指揮した。そして、舞台美術のピエール＝アンドレ・ヴェイツによる舞台上で、チョークで描いた絵が最後に消される頃には、私の心はすでにボルドーにあった。

だが、ボルドーに着いた途端、すぐにある種の緊迫感を感じた。私を敵視する連中が活発に動き出し、各地の歌劇場の支配人たちから連絡が殺到した。それまで部外者だった私が、業界の要注意人物になった瞬間だった。早速、フルタイムで仕事ができるのか疑問視する声が上がった。私は年間三二〇日働いている人間なので、いくつかの活動を制限しながら、ボルドーに費やす時間が例えスケジュールの三分の二であっても、役割は十分に果たせる。別に珍しいことではない。どこの音楽祭でも劇場でも、同じ総監督であってもアーティストはアドミニストレーターのようにフルタイムで現場にいるわけではない。誰もが知っていることで、運営の体制が変わってくる。厳密にいえば、私とティエリー・フーケでは与えられる役割が自ずと異なるわけだが、私の場合は総裁というより芸術監督に違い立場になる。両方を兼務しているともいえる。自分が辞めたら、また相手によって職務内容を変えればいい。アーティスト、指揮者、アンサンブルの代表、旅人は、純粋な劇場運営者にはないものを劇場にもたらすことができる。芸術家ならではのアイディア、直観、人脈、支持者、スポンサー、ある種の自由……ミラノ、バルセロナ、ベルリンでもそうだが、ヨーロッパでは芸術監督がアドミニストレーターと双頭体制で仕事をしている音楽祭や歌劇場が多く、その際、前者のアーティストが組織の「顔」になる。

私は着任早々、二〇年前にグルノーブルでオーケストラを潰したと信じて疑わない、劇場の一部の労働組合に敵視されているのを感じて、悲しくなった。流行りの「規制緩和」を音楽の世界でも実現しようとするリベラルな市長の推薦で街に乗り込んできた「狼」が、「羊飼い」の群れに放たれた、といったところか。「ボルドーが誇る歌劇場を滅茶苦茶にして、オーケストラをわけのわからないバロック音楽隊にしようとしている」とか、「ダンサーではないからバレエ団を解体するつもりだ」といった、根も葉もない噂が広まっていた。

噂を真に受ける者はいなかったが、職場の雰囲気には影響した。誤解を解くまで何年もかかり、オーケストラも長い間分裂していて、不幸な状況が続いてしまった。就任から三年後に、オーケストラとの対立は、私に対する信任投票によってようやく解消された。当初から決められていた通り、年間プロジェクトの一部のリハーサルと指揮を私が請け負うことに、過半数以上の楽団員が賛成してくれて、ようやく落ち着いた。私が自ら彼等との話し合いの場に出向いたことに、驚く楽団員も多かった。それが私という人間の性格なのだ。所詮全員に気に入られることは不可能だし、納得のいかない人は必ずいる。だが、私は対立する相手と直に会って話をして、認めてもらうための努力を惜しまない。

ボルドーの歌劇場にはオーケストラだけでなく、サルヴァトーレ・カプートという根っからのオペラ好きの指揮者が率いる合唱団があり、グルックの『アルミーダ』、そして『ラ・ペリコール』

をルーヴルとやったときにも大活躍してくれた。また、フランスではおそらくパリに次ぐ世界最高峰のバレエ団も抱えていて、エリック・キルレをバレエ監督に任命することができた。ウィーン・フィルハーモニー管弦楽団などもそうだが、ボルドー＝アキテーヌ国立管弦楽団はボルドー国立歌劇場管弦楽団と大昔に統合された同一団体で、シンフォニーもオペラも演奏する名門オーケストラだ。彼等に対する私の高い評価は終始変わることなく、ツアー公演の形で、ラボーの『マルーフ』、そして『マノン』をオペラ・コミック座で一緒にできたことは誇りに思っている。また、任期中にバリトン歌手、フロリアン・サンペのソロ・デビュー・アルバム（Alpha レーベル）、マイアベーアの歌劇『悪魔のロベール』のフランスにおける四〇年ぶりの復活上演と録音（Bru Zane 財団レーベル）、そしてすでに触れたモーツァルトのダ・ポンテ三部作の上演企画、という三つの大きな音楽プロジェクトが実現できたことにも、とても満足している。ダ・ポンテ企画は、舞台を観た全ての人にとって、生涯記憶に残る一大プロジェクトだったと思う。そしてボルドーの観客にとっては、あれが私からの「最後の贈り物」になった。

就任当初は本当に我慢の連続だった。歌劇場の年間予算三〇〇〇万ユーロのうち、ボルドー市からの助成金は一五〇〇万ユーロ。そのため、県や国よりも市長の権限が断然大きい。私は役人たちを安心させるためにも、ジュペ市長にザルツブルクのモーツァルト週間の芸術監督を辞する旨を伝えた。同じような立場に置かれた場合、ほとんどの同僚は私のような決断を下さないだろう。そもそも、現実問題として続けていても支障は一切なかったのだが、「形式上」は意味のあることだった。選考会の面接でジュペ市長に「二日後に返事をしましょう」と言われたのも、あの決断が功をなした結果だった。

あの頃のジュペ氏は大統領選挙の最有力候補と目されながら、他の候補者を支持する面々から圧力を受けて、立候補を泣く泣く断念させれた直後だったが、延々と続く辛い歌劇場の総監督を選ぶ選考プロセスには、全く影響なかった。返事を待っている二日間は、選挙結果を待つ政治家のような心境だった。モーツァルトのダ・ポンテ三部作企画の最初の公演、『フィガロの結婚』を指揮するために、私はストックホルムに飛び立った。そして現地に到着するやいなや、市長から一本の電話が入った。「ボルドー国立歌劇場の総監督に是非なっていただきたい」

言うまでもないが、この日は幸せな日だった。

オリヴィエ・ロンバルディ新事務局長、キャスティング・ディレクターのジュリアン・ベナム、そして各部署の責任者と早速仕事に着手した。ちなみに、ジュリアンは現在、エクサンプロヴァンス音楽祭のピエール・オーディ芸術監督の右腕として活躍している。

就任後初のプロジェクトとなった『ドン・キホーテの旅（*les Voyages de Don Quichote*）』が実現し、暗雲は消え始めた。セルバンテスの生誕（彼はシェークスピアと同じ一六一六年に没している）を祝うべく、二つの劇場と市内の目抜き通り（クール・ド・ランタンダンス Cours de l'Intendance）を使って行われた意欲的な企画で、演出はヴァンサン・ユゲが担当した。指揮者は三人必要で、観客は歌劇場の二つの会場（グラン・テアートルとオーディトリウム）と市内を移動していく。会場でラヴェルの連作歌曲『ドゥルシネア姫に心を寄せるドン・キホーテ』、リヒャルト・シュトラウスの交響詩『ドン・キホーテ』（ポール・ダニエル指揮、アレクシス・デシャルムのチェロ独奏）が演奏されたのち、大通りに出ると、馬術の曲芸師マニュ・ビガルネがレ島から連れてきた馬たちが行進しながらパフォーマンスを披露する。続いて、若手指揮者のピエール・デュムソーの指揮でマヌエル・デ・ファリャの『ペドロ親方の人形芝居』が演奏され、最後に再び私の指揮でマスネの歌劇『ドン・キショット（ドン・キホーテ）』の第三幕を、アンナ・ボニタティブス、アレクサンドル・デュアメル、アンドリュー・フォスター＝ウィリアムズの歌唱、ビアンカ・リの振り付けで演奏した。

ボルドーの聴衆はあの日をもって、私を完全に受け入れてくれたのだと思う。かなり昔の話であるにも関わらず、いまだにいろんな人に街全体を巻き込んだ当時の思い出話をされる。歌劇場、オーケストラ、市が一体となり、観客、見物人、観光客、ボランティア、市役所の職員、サラリーマン、ジャーナリスト、俳優、一般市民が肩を並べて一緒に楽しむことができたイベントだった。私がずっと探し求めてきた、「分け隔たりなく音楽の喜びを分かち合う」夢が叶った瞬間だった。

前任者から厳しい財務状況と様々な契約を引き継いだため、当然ながら最初のシーズンは完全に我々の思い通りの内容になり得なかった。ほとんどのボルドー市民は現実を理解してくれていたと思うが、受け入れがたいという声もあった。ボルドー国立歌劇場のような市民が誇る大劇場は、毎晩、相応の出し物を提供することが当然と目される。息絶え絶えだった劇場を何とか立て直そうと必死になっていた矢先に、私はある日刊紙の標的にされ、炎上記事を書かれて徐々に地獄に引きずり落とされることになる。歌劇場史に残る就任イベントは完全に予算範囲内に収まっていたし、その後、六シーズンにわたり、歌劇場の根幹を成すオーケストラ、バレエ、合唱の三つの芸術部門の予算管理も厳密すぎるほど徹底させた。

私たちは身を粉にして劇場のために働いた。六年間の任期を振り返っても、自分は立派に務めを果たしたと思う。当初、演奏会形式でやる予定だったオペラを二作、苦労して演出を付けてきちんと上演することができた。一作目はフィリップ・ベジアとフローラン・シオー演出の『ペレアスとメリザンド』で、ボルドーで初演された半年後に、私がアーティスティック・アドヴァイザーを務める日本のオーケストラ・アンサンブル金沢の演奏で、日本でも再演された。そして二作目がロマン・ジルベール演出『ラ・ペリコール』だが、このプロダクションは友人でもあるチェチーリア・バルトリの招聘でザルツブルクで初演一五〇周年を同地で祝う形で上演されのち、ヴェルサイユ、そしてもちろんボルドーでも上演した。ウィーンからボルドー、そしてパリのフィルハーモニーにも持って行った『アルミーダ』では、ボルドーの合唱団の熱唱が光った。オペラ・コミック座にも二回、客演することができた。

私の任期中、ダニエル・バレンボイムをピアニストとして招聘できたほか、ルネ・フレミング、ヨナス・カウフマン、アンジェラ・ゲオルギュー、ソニア・ヨンチェヴァ、ディアナ・ダムラウ、マイケル・スパイアーズといったクラシックの名歌手、そしてジャズ歌手のユン＝サン・ナやロック・ミュージシャンのイギー・ポップまで、ボルドー国立歌劇場で初出演している。ほとんどは、キャスティング・ディレクターのジュリアン・ベナムの手腕が発揮された結果だった。記念すべき初役をボルドーで歌った歌手も少なくなかった。バンジャマン・ベルナイムはヴェルテルとデ・グリユー、スタニスタス・ド・バルベイラックはペレアスとドン・ホセ、そしてアレクサンドル・デュアメルはゴローとドン・ジョヴァンニ、レイチェル・ウィリス＝ソレンセンはヴィオレッタ、ナディーヌ・シエラとアミナ・エドリスはマノン、マリアンヌ・クレバッサはアリオダンテ、ジョン・オズボーンは『悪魔のロベール』、マリナ・レベカは『アンナ・ボレーナ』を初めて歌い、ペネ・パティの欧州デビューも、ボルドーだった。インゲラ・ブリンベリも『エレクトラ』でロール・デビューしている。ユリア・ブルバッハとタル・ロスネールの新演出で『ワルキューレ』ができたことも、誇りに思っている。バレエでは、オレリー・デュポンの協力のおかげで、アンジュラン・プレルジョカージュとパリのオペラ座との共同制作で、『じゃじゃ馬ならし』と『ノートル・ダムの鐘』をボルドーで初めて上演したり、オランダのネザーランド・ダンス・シアターとの共同制作で振付師のアレクサンダー・エクマンを招いたりして、レパートリーを一新することができた。演出家のオリヴィエ・ピ、ジェローム・デシャン、そしてジョエル・ポムラも、それまでボルドーには来たことがなかった。ボルドーの観客は、英国の人気演出家、ケイティ・ミッチェルの舞台も初めて目にすることができた。ヨーロッパ室内管弦楽団を定期的に招くことで、パッパーノ、ハーディングといった世界的な指揮者も、次々とボルドーに客演してくれるようになった。フランスの作品、フランスのアーティスト、地元ボルドーの素晴らしい才能を発掘し、ときには国境を越えて、遥か遠い国で「お宝」が見つかることもあった。すでに名前をあげた、テノール歌手のペネ・パティも、サモアからサンフランシスコを経由して、ボルドーでヨーロッパ・デビューしている。

ロラン・ジニュー率いる地元の音楽・舞踊高等学院（PESMD）、マリー・シャヴァネルが代表を務めるアキテーヌ地方の青少年声楽アカデミー（JAVA）、そしてコンセルヴァトワールと密な関係を築き上げることができた。次世代にノウハウを伝承して、才能ある若者に機会を与えるのは、自分に課せられた重要な義務だと思っていて、完成されたアンサンブルの前で指揮をするのと同じくらい好きなことだ。パブロ・カザルスのオラトリオ『まぐさ桶』、ロッシーニの『小荘厳ミサ』、ヘンデルの『メサイア』、オッフェンバックの数々の作品で世界初演を歌っているボルドー生れのスター歌手、オルタンス・シュネデールへのオマージュ公演、ベートーヴェンの第九……若いアーティストと実現したこうした様々な企画は、彼等にとって本格的なキャリアを歩みだす貴重な一歩になったに違いない。

演奏をして、人々の反応に耳を傾ける。そして市長に約束したとおり、ロートシルト（Rothschild）、リュルトン（Lurton）、イケム（Yquem）、ペトリュス（Pétrus）、シャトー・キャノン（Château Canon）といったボルドーの有名なワイナリーの協力も得ることができた。新しく立ち上げた声楽コンクールではメドックのグラン・クリュ協会がスポンサーになってくれた。こうしてワイン業界と歌劇場の間にできた「縁」が、今後もさらに多くの実を結ぶことを願っている。

私の在任期間中は労組との対立が絶えなかったとよく言われる。『ラ・ペリコール』を上演したときに、レ・ミュジシャン・デュ・ルーヴルにオーケストラ・ピットに入ってもらったことが、確かに問題視されたことはあった。根回し不足だったかもしれないが、オーケストラともきちんと話をしたうえでの正式な招聘だった。二〇一八年のシーズン開幕で、歌劇場では『ラ・ペリコール』の上演が決まっていたが、オーケストラはだいぶ前に契約したレコーディングのスケジュールがそこに入ってしまっていた。そこで私は、オッフェンバックの『美しきエレーヌ』と『ジェロルスタン女大公殿下』をすでに一緒にやっていたルーヴルに入ってもらうことで、歌劇場の公演日程を守る判断を下した。ルーヴルにはスポンサーがついていたので、歌劇場からはお金は一切もらわず、二週間仕事をしたのち大人しく劇場を去ったわけだが、アーティストも劇場の技術スタッフも、誰一人として被害を被った者はいない。歌劇場を危険にさらすどころか、逆に救済したと思うのだが

……

数年後、ピエール゠アンドレ・ヴェイツが舞台美術を務めた『マノン』（オリヴィエ・ピ演出）をやったときに、上演を禁止させられそうになったこともある。舞台を軽い土で覆う演出だったが、それが健康に害をもたらす、と労組に難癖つけられたのだ。医療の専門家と労働監督庁に急遽調べてもらい、結局、何の問題もないことがわかった。

公演は無事に行われたが、想定外の検査に時間をとられて準備が間に合わなくなり、ライブビューイングの機材が設置できなくなってしまった。新サービスに投資したスポンサーにとってはお金をドブに捨てたのも同然で、市役所も怒り心頭だった……「敷居が高い」といって普段寄り付かな

いお客さんに、歌劇場の舞台とアーティストを知ってもらう絶好の機会だったのに、残念でならない。

私は騒動が起きているときも、いつも劇場の入り口に立って、観客と直に会って疑問に答えるように努めてきた。「黄色いベスト運動」で注目を浴びて二〇二〇年にボルドー市議会選挙に立候補した労組系の左翼政治家、フィリップ・プトゥは私に対する抗議運動を扇動していた一人だったが、あの陽気で喧嘩好きな男にも、劇場の前に立っていたところ声をかけられた。「ミンコフスキさんですよね？　みんなであなたに抗議しに来ましたよ！」

何もボルドーに限ったことではないし、全ては周知の事実だ。パリのオペラ座の内部抗争と比べれば、大したことではないのもわかっていたが、それでもあの日、私は自分の理解の範疇を超えた政治ゲームの餌食になったことを理解した。お高くとまっているように見えるフランスの歌劇場は、エリートを忌み嫌う大衆の恰好の標的になる。ブルジョワ階級が排他的な芸術を内輪で堪能しているイメージを持つ者が多い。そのようなレッテルを払拭するべく、一般市民に劇場に来てもらうための努力を重ね、学校の生徒たちや大学生、社会的弱者と呼ばれる人たちを公演に招いたり、市内の広場や道でストリート・イベントを展開したり、色々やってきたが、それでも資本主義社会の転覆を目指す左翼の活動家にとって、私は手っ取り早い標的だった。

国からレジオン・ドヌール勲章をいただいたときは、ボルドー市での授与を願い出た。授与式でのアラン・ジュペ市長のスピーチは、よくある政治家の美辞麗句を並べただけのものとは違い、異例なほど真っ直ぐで感動的だった。彼が二〇一九年に急にボルドーを去ったときは、本当に悲しかった。大統領選挙の党内の予備選挙で敗北を記したのち、大方の予想に反してボルドー市長選挙に立候補せず、憲法評議会の委員になってしまい、ボルドー市の公的な場で働く多くの人間が途方に暮れてしまった。

それでもボルドーでの日常は続いた。だが新型コロナウイルスの感染拡大で、生活は一変した。絶望的になりながらも、ボルドーのサンタンドレ病院の医療スタッフとの出会いは、私に希望の光を与えてくれた。コロナ禍下の二〇二〇年春、私はヴァイオリン奏者のステファーヌ・ルジエとバリトン歌手フロリアン・サンペとともに、ボルドーの歌劇場の音楽家やダンサー数名に声をかけて、病院の重苦しい沈黙を、ほんの数分だけ破る企画を決行した。衛生上の危険性を訴える声もあったが、市も県も、ボルドー国立医療センターのヤン・ビュビエン理事長を含めた医療スタッフも、我々の計画に賛同してくれた。あのときは、医師だった父のこと、子供の頃よく出入りしていた父の病院のことを思い出していた。マスク、ベッドやワクチンのように必ず必要なものではないかもしれない。だが、バッハやモーツァルトの音楽は、苦痛と死が声高に笑う場に、「優美さ」という貴重な癒しをもたらしていて、誰もがそのことを感じていた。あれから二年たつが、今でもあの時の感情ははっきりと覚えている。

ボルドーを離れて数か月がたった今、これだけは声を大にして伝えておきたい。合唱、オーケストラ、バレエ、アトリエ、接客など、ボルドー国立歌劇場には素晴らしい才能がたくさん集結している。だから、総監督はこれらの才能を開花させることを優先課題にするべきだ。劇場で舞台が生み出され、劇場が輝けるのは全て彼等のおかげであり、税金を投じた公共サービスとしての価値は彼等の働きで決まると言っても過言ではない。オペラハウスにはありとあらゆる業種が揃っていて、揃っていなければならない……可能な限り完璧な形で。音楽、舞踊、建築、造形美術、デジタル・アート、新旧様々な表現手段、全てが完成されていなくてはいけない。ボルドーでの六年間、私は様々な人間、様々なアーティストと出逢い、多くを学んだ。そして今、六年前よりも確実にたくましくなって、あの街を去る。

10　フランスの指揮者

一九八三年、ジョン・エリオット・ガーディナーがエクサンプロヴァンス音楽祭でラモーの歌劇『イポリートとアリシー』を指揮した。フランスのバロック・オペラを蘇らせたのが、ウィリアム・クリスティが一九八七年にパリで指揮したリュリの歌劇『アティス』だとよくいわれるが、実際はその四年前に上演された『イポリート』から全てが始まったと言ってもいい。完璧な公演だった。素晴らしい歌手陣、ピエール・ルイジ・ピッツィの様式美が際立つ、理にかなった演出、作品の深い理解に裏付けされた指揮者と演奏家たちの名演は、隅々までラモーの傑作への敬意が感じられた。ジョゼ・ヴァン・ダム、ジェシー・ノーマン、ジェニファー・シュミット。ラシェル・ヤカール、ジュール・バスタン、ジョン・アラー、モンテヴェルディ合唱団が歌う「偉大なる海の王者よ（Puissant maître des flôts）」、「残酷な恋の母よ（Cruelle mère des amours）」、「イポリートは死んだ（Hippolyte n'est plus）」……この世のものとは思えない圧倒的な歌唱だった。ひとつひとつの言葉が心に突き刺さる。声量のある歌手、派手な歌唱が人気だった時代だったが、会場は感動の渦に巻き込まれた。

遡ることさらに三〇年前の一九五六年、ハンス・ロスバウトが『プラテー』を指揮している。タイトルロールを歌ったのは、ミシェル・セネシャルとジャニーヌ・ミショーで、ラモーのオペラが再発見された最初期の演奏だ。たまたま実家にその録音があり、若い頃にそれを聴いて、「これも早急に復活させるべき作品だ」と、思った。つまり、私の場合、フランス音楽に目覚めたきっかけは、リュリよりラモーが先だった。「新しい」時代のフランス音楽は、祖母エディスの家で、マゼールが指揮するラヴェルの『子供と魔法』を何度も聴かされて、開眼した。

家では両親がアサス（Assas）城の不思議なクラヴサンで録音されたスコット・ロスのラモーやクープランを聴いていて、祖母の家に行くと彼女のラヴェルの愛聴盤がいつも流れていた。こうして私はフランス音楽を聴きながら育ち、フランス音楽を自分のレパートリーの主軸にした。愛国心からではない。生まれながらの本質が、そうさせるのだ。フランス語の本質を知らずに、ラモー、オッフェンバック、ドビュッシー、ラモーを理解することはできない。私に朗誦とは何かを教えてくれたのが、『子供と魔法』だった。聴けば聴くほど理想は高くなり、フランス語の音素に関して妥協できなくなってしまった。

すでに話したように、私が指揮者として初めて出演した国際的な舞台はイングリッシュ・バッハ・フェスティバルだった。そこでグルックの『アルセスト』をやったわけだが、ソリストの大半が英語圏の歌手だった。そのため、フランス語の歌詞の子音、リエゾン、無音の「e」、「u（ユー)」や「an(鼻濁音アン)」の発音を徹底的に指導したのを覚えている。

指揮者としてのデビューがラジオ・フランス放送と私が最初に契約したレコード会社、エラートがパートナー契約を結び、フランス音楽を録音する「ミュジフランス」コレクションが誕生した時期と同じだったのは幸運だった。次々と指揮を託され、リュリとモリエールのコメディ・バレ曲集、ラモーの歌劇『プラテー』(私の最初のオペラ録音)、シャルパンティエの序幕と幕間劇『病は気から』、マラン・マレの歌劇『アルシオーヌ』、ムレの『ラゴンドの恋』、モンドンヴィルの『ティトンとオロール』など、次々と録音が誕生した。モンドンヴィルはラモーとヴィヴァルディを足して二で割ったような作曲家で、彼のシンフォニアを発掘して、モテトと併せて指揮することができた。

こうして話をしているだけで、フランス音楽の世界に戻りたくなる……

それにしても、次から次へとよくプロジェクトが舞い込んできたものだ。ジャン＝ピエール・ブロスマンに招かれて最初に指揮したリュリの大作『ファエトン』、ヴェルサイユ宮殿の豪華な歌劇場で指揮した『イポリートとアリシー』……そしてリュリの『アシとガラテー』。フィリップ・キノーの悲劇を台本にしたほかの歌劇ほどの奥深さはないが、通奏低音がほぼ消えてしまう最終幕のクライマックスが感動的だ。リュリやワーグナーの歌劇の特徴である、オーケストラの演奏が最後まで止まらない「通作」という作曲スタイルに、リュリが一六八六年にすでに注目していたのがわかる。そしてリュリは亡くなり、再び注目されるまで一世紀も待たなければならなかった。

知る人ぞ知るバロック音楽の珠玉の傑作をあまりにも短期間で数多く指揮したため、早々に世間から「バロック・オペラのスペシャリスト」というレッテルを貼られ、私はフランス音楽の「専門家」とみなされるようになった。名誉なことだと思い、嬉しかった。二〇年間はその肩書に十分満足したまま、活動を続けていた。だが、リュリやラモーをやっているうちに、オッフェンバックがひょっこり「顔を出した」。すでに話したように、ジャン＝ピエール・ブロスマンがリヨン、そしてパリのシャトレ座に誘ってくれたのが、この作曲家を指揮するようになったきっかけだ。オッフェンバックの歌劇には、フランスの様式や言語を超えたものがある。「精神《エスプリ》」だ。フランスというより、ちょっと図々しくて、怪しくて、悪戯な「パリの精神《エスプリ》」だ。優しく、そっとその場を包む哀愁。あの独特の空気感は、真面目なドイツ語にも、ウィットに富む英語にも翻訳できないものだ。笑いと苦悩が絶妙なバランスをとっていて、いつどちらに転じても不思議はない、張り詰めた糸のような緊張感がそこにある。神経質な親のように、その絶妙なバランスが崩れないように見守りながら、全てを純粋な陶酔の世界へといざなう。

オッフェンバックは「フランス」というものが、まず何よりもフランスの「精神《エスプリ》」の体現であることを教えてくれる。肌の色も国籍も関係ない。フランス・オペラの偉大な生みの親たちをみれば、一目瞭然だ。リュリはフィレンツェ人、グルックはウィーン在住のバイエルン人、マイアベーアはイタリア出身のプロシア人、オッフェンバックはプロイセン王国のラインラント州出身のユダヤ人、『ユダヤの女』で成功した作曲家のアレヴィも父親はドイツ系ユダヤ人だ。グルックもマイアベーアも、音楽ならともかく、モーツァルトやウェーバーの国の言語をフランスに持ち込もうという考えなど、全くなかった。フランスの空気、フランスの精神《エスプリ》に浸り、フランスで成熟期を迎えている。フランスの精神《エスプリ》は「精神《エスプリ》」だからこそ、誰にでも開かれていて、力強く、魅力的で、自信に溢れ、その価値は世界で認められている。

そして、シャブリエ、ビゼー、ドビュッシーやラヴェルといったフランスの作曲家は、スペインを大いに「餌」にしていて……外国の作曲家も、フランスからインスピレーションを得て書いている。チャイコフスキーはロシア初のロマン派作曲家とも、フランス最後の古典派作曲家とも呼ばれている。イギリスの人気現代作曲家、トーマス・アデスがフランス音楽愛好家で、とくにクープランが好きなことは良く知られている。チャイコフスキーといえばバレエだが、「バレエ」はフランス音楽を世界と結ぶ重要な架け橋になっている。ロシア語でも英語でも、「バレエ Ballet」はフランス語読みだ。

「旋律」を重視するイタリア歌劇と「和音」を重視するドイツ歌劇は完全に相いれない世界だが、フランス歌劇は朗誦と舞踊という両極端なジャンルを融合させることに成功した、極めて珍しいタイプの歌劇かもしれない。

私はリュリに続いて、シャルパンティエ、カンプラ、クレランボー、ムレ、ラモー、モンドンヴィル、グルック、グレトリー、そしてロマン派の巨匠、ボワエルデュー、オーベール、マイアベーア、ベルリオーズ、グノー、トマ、マスネ、ドビュッシー、ラヴェル、ラボーの順に指揮してきた。偶然だが、音楽史を一〇年刻みで前進している感じだ。プーランクは大好きだが、『カルメル会修道女の対話』は、残念ながら指揮したことがない。『ロメオとジュリエット』、『ミレイユ』、『アムレット』、『マノン』、『サンドリヨン（シンデレラ）』、『ドン・キショット（ドン・キホーテ）』、どの作品にも独自の世界観がある。「肌感」が違うとでもいうべきだろうか。同じマスネでも、メルヘン風の『サンドリヨン』は（ロッシーニの『チェネレントラ（シンデレラ）』よりも原作の童話に忠実）悲哀が涙を誘う『ドン・キショット』とは「肌感」が異なる。同じ言葉を発していても、その都度、正しいトーンを見つけないといけない。違いは大きい。『フィガロの結婚』と『ドン・ジョヴァンニ』についても、同じことがいえる。言葉に相応の意味を当てはめていけばいいのだが、それが一筋縄ではいかない。

初めて交響的な作品を指揮したのは、シャルル・ブリュックの前で指揮したベルリオーズの『ローマの謝肉祭』だったが、あれ以来ずっと、ベルリオーズを指揮しないシーズンはない。『幻想交響曲』、『荘厳ミサ曲』、『夏の夜』、『イタリアのハロルド』、『ロメオとジュリエット』……マイアベーアも、編成が大きいので主催者泣かせだが、定期的に指揮している作曲家だ。嫌がるのは主催者で、観客ではない。『ユグノー教徒』や『悪魔のロベール』は、やればほぼ例外なく、大成功する。いかなる壁も吹き飛ばす、恐ろしい威力を持つ音楽なのだから、当然といえば当然だ。会場全体が、いつの間にか怒涛の音楽の渦に巻き込まれていく。私はこの「渦」で遊ぶのが大好きだ。指揮台に立っていると、荒れ狂う流れに振り落とされまいと、必死にボートの舵を握る冒険家のような気分になる。だが大変な危険を冒しても、みんなのために安全な航路を探すガイドでもある。

ベルリオーズ、オッフェンバック、マイアベーア、ドビュッシーは（タイプは全く異なり、全員仲が悪かったが）、頼まれれば例外なく喜んで指揮してきたが、それでもやはり自分にとって、母港はラモーだと認めざるをえない。感覚的に落ち着くのだ。

一九八二年、エクサンプロヴァンス音楽祭で、二世紀以上も忘れられていたラモーの抒情悲劇『レ・ボレアド』がガーディナーの指揮で初めて舞台上演されたことが、私を含めた多くの音楽家の人生を変えた。あのときはちょうど両親と隣のリュベロン地方でバカンスを過ごしていて公演を見に行くことはできなかったが、ラジオで生中継を聴いて、言葉にならないほど強い衝撃を受けた。次々と才能が飛び出すロシアのマトリョーシカ人形みたいだった。天才の中に天才が入っていて、その天才の中にもう一人の天才が入っていて……ほとんど上演不可能な作品で、私も二〇〇四年に一度上演を試みたが、完全に納得のいく公演にはならなかった。あらすじは単純だがややこしくて、言葉に繰り返しが多くて方向性がなく、台本は取ってつけた口実にすぎない。だが、音楽が素晴らしいのだ。だから二〇一四年にラモー没後二五〇年を記念してエクスでこの作品を指揮したときは、あえて演奏会形式を選んだ。演出がなくても、演奏だけで内容が十分に伝わるからだ。オーケストラは勿論ルーヴルだったが、素晴らしい若手歌手をそろえることができた。ソプラノのジュリー・フックスと初めて仕事をしたのも、あのときだったと思う。ジュリーが未来の夫君と出会ったのがあの公演で……これもいかにも『レ・ボレアド』なストーリー展開だ。合唱はマテュー・ロマノが率いるアエデス合唱団だったが、完璧だった。『レ・ボレアド』は、何度聴いても、楽譜を読んでも、自身で指揮をしても、その都度感動する。三幕から四幕への移行などはとくに素晴らしい。幕間で嵐が荒れ狂い続けるため、次の幕がすでに始まっていることを忘れてしまう。主人公の一人、アバリスの登場で暴風が急に静かになる場面などは、聴覚的な幻想のように書かれている。ボレ族の息子のカリシスと合唱に「楽しもう、楽しもう」と、軽快な歌声で誘われれば、劇場に居ることを思わず忘れて、椅子から立ち上がって踊りたくなる。ラモーは和声の素晴らしさが特筆されることが多いが、躍動するリズムの使い方も唯一無二だ。女神ポリムニーが登場するときの音楽にも、時代を超越した理想の美のようなものが感じられる。シンプルだがいまひとつ不鮮明なメランコリーの表現で、ヴァイオリンのアラベスクの下でバソンが嘆きのロングトーンを奏でる。一二五〇年の音楽とも二〇二二年の音楽ともとれる、不思議な音楽だ。ラモーの歌劇からオーケストラ曲だけを集めた演奏会を行うときには、この曲を必ずプログラムに入れているが、アンコールでもう一度必ず演奏したくなる。親愛なるお客様に捧げる「お別れの曲」として、『ポリムニー』ほど適したものはない。

父が亡くなったとき、私はリヨンで『レ・ボレアド』のリハーサルの真っ最中だった。そのため、パリのアンヴァリードで行われた父の葬儀では、ルーヴルを指揮して『ポリムニー』の演奏を捧げた。フォーレのレクイエムは「死の子守歌」とも呼ばれるが、『ポリムニー』も同じだ。愛、喜び、音楽、そして死を歌った子守歌だ。

『レ・ボレアド』にはフリーメーソンのシンボルが物語の随所にちりばめられている。モーツァルトの最後の歌劇『魔笛』を彷彿させる題材が多く、『魔弓』という副題をつけてもいいくらいだ。大司祭アダマスは『魔笛』のザラストロのように、恋人たちに賢者の鍵を授け、若い二人は鍵から勇気、信仰心、忠誠心を得る。いずれも、人をさらなる高みへいざなう物語だ。


私はフランス国籍だが、体内にフランス人の血は一滴も流れていない。だが、自分にはこの国に残る大切な音楽遺産を守っていく責任があると思う。レジオン・ドヌール勲章を国から授けられたとき、この遺産を守るには多くの愛が必要だと改めて感じた。だがフランスでは残念ながら、今、多くの国民が過去の功績を否定し、破壊してしまうことさえある。

私はトランク片手に世界中を旅してまわる生活を続けている。ベルリンや東京はパリよりも実際、暮らしやすいかもしれないし、多くの友人はフランス語を話せないし、バッハ、モーツァルト、ブラームス、ブルックナー、ストラヴィンスキーを崇拝しているが、それでも私はフランスの指揮者であり、死ぬまでそれは変わらない。フランスの指揮者であることに制約を感じることはないし、現実として受け止めているだけで、誇りでも恥でもない。だがフランスで生まれ育ったことで得たものは、大切な財産だと思っている。

フランスの音楽は「私の声」だ。『プラテー』の二幕でラ・フォリー（狂気）が自ら作曲家と指揮者を気取る愉快な場面があるが、そこでラモーは「音楽は（決して万能ではないが）、多くを可能にする力を持つ」という、重要なメッセージを我々に伝えてくれる。「さあ、ここはひとつ、私の才能でこの場を締めましょう」、「ついてらっしゃい、最高の音楽が奏でられそうだわ！」と、自慢げに歌うラ・フォリー。狂っているけれど理性的な彼女の言葉は、まさに私の心の声だ。この声を多くの人に聴いてもらいたい。

多くの機会に恵まれ、多くのリスクを負ったが、幸せだった四〇年の音楽生活を振り返りながら、ふとフランスの詩人ルネ・シャールの有名な美しい言葉が浮かんだ。

「チャンスを掴み、幸せを噛みしめて、リスクを恐れるな。周りの人間も、いつか慣れるさ」

まるでラモーの言葉のようだ。リスクも、慣れてしまえば怖くない。まさにそのとおりだ。

エピローグ　ある音楽愛好家の視点

アントワーヌ・ブレ

私が初めてマルク・ミンコフスキに会ったのは、あるリハーサルを聴きに出かけたときだった。今から九年前のことだが、昨日のことのようにはっきり覚えている。レ島の音楽祭の本会場があるアルス・アン・レ（Ars en Ré）村で、レ・ミュジシャン・デュ・ルーヴルが夜の本番にむけてモーツァルトの大ミサ曲ハ短調のリハーサルを行っていたのだ。私は印象的な四つの八分音符から始まるこの作品のキリエ冒頭部分が大好きだ。マルクが指揮をすると、「キリエ（Kyrie）」という言葉のK音がKhhhh……というシュー音に聞こえてくる。彼だけに限ったことではないが、面白い。

マテュー・ロマノが率いるアエデス合唱団の理事長、そしてルーヴルの理事長代理として、様々なリハーサルを聴く機会がある。合唱団はパリのガルニエ座やフィルハーモニー・ホール、シンガー・ポリニャック財団、エクサンプロヴァンス、ヴェズレーなど複数の音楽祭にも出演しているが、スミュール・アン・ノークソワ（Semur en Auxois）の音楽祭でも、劇場で本番前のアーティストたちの様子を見に行くことがよくある。だが、レ島でマルクの指揮を初めて耳にした二〇一三年のあのときのことは、永遠に記憶に刻まれている。

一八年前から生活を共にしてるフレデリック・パイエと、無観客の会場に入った。ガラス窓ごしにレ島のフィエル・ダルス（Fier d'Ars）湾と海が見える。そして初めて、音楽がマルクによって創られていく瞬間に接した。美しかった。おそらくイヴァン・アレクサンドルの助言もあったと思うが、一七八三年のザルツブルク初演に関する歴史的な考察をもとに、合唱が独唱アンサンブルに縮小されていた。会場の広さを考えると、歌手は一〇人前後しかいなかったはずなのだ。「ザルツブルクの聖ペーター教会の聖歌隊席がある二階に上がったとき、あの狭い空間にどうやって合唱団を配したのだろうという疑問を持った。あのミサ曲が本当にあの教会で初演されたのだとすれば、何か（通常とは）異なる編成だったはず……」というのが、イヴァンの着眼点だった。音楽家たちは小さな雲に乗って曲を奏でていたに違いない。

リハーサルが始まって、マルクはすぐに演奏を止めた。そしてオーケストラに対して、「ヴァイオリンはもっと弦を響かせて」と、静かな口調で指示した。歌手には、もっと倍音が明確に聞こえるように要求して、立っている位置を移動させた。演奏が再開され、すでに魅力されていた我々は、さらなる演奏の高みに圧倒された。

何よりもまず柔軟な姿勢で音を聴いて、響きを確認しながら会場をあちこち歩き回り、希望するテンポを得るためにアーティストと言葉を交わし、ときに料理に例えながらオーケストラに説明をするマルクの姿は、私にとって、初めて目にした「仕事をする指揮者の姿」だった。「弦を響かせて」という指示は料理とは関係ないが、私は弦楽器が弦以外の部分で音を出せることさえ知らなかった。弓圧を軽くして倍音をもっと響かせて、弦との摩擦音を「子音のように」強調して、弓の毛をガット弦に、つまり馬の毛と豚の腸という「獣」をこすり合わせて、精神的な感動を高める……ということを、のちに学んだ。声の倍音については、大昔に当時は地域圏国立音楽院と呼ばれていた、ブローニュ＝ビヤンクール（Boulogne-Billancourt）の音楽学校でサクソフォンを学んでいたことがあったので、ある程度理解できた。

音楽ジャーナリストや音楽の専門家にとっては、「当たり前のこと」かもしれないが、田舎者の「素人」には、全てが新鮮だった。くどいかもしれないが、私にとって音楽が具象化される創造の過程は、本当に魔法のように感じられる。ネゴーティウムによって清められた魂の声。ラテン語の「ネゴーティウム（Negotium、労働、労作）」の反対語は「オーティウム（Otium、閑居）」、美しいものを純粋に堪能する生き方に通じる……私は自分の仕事が好きだ。恵まれていると思うが、苦労も多い。言葉を失うほど素晴らしい瞬間に立ち会える喜びは大きいが、マルクという唯一無二の才能が、行政に食い殺されないように、全力で手伝ってあげなくてはいけない。他数名の人間とともに、彼をアドミニストレーションの重荷から守っていくミッションを授かったことを、私は誇りに思う。いや、それ以上に、「生きる喜びだ」と言ってもいいだろう。

長い旅路が終わりに近づいてきた。マルクとの対談は四〇回近くに及び、さらに同じくらいの時間をかけて二人で原稿を読み直して、訂正や補足を加えていった。素敵なバカンスが終わるときに感じる寂しさ、名残惜しさを禁じ得ない。本書では、あくまでも一人の音楽愛好家という「聞き手」に徹したつもりだ。「危険な愛好家《マニア》」かもしれないけれど。

私は「愛好家《マニア》」という単語が持つ、病理学的な響きが好きだ。マルクは自身でも「音楽」という病に憑りつかれていると言っているが、その病は聴き手も虜にして離さないし、同じ病を患っている者同士はすぐにわかる。指揮者、演奏家、歌手、ダンサー、演出家、振付師、等々のシャーマンがいる一方で、彼等を崇拝する信者がいる。クラシックの世界は新興宗教に例えられることも多いが、無害なのだから良いのではないかと思ったりもする。コンサートやツアーに同伴し、批評に目を通し、リハーサルから終演後の打ち上げまで参加して、スポンサー探しに奔走し、アンサンブルとともに過ごす日々……音楽は確実に私の日常の一部になっていて、活力を与えてくれる。シャーマンと信徒のほかに、ホールや音楽祭の総裁、音楽エージェント、広報、演出スタッフや助手といった人たちも、全員が「音楽を創る」作業に欠かせない存在だ。だが、人が絡むところには必ず人間臭い浅ましさ、エゴイズム、不安、惰性が内在する。それは私自身についても、例外ではない。だがマルクの祖父が著書『生きられる時間』で書いているように、「人は人間的なものを求めて生きている」。観客が作品と出会えるのは彼等のおかげであり、結果、観客にとって、彼等も有難いヒーローなのだ。僭越ながら、私もアエデスやルーヴル、スミュール・アン・ノークソワ音楽祭に携わる一人として、作品とお客様のために役に立ちたいと努力している。仲介者のような、医者のような役回りの音楽愛好家（マニア）の半病人、といったところだろうか。

音楽家は愉快な連中が多いが、今の世の中、とくにフランスでは、時代に取り残された「無用の長物」として、社会の片隅に追いやられて肩身の狭い想いをしている者が少なくない。環境保護派が多数を占めるとある大都市で、「文化はお金がかかりすぎるのだろうか？」と、市民に問いかけるキャンペーンが展開されたことがある。劇場の総監督の人選は、芸術的、音楽的評価など二の次で、政治家の鶴の一声で全てが決まってしまい、国はオーケストラ、バレエ団、芸術団体への予算をことごとく削減していく。こうした内部事情に詳しいオペラ関係者の知人が、「自分がこの世界に入ったばかりの頃は、将来、オペラ・ファンの数は増えて、オペラはもっと盛んになるだろうと期待されていた。観客が求めるのは一流の舞台なのに、今や劇場は客に迎合することしか考えていない」と、嘆いていた。一九八一年、社会党のミッテラン時代のフランスは、「誰もがエリートになれる国」を目指していた。今の風潮は、全く逆だ。オペラの質は落ちて、芝居の質も落ちて、知的好奇心も低下の一途をたどっている。知的好奇心と芸術は繋がっている。

この国の多くの市民が、クラシック音楽やオペラは限られた人たちのためにある、と考えている現実を突きつけられるたびに、悲しくなる。スミュール・アン・ノークソワでフレデリック・パイエとマルク・マイヨーとともに、ヴァイオリン奏者のティボー・ノアリの協力を得て立ち上げた音楽祭を宣伝するチラシを路上で配っていると、通行人に突き返されることがある。誤って受け取ってしまった極右政党のチラシをその場で返すときと、同じ感じなのだ。人の道を外れてしまった政治活動家が相手でも、私は無関心ながらも礼儀正しく振舞うように心がけているが、音楽祭のチラシを返してくる市民の中には、嫌悪に満ちた誹謗の言葉を吐き捨てていく人も少なくない。「こんなものを押し付けられてたまるか！」と、婦人にチラシを顔に投げつけられたこともある。イギリスやオーストリアのように、国民が音楽を自分たちの文化遺産として誇りに思って生きている国は幸せだ。音楽が国の主要産業のひとつになっていて、町中のカフェやメディアで、ごく自然に話題になっている。

この本が生まれたきっかけをみてもわかるように、私は音楽愛好家であると同時に「ミンコフスキ愛好家（マニア）」でもある。彼の先輩や後輩の指揮者たちの業績は勿論、尊敬しているし、クリスティ、プラッソン、カサドシュ、クリヴィヌ、ラングレー、ピションなどはフランスの「宝」だと思っている。「伝統的な」指揮者やソリストも……例えば、マルタ・アルゲリッチの公演がパリであるときは、何があっても聴きに行くし、そのたびに感動で心が震える。

だがフレデリックのおかげで、一〇年もの間、マルク・ミンコフスキの仕事を観察する幸運に恵まれてきた。指揮をして、リハーサルをして、企画を考えて、会場を探して、権力者や組織と渡り合う彼の姿を、ずっと見てきたのだ。音楽が生まれる瞬間に立ちあう喜びは、何ものにも代えがたい満足感を与えてくれる。

マルクには誰もが無関心でいられない。パリでも金沢でも、ロンドンでもロサンゼルス、ヴェルサイユ、エクスでも、聴衆は必ず彼に夢中になる。演奏家の意見は分かれることもあるようだが、レ・ミュジシャン・デュ・ルーヴルのメンバーからは揺ぎ無い信頼を得ている。モダン・オーケストラにも支持されているが、そうではないところもある。争いを嫌うマルクだが、安易に妥協の道を選ぶタイプの人間ではない。時に怒りを露わにすることもあるが、それは演奏家たちも同じだ。しかし大抵、何とかなる。謙虚な彼は、テル・アビブで最近初めて指揮をしたイスラエル・フィルハーモニー管弦楽団について、触れていない。パンデミックのさなかに急遽、代役として招かれたのだが、窮地を救ってくれたマルクに対する世界有数のオーケストラの歓迎ぶりは、当人に深い印象を残したに違いない。父方の祖先がユダヤ教徒であることとも無関係ではないにせよ、長年ズビン・メータやヴォルフガング・サヴァリッシュのような巨匠の元で演奏してきた楽員たちから、シューマンの交響曲第四番の指揮を絶賛されたのは、とても嬉しかったと思う。

マルクは人生、プロジェクト、馬、友人、美味しい食事、全てを呑み込んでいく怪物だ。そして多くの者が、そんな彼をバラバラに解体して、好きな部分だけを愛でたいと考えている。理解できるが、それは無理だ。マルク・ミンコフスキは、「丸ごと」受け入れるしかない。彼の全てをありのまま認めるか否かの二択しかないのだ。自分の所有物にできるわけではないが、失うのは惜しい。だから、こちらも腹をくくる。例えば、ボルドー国立歌劇場のヴァイオリン奏者、ステファーヌ・ルジエとティドゥ・フィシェールも、同僚と気まずくなるのを承知の上で、最後までマルクとの友情を大切にした二人だった。マルク自身が紹介している名だたる歌手陣は勿論だが、若い世代の歌手の中にも、彼を慕い、尊敬している人は多い。フロリアン・サンペ、アレクサンドル・デュアメル、スタニスラス・ド・バルベイラック、マリアンヌ・クレバッサ、オード・エクストレモ、インゲラ・ブリンベリ、マルク・モイヨン、ジュリー・フックス……彼等の歌声に酔いしれ、終演後に一緒に大好きな指揮者を囲んで過ごす時間は、まさに至福のひと時だ。

馬に対するマルクの想いは彼の性格を良く反映していて、彼にとって馬はなくてはならないものだ。スタニスラス・ド・バルベイラックなどが出演する『イドメネオ』の最終リハーサルを、ロンドンで観に行ったときのことが思い出される。ロンドンではそのとき丁度、『戦火の馬』という、マイケル・モーパーゴの小説が原作のミュージカルが上演されていた。第一次世界大戦で犠牲になった馬の物語だ。私はボルドーの歌劇場に提出する応募資料を一緒に作成するためにロンドンに行ったのだが、マルクは何としてもミュージカルが観たいというので、カンブリアン・ヘヴィー・ホーセズ牧場を経営するアニー・ローズとともに、三人で観に行った。マルクはアニーの牧場で定期的に大好きなクライズデール種やシャイアー種に騎乗していて、あのとき彼女はマルクに会うためにロンドンに出てきていた。

面白かったのはその翌日、クラシックとは無縁のアニーに自分の仕事を見せてあげたいと考えて、彼女をコヴェント・ガーデン王立歌劇場のリハーサルに招いたときのことだった。リハーサルの開始時間が迫ってきて、マルクは楽屋口まで私たちを迎えにきてくれたのだが、アニーが来ない……

困った……彼女の携帯電話に連絡してみた。すると、楽屋口ではなく正面玄関前で迷子になっていることがわかった。時間がない。裏から入って、舞台を突っ切って表に出たほうが早い。私たちは出番を待つ半裸のダンサーの間を足早に駆け抜けていった。息をのむほど美しい……舞台セットに感激している私をみて、マルクは「おい、イドメネオの船を眺めている場合じゃないよ」と、苦笑いしてた。確かにそれどころではなかった。

『戦火の馬』といえば、マルクがミュージカルに詳しいことを知って驚いたのも、あのときだった。『ビリー・エリオット』は六回も観ていて、オペラと同じくらい感動したという。『ブック・オブ・モルモン』、『ウィキッド』、『メリー・ポピンズ』、『アラジン』も大好きだ。

マルク・ミンコフスキには「全てを結び付けたい」という気持ちが、常にある。仕事と遊び、劇場と路上、馬と音楽、舞踊と文学、食事と友情。ひとつずつではなく、全部、まとめてやりたいのだ。食事といえば、ストックホルムでもウィーンでもボルドーでも、そして勿論パリにいるときも、美食家のマルクのために店を探すときは、洗練されてなくてもいいが、最高にインパクトのある、オリジナリティーがあって本物志向の店をみつけなくてはいけない。ランチの場合は何とかなるが、終演後のディナーは食事の開始時間がかなり遅くなるので、店選びにいつも苦労する。だが彼と彼の仲間との時間は、このうえなく楽しい。ストックホルムでは、一九六〇年代に海から引き揚げられた軍艦ヴァーサ（Vasa）号を「是非見るべきた」と、熱く語るマルクに誘われて、一緒に博物館に見に行った。初航海で沈没した一七世紀の軍艦は、彼のお気に入りのモニュメントのひとつなのだ。そういえば、演出家のヴァンサン・ユゲも一緒だった……

ウィーンでは、「街がどれだけ横に広がっているのかが一望できるから」と、滞在するアパートの屋根によじ登らされたこともあった。ボルドーでも歌劇場の屋上にあるアトリエまで階段を上がって(マルクは普段、階段が苦手なのだが)、あの何とも魅力的な古い建物の天井裏の骨組みを一緒に眺めたことがある……とにかく、人を何処にでも連れて行き、何でも一緒に体験して、感動を分かち合いたいのだ。アレクサンドル・デュアメルのように乗馬経験のあるアーティストとは、当然、一緒に乗馬を楽しんでいる。レ島で演奏会が始まる二時間前に、ロワのマニュ・ビガルネの馬術学校を見学して、馬に乗って……落馬して大けがをしたこともある。あのときは、痛みを訴えるマルクを車に乗せて島の狭い道路を猛スピードで走って、夜の演奏会が何とか指揮できるように、整形外科に運んで応急処置をしてもらった。

「ついていけない!」と嘆く人もいるが、気持ちはよくわかる。だが、心底楽しみながら彼と走り続けている人間が多いのも、事実だ。ラルゴ(largo)のときもプレスト(presto)のときも、ピアノ(piano)のときもフォルテ(forte)のときもあるが、彼のやっていること全てが音楽、舞台、私たちを虜にしている芸術に繋がっていく。

ここである面白い人物を紹介しておきたい。森浩一という日本人だ。「私の日本版」とでもいうべきか(私が「彼のフランス版」なのかもしれない)。言葉の壁がなければ、浩一もこの本に寄稿しただろう。彼は二〇年も前から、マルクを追って世界中、どこにも出かけていく。ボルドー、ジュネーヴ、パリ、ドロットニングホルム、ウィーン、ロンドン、そして勿論、金沢にも、兎に角、マルクが指揮する場所には必ず出没する。マルクがブリュッセルで指揮する『ユグノー教徒』や、ウィーンで彼がウィーン・フィルハーモニー管弦楽団を初めて指揮するのを見届けるために、東京からわざわざ飛行機で駆けつけて、一泊二日でとんぼ返りしていったこともある……私たちはSNSを通じて知り合い、友人になった。浩一のホームページは、マルク、アレクサンドル・デュアメル、ジュリー・フックスなどと一緒に撮った写真で溢れかえっている。彼の友人は、フロリアン・サンペ、スタニスラス・ド・バルベイラック、マキシム・パスカル、ロマン・ジルベール……「バーチャル」も「実物」も、全員、音楽家かアーティストだ。浩一のような熱烈なファンを持つ指揮者は、マルクだけではない。だが、私たちと浩一は、兄弟のように不思議な絆で結ばれているような気がしてならない。世の中には、音楽によって生かされている者、音楽に全てを捧げている者がいる。音楽には、一万五千キロもの距離が隔てる、見知らぬ二人の人間を引き合わせる力がある。

マルク・ミンコフスキにとって、音楽は彼の壮絶な人生そのものだ。全ての活動のなかで何が一番重要か、という質問に対して、彼はすかさず「表現」と答える。一七世紀のフランスの抒情文学では「熱情（パッション）」、一九世紀には「感情」と呼ばれたものだ。身体、信仰、疑念、様式、舞台、それぞれの表現。示唆したり、説明したり、調べたりする人がいるが、マルクは表現する。

思い出したことがある。あの場にいた誰もが記憶しているに違いない。パリのフィルハーモニー・ホールで、ルーヴルとボルドー国立歌劇場合唱団がグルックの『アルミーダ』を演奏したときのことだった。「愛は知れば知るほど憎くなる」という憎悪の神のアリアで、マルクが指揮棒を折り曲げて楽譜に突き刺したのだ。終演後の夕食会でさりげなく、あのような行動の意図を訊ねると、意味深い、驚くべき答えが返ってきた。「人を殺めるシーンだ。動きも歌詞に忠実でなければならない」

指揮をするときのマルクが、踊ったり、妙なジェスチャーをしたり、車に静止するよう求める警察官のような仕草で、オーケストラから強弱や緩急を引き出すのはよく知られている。五度の和音で響き続ける客席の咳払いまで、そのような指揮で見事に止めたのを目撃したこともある。指揮台も真面目な表現の場であり、悪ふざけをしているわけではない。「舞台（スペクタクル）は人生そのものだ」と、彼は言う。音楽も壮大な舞台（スペクタクル）だ。元祖かもしれない。

舞台で滑稽なシーンが繰り広げられることもある。イヴァン・アレクサンドルは、ダ・ポンテ三部作で見事に客席を笑わせることができた。様々なジャンルのオペラへの深い造詣を持つ彼が、作品を隅々まで研究して、モーツァルト親子の手紙やダ・ポンテの自伝を何度も読み返して、歴史からインスピレーションを得て、史実に裏付けされた新しい解釈を見せてくれた。エルヴィーラはコミカルな場に迷い込んだオペラ・セリアの残影……ロバート・グリードウ演じる元気なレポレッロ……ドン・ジョヴァンニが口説いた女性の名前をレポレッロの身体に刻んでいくという斬新な演出は、客席の笑いを大いに誘った。女性の数があまりにも多いため、侍従の尻にまで名前が刻まれていく。だが、会場のドロットニングホルムは王立歌劇場だ。「王立」というからには……王族、場合によっては女王の臨席の栄を賜ることがあるわけで、女性の名前に覆われているとはいえ、男の尻を見せて大丈夫なのだろうか、という不安がよぎった。だが、幸いスウェーデン王室はかつてのフランス王室よりも、現在の大統領府よりも寛容で、音楽祭が宮殿に確認したところ、全く問題ないとのことだった。

壮麗で繊細、奥深くて滑稽、真面目で官能的、親密で普遍的。それがオペラだ。オペラが上演される歌劇場は、やや仰々しいところもある。だが、まず重厚な扉を押して中に入り、金色と赤色と派手な装飾が目に飛び込んでくるのを我慢して、過去の栄光の記憶を受け止めなければいけない。そこで体験する作品は、我々を更なる高みへといざない、別世界に連れていってくれるのだから。時にほんの少しだけ遠くへ、時にはるか遠くへ。そのような世界を私に見せてくれるマルク・ミンコフスキに、この本の執筆を提案したのは、彼の言葉で自身について、自身の経験について、語って欲しいと思ったからだ。

マルクの話に耳を傾け、彼の言葉を読み直していくうちに、「ルーツ」が持つ重要な意味合いについて考えるようになった。勿論、芸術家の才能の大部分は、持って生まれたもので、育った環境とは無関係だ。社会学者ノルベルト・エリアスの未完の書、『モーツァルト、ある天才の社会学』を思い出した。マルク・ミンコフスキをモーツァルトと比べているわけではない。ただ、天才モーツァルトを生んだ社会的条件と、マルクの両親、祖父母、先祖が歩んだ人生が彼の芸術に与えた影響には、共通項があるような気がしてならない。私がエリアスの著書を読んだのは、一九九五年、友人のアントワーヌ・ヴォシェとステファニー・エネット＝ヴォシェと一緒に、モスクワからサンクトペテルブルクに向かう列車の中だった。二人は古い友人で、「自分たちの専門の人間科学と君の趣味の音楽が交差する面白い本だから」と言って、車内で手渡された。今、あの時の場面が驚くほど鮮明に目に浮かぶ。

マルクに特別な才能があるのは明らかだ。子供の頃の話を聞く限り、知能指数が高すぎる、いわゆる「ギフテッド」な子だったようだ。幸運とも障害ともとれる病理学的な特徴で、心理学者の研究が進むにつれて、ギフテッドの子供が抱える苦悩が徐々に明らかになってきている。突出した才能を持つ子が多く、マルクも私たちには聞こえない音が聞こえるし、万人が見落とすような情報を楽譜から読み取ることができる。そしてとくに、自分の頭の中で鳴っている音楽を、目の前のオーケストラと歌手を使って「再生」することができる。そのような才能がなければ、彼は舞台にも、オーケストラ・ピットの指揮台にも上がっていなかっただろうし、このように文章で語られることもなかった。指揮者としても人間としても欠点だらけだが、大変な才能があることだけは間違いない。天才は厄介なこともあるが、天才は天才なのだ。

天才を育んだ環境という意味で忘れてならないのが、周囲の人間が彼を信じて疑わなかったことの重要性だろう。マルクのお母さん、アン・ウェイドに会ったことがあるが、息子が急にバソンに夢中になって学校に行くのをやめてしまっても、自由にさせて、見守り続けた彼の両親の懐の深さに感銘を受けた。（お父さんのアレクサンドルには残念ながら会うことができなかった。）それから、ナディア・ブーランジェやユーグ・キュエノと交流があったヴァイリン奏者の祖母に可愛がられて育ったことが、マルクが音楽の道に自然と進むことになる重要なきっかけだったのは間違いない。マルクはミンコフスキとウェイド両家の精神を体現している。一番想定外な「息子」というよりは、「子孫」が、一族の願いを譲受させた。偉大な学者、医者、文学者を生んだ一族に欠けていたのが、「指揮者」だった。幸運の女神が微笑んだというわけだ。

マルク・ミンコフスキにはこのほか、突出した二つの能力が備わっている。まず、耳の良さだ。指揮者なのだから当然かもしれないが、それでも特筆すべきことだ。アンブロネイ（Ambronay）で行われたコンサートで、舞台裏にいた哀れな消防士のことが思い出される。彼は反響板の裏で演奏中ずっと携帯電話をいじっていて、文字を打ち込む音は誰にも聞こえていなかった。だが、大編成のオーケストラを前に、消防士から二〇メートル以上も離れたところで指揮していたマルクに耳には、届いていた。演奏が終わるやいなや、怒り心頭のマエストロはお客さんにお辞儀もせずに消防士のところに突進して……思い切りひっぱたいた。耳が良すぎるわけだが、商売上、悪いことではない。

マルクのもう一つの突出した能力は、記憶力だ。一度でも見たり、聞いたり、読んだりしたものは、ほとんど記憶している。今回、話を聞いていて驚いたのは、彼が体験した全てのコンサートを詳細に覚えていることだった。指揮者の名前は勿論のこと、プログラムの内容、オペラは全ての出演者名、そのときの印象、好ましいと感じた点、嫌いだった点など、全てだ。彼は自分でも後悔しているように、指揮の技術を、時間をかけて学ぶことができなかった。だが本書の冒頭にも書いたように、彼はその分、人の演奏を「熱心に聴いて」いつも勉強している。聴いた演奏は全て覚えているので、彼は「聴く」だけはなく、「記憶」する指揮者でもある。指揮の伝統やスタイルなど、全てを記憶している演奏史の歩く百科事典のような人だ。

人は一人で成るわけではない。マルクの音楽スタイルが印象的で個性的なのも、彼以前に活躍した数多くの音楽家、音楽家を支えてきた音楽愛好家、とくに先輩指揮者たちが築いてきた歴史を背負って生きているからだ。そしてそこに彼の人格、類まれな耳の良さが加わり……極めてユニークな、ミンコフスキという一人の指揮者が出来上がった。

私のような音楽を愛する人たちに、この本を楽しく、興味を持って読んでもらえれば嬉しい。日常を忘れさせる、魔法にかかった一瞬のような楽しい時間だった。マルクには友人として、一緒に仕事ができたことを感謝しながら、そろそろ普段の生活に戻ろうと思う。ロラン・ペリーの演出に登場する蛙のように、ボチャンと音をたてて姿を消すとしよう。

日本版特別インタビュー

「マルク・ミンコフスキ、日本を語る」

二〇二三年六月　東京にて
聞き手　森　浩一

初めて訪れた日本での強烈な印象

私が初めて日本を訪れたのは、今から二〇年ちょっと前の二〇〇二年九月でした。渋谷Bunkamuraのオーチャードホールでエクサンプロヴァンス音楽祭の引越し公演があり、私はマーラー室内管弦楽団と共に『フィガロの結婚』を指揮しました。演出はリチャード・エアで、ロラン・ナウリやヴェロニク・ジャンス、ステファニー・ドゥストラックといった素晴らしい歌手たちが揃い、とても美しいプロダクションでした。初めて訪れた日本は、私に非常に強烈な印象を残しました。日本に来るといつも感じるのですが、ホテルの窓から見る東京の街はとてもごちゃごちゃとしていて、蜂の巣をつついたような喧噪なのに、外に出てみると妙に落ち着いている――そのコントラストが強烈で、日本に来るたびにそうした感覚を楽しんでいます。

日本人については、日本に来るようになってから少しずつ理解出来るようになってきました。フランス人の感性と近い部分もあるし、複雑でなかなか理解できない部分も当然ながらあります。日本で仕事をする時には、文化的な乖離のようなものを感じることもしばしばありつつ、一方で何も言わなくとも自然に理解しあえるというところもある。実に興味深いです。また日本には親しい友人もいるので、その交遊を通じて、更に日本人をますます深く理解するようになったように思います。

二度目は二〇〇九年、私のオーケストラ、レ・ミュジシャン・デュ・ルーヴルとの初めての来日でした。ちょうどハイドンのロンドン・セットの交響曲を録音していた時期で、ハイドンの交響曲やモーツァルトの『ポストホルン・セレナード』、そしてラモーの『もう一つのサンフォニー・イマジネール（空想の管弦楽曲 第二集）』を演奏しましたが、このツアーは忘れられないほど感動的なものでした。皆さん、非常に集中して静かに聴いていて、きょうはずいぶん客席が静かだなと思っていたら、終演後にびっくりするほど熱狂的な拍手が待っていました。東京オペラシティ・コンサートホールでの演奏会ではアンコールを六曲もやりましたが、あんなことは後にも先にも東京だけですね。「東京スペシャルエディション」です（笑）。この時はまだ二回目の来日でしたが、もう何度も来ているようなそんな親しみすら覚えていました。日本の音楽ファンの中には、ものすごい数のCDを収集している人たちがたくさんいます。私たちのCDもたくさん持っていて、初来日でも私たちのことをよく知っていて、びっくりしました。インターネット時代になり、情報もボーダレスになっているとはいえ、日本の音楽ファンが本当になんでも知っていることには、いつも驚かされます。

一〇年以上かけて培ったOEKとの絆

二〇〇九年のレ・ミュジシャン・デュ・ルーヴルとのツアーでは、もう一つ重要なことがありました。金沢との縁が生まれたことです。このツアーは当初、あるプロモーターがマネジメントする予定でしたが、ツアーの前に倒産してしまい、ツアーの存続も一時危ぶまれました。この時、ツアー全体の運営を引き受けてくれたのが、金沢公演の主催者だった石川県音楽文化振興事業団で、実務を担ってくれたのがオーケストラ・アンサンブル金沢（OEK）の当時のゼネラルマネジャー岩崎巖さんでした。私たちの金沢公演の時は、ちょうどOEKが海外ツアーで留守中でしたが、岩崎さんは、金沢にもいい室内オーケストラがあるのでいつか聴いてくださいと言ってくれました。その後、岩崎さんはウィーンまで来て、改めて私にOEKの指揮をオファーしてくれたんです。私がOEKに興味を抱いた理由は、サイズの大きなオーケストラではないものの、非常に広いレパートリーを持っているということと、更にメンバーの中にヨーロッパの音楽家が何人か入っているということです。イギリス人、ロシア人やブルガリア人、リトアニア人などの奏者が在籍しているので、オーケストラの中にはヨーロッパ的な空気もあり、ほかの日本のオーケストラとは少し雰囲気が違うと聞いて、面白そうだと思ったんです。そして三年後の二〇一二年に初めてOEKを指揮することになりました。

OEKとはその後も共演を重ね、オペラも『セビリアの理髪師』(二〇一七年)と『ペレアスとメリザンド』(二〇一八年)の二作品を指揮しました。オペラはオーケストラだけの公演よりも、大変な苦労を伴うものですが、この時はオペラに求められる柔軟性をこのオーケストラから引き出すことも出来て、大成功だったと思います。二〇一八年からはOEKの芸術監督(アーティスティック・シェフ)も引き受け、二〇二一年には、自分にとっても初めての挑戦となるベートーヴェンの交響曲全曲演奏会に取り組みました。新型コロナウイルスの感染拡大によって演奏会の開催が困難になり、また海外から日本にやってくることも難しいその時期でしたが、練習と本番を重ねていくにつれて、自分が「客演」の指揮者ではなくなり、このオーケストラと一体になってきていると強く感じました。この本が出版される二〇二四年春に、コロナのために延期となっていた交響曲第九番を指揮して、このベートーヴェンプロジェクトが完結するわけですが、一〇年以上かけてOEKと培ってきたものがようやく実を結ぶ――そんな予感を抱いています。

この一〇年間、オーケストラにも大きな変化があったと思います。特にベートーヴェンを演奏して感じたのは、オーケストラに柔軟性が出てきたこと。非常に俊敏に自分の指揮に反応するようになってきたと思います。また団員もどんどん変わって若返りました。OEKはいい形で変化していっているのではないでしょうか。

また芸術監督としてはオーケストラに様々な指揮者を招き、新しい風を呼び込むという仕事もしました。マキシム・パスカルやピエール・デュムソー、マルク・ルロワ＝カラタユードといった若い世代の指揮者や、ウィーン・フィルの第二ヴァイオリン首席奏者（二〇二三年に退団）で指揮者としても活動するクリストフ・コンツを推薦しましたし、私のメンターでもあるジャン＝クロード・カサドシュ（一九三五年生）にも金沢に来てもらいました。少しでも多くの日本のファンにこうした優れた音楽家を知ってもらいたかったことが理由ですが、一方、特に若い指揮者にとっては、CD録音が減り世界的に名前を売っていくことが難しくなっている今の時代、日本での活動は音楽家としてのキャリアのためにも役立つのではないかと思っています。私は、とても幸運なことに、若い時期に行った多くのレコーディングによって、日本で早くから名前を知ってもらうことが出来ました。それはとても感謝しなければいけないことですね。私は、CDやアナログレコードを聴くのが大好きなんですが、実は録音作業は苦手なんです。ただ日本に来てみて、多くのファンが初来日の前から私たちの演奏を知ってくれていたのを見ると、若い頃たくさん録音しておいてよかったとつくづく思っています。

都響の魅力は柔軟で軽やかな音

日本での指揮活動のもう一つの軸足となっているのが東京都交響楽団（都響）です。都響を最初に指揮したのは二〇一四年でした。都響芸術主幹の国塩哲紀さんは、二〇〇九年の二度目の来日の際に知り合いました。当時は東京オペラシティ文化財団のチーフプロデューサーでしたが、都響に移籍した後、私に都響への客演をオファーしてくれました。

都響は一〇〇人ほどの大編成のオーケストラで、OEKとも、ルーヴルともサイズが全く異なりますが、非常に柔軟で軽やかな音が出るのが大きな魅力だと思います。大編成のオーケストラとはこれまで数多く共演していますが、この「音」は都響のかけがえのない特色ですね。私の指揮はかなり個性的だと自分でも分かっていますが、どちらかというと小さな編成向きだとよく言われます。ただ都響を指揮していると、大編成のオーケストラと向き合っているのではなくて、五人か一〇人くらいの人を前に指揮しているような、そんな錯覚にとらわれるんです。本当に柔軟で軽やかです。ひょっとしたら私のもうひとりのメンターである指揮者のジャン・フルネ（註：一九一三～二〇〇八年、東京都交響楽団永久名誉指揮者）と強い結びつきのあったオーケストラであることとも関係があるかも知れませんね。

残念ながら都響とはまだオペラを演奏していませんが、この柔軟性はオペラに向いているとも思います。ただ、私もオペラばかり指揮しすぎているという一面もありますので、都響ではあえてシンフォニックな大編成の曲に取り組み、これからもブルックナーのような作品を指揮していければと思っています。私がブルックナーに惹かれる理由の一つは、彼の交響曲が「歌のないワーグナー」という側面を持っていることにもあります。

また都響は、オーケストラとして非常に安定感があることにもいつも感心します。このような規模の大きなオーケストラでは、当然演奏会によってメンバーの入れ替えがありますし、新しい奏者が入って来るということもあります。多くのオーケストラは、奏者が変わることでぐらつく時期を経験することもあるのですが、都響の場合はそれが全くないように思います。最近ＯＥＫから都響にフルートの首席奏者が移籍してきたように、私が指揮するようになってからも、新しい奏者が入ってきていますが、オーケストラの安定感が全く変わらないのは見事だと思います。

私がオーケストラと仕事をする上で大切にしているのが、コンサートマスターです。都響の矢部達哉さんは、指揮者である私にとって三本目の腕のように感じるほど素晴らしいコンサートマスターだと思います。矢部さんは非常に優れたプレイヤーであるにも関わらず、いつも謙虚なことにも驚かされます。ＯＥＫのコンサートマスター、アビゲイル・ヤングさんもまた大変優秀なコンサートマスターです。彼女はイギリス室内管弦楽団の出身ですが、ヨーロッパの色合いや華やかさをＯＥＫにもたらしていますね。日本ではこうしたコンサートマスター達にいつも助けられています。

指揮者とオーケストラの間には「ゲーム感覚」も

初めて日本の音楽家と一緒に演奏したのは一八歳の時、バソン（フランス式のバスーン）を学んでいた頃のことです。アルプスのスキーリゾートであるレザルクのアカデミー音楽祭で、日本のオーケストラと合同でベートーヴェンの交響曲第二番を演奏する機会がありました。それは大宮真琴さん（註：一九二四～一九九五年、ハイドン研究者として世界的に活躍し指揮活動も行う）の指揮する東京ハイドン合奏団という室内オーケストラで、この時がバソン奏者として日本人と共演した最初でしたが、一人ひとりの演奏の質の高さと安定した技量に実に驚いたものでした。その思いは今も変わることはなく、日本のオーケストラ奏者の高い技術や深い音楽性にはいつも驚嘆し続けています。欧米の奏者に比べて物足りないと感じる部分を強いて挙げるとすれば、自発性や臨機応変に対応する能力でしょうか。指揮者の指示には驚くほど柔軟に従うことが出来るのですが、自分たちの方からはなかなか動いて行きにくいというか、突発事故が起きた時に自発的になんとかするということが、まあほんのわずかではありますが、得意ではないのかなと感じることがあります。たとえばウィーン・フィルなどは、毎日のようにオペラを弾いていることもあって、万が一、歌手にアクシデントがあっても、勝手に歌手に合わせて修正したり、遅れを取り戻したりということが出来るのですが、そういった経験が日本のオーケストラには少し足りないのかも知れません。もちろんウィーン・フィルにはウィーン・フィルのマイナスの面もあるのですが……

指揮者とオーケストラの間の関係には、どこか「ゲーム感覚」のような部分があってもいいのではないでしょうか。リハーサルでやっていないこと、想定外のことを、私は時々本番で仕掛けたりします。そういう場合、オーケストラ側にも「ゲーム」や「遊び」のような感覚があってもよいと思うのですが、日本のオーケストラであまりそういうことをやってしまうと、それこそ「ゲーム」が「戦争」になりかねないですよね。ですから私は日本ではそういったことを控えているつもりなんですが、ただ一緒に過ごす年月が長くなっていけば、そういう「戦争」も「ゲーム」になっていくのではないかと期待しています。

ある時、日本のオーケストラとの演奏会のリハーサル初日に一時間近く早く会場に着いてしまったことがありました。この時、会場をそっとのぞいたら、楽員達は既に全員そろっていて一生懸命最初のリハーサルに向けて準備をしているんですね。これには驚きました。これだけ準備万端で最初のリハーサルに臨む楽団はフランスにはありません。なので、本番であまり余計なことをして欲しくない、という日本の音楽家のマインドも十分理解するようにしています。

宮城聰さんとの七年来のモーツァルト

日本の芸術家との重要な共同作業としては、もう一つ、二〇二二年一二月にベルリン国立歌劇場で演出家の宮城聰さんと組んでモーツァルトのオペラ『ポントの王ミトリダーテ』を上演したことですね。これは大変大きな成功を収めました。初めて宮城さんの演出する舞台を観たのはフランスのアヴィニョン演劇祭で、宮城さんが主宰する劇団SPACが上演した『マハーバーラタ』(二〇一四年)でした。この舞台に大変感銘を受け、さらに東京でも宮城さんが演出したパーセルの『妖精の女王』(二〇一五年一二月北とぴあ国際音楽祭で上演)を観てこれにも感動しました。この時に、東京のあるお寿司屋さんで初めて宮城さんと会い、お互いが好きな音楽ムヌーシュキンやクロード・レジの演劇のことなどいろいろと話していくうちに彼と一緒にオペラを作ってみたいと思うようになりました。彼の演出は非常に「多くを語る」ものですが、かつ自然体の演出なんです。そういった点がとても気に入りました。当初、私が総監督を務めていたボルドー国立歌劇場に招聘してオペラを制作したいと考えていたのですが、なかなかスケジュールが合わなくて……。その後、ベルリン国立歌劇場でモーツァルトの『ミトリダーテ』を指揮する機会をもらったときに、私から一緒に宮城さんとやりたいと提案して実現しました。最初は二〇二〇年一一月に初演予定でしたが、リハーサルを進め本番直前まで行ったところで、残念ながら新型コロナウイルスの感染拡大により中止となってしまいました。日本人の演出家と組むのは宮城さんが初めてでしたが、日本人の演出家だからといった違和感は全くありませんでした。オーケストラを指揮する場合は、日本と欧米で違いも少し感じますが、演出家の場合は、そもそも一人ひとりの個性によって全く違いますからね。宮城さんの素晴らしいところは、自分をアピールするための演出ではなく、あくまでも音楽と作品を大切にし、作品のために仕える演出をしようとする姿勢ですね。ベルリンでの初日は、カーテンコールでドイツの聴衆から熱狂的なスタンディングオベーションで迎えてもらえて非常に嬉しかったです。

世界で最も熱心な日本の聴衆

また日本で音楽活動をする上で忘れてはならないのが素晴らしいコンサートホールです。サントリーホール、東京オペラシティ・コンサートホール、ミューザ川崎シンフォニーホールや金沢の石川県立音楽堂など音響の優れたホールばかりですね。日本では、特にクラシック音楽に関しては、西洋をお手本にしている部分が多いと思いますが、最近欧米で建設されるホールは日本のホールを参考にしているところが多いですし、この分野では日本は世界のお手本になっていると思います。また、日本に来る欧米の音楽家は皆そう感じていると思いますが、日本の聴衆は集中して聴いてくれるし、何でも受け入れてくれるし、本当に素晴らしいと思っています。毎回サインをCDに求めてくれるような熱心なファンの方々もいます。ちなみに私のサインはイニシャルで「MM」と書くんですが、サインする時に、よく日本のお客さんから「フルネームでお願いします」と言われるんですね。いや、これがサインなんだけどなと苦笑いするしかないのですが……。中には相当専門的な人もいて、先日、東京都交響楽団とブルックナーの五番を演奏した後には、一人の聴衆の方が、劇場の出口でスコアを見せてきて、「二楽章の最後の小節で、通常にはないフルートの音がありました、これはどの版に基づくのでしょうか？」と尋ねてくるのでびっくりしました。そんな質問が出るのは日本だけですね（笑）。

「海の中に飛び込むような」和食に魅せられて

音楽をやっていない時に訪れる場所としては、東京では上野動物園がお気に入りです。動物園は、自然保護団体からはともすると議論の的にもなる場所ですが、上野動物園では、自然で身近な環境で動物たちが大切に飼われていることを常に感じますし、よく配慮された世界一の動物園だと思います。また東京は買い物をする場所がたくさんあってショッピングも楽しんでいます。ホテルも非常に居心地がいいですね。今回泊まっているホテルのテラスは都会のど真ん中なのに自然の中にいるようです。金沢では兼六園の美しい庭園を必ず訪れていますし、駅の建築がユニークですよね。新幹線も大好きです。普段、日本に来るときはあまり観光する時間がないので、自分なりに時間を見つけて楽しんでいます。新型コロナウイルスの時期は、隔離のために、金沢市内の古民家を借りてもらって過ごしていました。街中なのにとても静かで、小さいけれど美しい中庭もあって、大変に印象的で楽しい滞在でした。ただ、今だから告白するのですが、隔離の際、実は規則をちょっとだけ破って外を出歩いたこともありました（笑）。でも当時まだ大半の日本人がワクチンを打てていない中、自分は既に三回ワクチンを打っていましたし、ちょっとだけならいいかなと思っていたんですけれどもね。

二〇二一年七月、パンデミックの真っ最中の関西空港に着いた時のことは、最悪の出来事として今も忘れられません。空港内で五時間も待たされたんですよ。入国のためのビザや書類のチェックのために十何か所も行ったり来たりさせられて、何種類ものアプリを携帯に入れるように指示されて……四時間待ってやっと終わったかと思ったら、もう一度パスポートチェックのために最初からやり直しとなり、あと一時間と言われた時には、もう日本に入国できなくてもいいや、パスポートを置いて飛行機に乗ってパリに帰ろう！と思ったほどでした。パンデミック中も世界をいろいろ旅してきましたが、こんな経験は初めてでした。日産のカルロス・ゴーンの脱出事件があった空港ですから、ゴーンと同じフランス人が来たということで過剰に反応したんでしょうかね(笑)。私は日本が大好きですが、あの時は日本とはもう「離婚」しようかと真剣に思いました。音楽があったおかげで破局とならずに済んでいますが、あんな目に遭うのは二度とごめんですね。

日本の食事は全て素晴らしいですが、特に和食は別格です。ヨーロッパでも日本料理の店は増えましたが、やはり日本で食べるのとは全く違います。個性豊かで、繊細で、洗練されていて。出されたひと皿ひと皿を前にすると海の中に飛び込むようなそんな感じがします。特に東京に来るたびに行くお寿司屋さんがありますが、この店のシェフの出すコースには毎回感動させられています。静かな序奏から始まって、緩急自在にお客さんを楽しませ、フィナーレに至る……本当によく考えられています。優れた寿司職人の仕事は作曲家の仕事と全く同じですね!

実はこれまで誰にも話したことがありませんが、私の家庭は日本の芸術や文化ともちょっとした縁があるんです。私の母アン・ウェイド・ミンコフスキ(一九二四~二〇一七年)の最初の夫は、アイヴァン・モリス(一九二五~一九七六年、英国の翻訳家、日本文学研究者)といって、私も会ったことがありませんが、優れた日本文学の研究者でした。そういうわけで母も『源氏物語』などの日本文学に親しみ、日本の芸術・文化に造詣が深く、私も母から日本文化の重要性について聞いていました。ちなみにモリス氏は三回結婚していて、二番目の奥さんは日本人のバレエダンサー、三番目の奥さんは日本人の演劇プロデューサーだったそうです。日本文学にも縁のあった母から生まれた私が、縁あって日本で指揮をしているという訳です。

日本でも馬と一緒に公演を

今後、日本でやってみたいことは、馬を使った音楽公演ですね。私にとって馬は音楽同様に人生に欠かせない存在です。これまでもザルツブルクや音楽監督を務めるレ島の音楽祭で馬と共に音楽を奏でる公演をいろいろやってきましたし、今後やりたいと計画しているプロジェクトもあります。こうした公演を日本でも出来ないものでしょうか。もちろん実現には様々な困難が伴うことは分かっていますが、私がザルツブルクで共演したバルタバスの『ジンガロ』はかつて日本公演を行ったそうですし、不可能ではないと思います。さらに今後もブルックナーは指揮していきたいですし、日本はワグネリアンの多い国ですから、ワーグナーも振ってみたいと思います。また私はこれまで『ユグノー教徒』や『悪魔のロベール』といったマイアベーアのグランドオペラを、フランス・オペラ史の中で非常に重要かつ優れた作品として取り上げてきました。もちろん日本にもいつかマイアベーアの作品を紹介したいと思っています。

インタビューを終えて

劇場の人、多様性の人、友愛の人、そしてケンタウロスに導かれ

このちょっと風変わりな自伝は、コロナ禍でミンコフスキの活動が完全に停滞してしまった時、私同様に〝ミンコ追っかけ〟で親友のブレが企画したものである。「今、自伝をまとめようとしている。君についても触れていいか？」と連絡があり、いくつかのやりとりを経て二〇二二年秋、本書はフランスで出版された。その一二月、ベルリンで宮城聰演出のモーツァルト『ミトリダーテ』初日に、ミンコフスキから「私の歴史のほとんどを知っている君だが一つでも発見があれば！」という献辞と共に手渡された。それだけですまないのが彼だ。「日本でもこの本を出版したいんだけどどう思う？」といつものように頭に浮かんだアイデアを口にしてくる。漠然と日本語で読みたいとは思っていたので、無謀にも「なんとかしてみるよ」と請け負ってしまったことが、この日本版の始まりである。

ミンコフスキほど劇場に足を運んで、他人の演奏を聴き、オペラや芝居を観るのが好きな指揮者

を知らない。初めて話したのも他の指揮者が振る公演の客席だった。二〇〇二年九月、初来日の『フィガロの結婚』で、彼の音楽のあまりにもの弾力性と呼吸の豊かさに私は一目惚れし、二週間後には彼のヘンデルを聴きにパリに飛んでいた。到着した夜、バスティーユで『ホフマン物語』を聴きに行くと私の席の真後ろにいたのがマルクだった。「今度、ローザンヌで初めてこの曲を振るから是非来てくれ。誰も聴いたことのない凄いバージョンなんだ」。それが長い長いケック校訂版「ホフマン物語」の世界初演だった。以来「追っかけ」が始まり、いつの間にか「友人」になっていた。

劇場をこよなく愛するが故に、ピットに入ると音楽だけでなく出演者、裏方や舞台装置、更には客席に漂う香気までも、貪欲に指揮してしまおうとする。本番中、あんな楽しそうに舞台上を見ながら拍手を送る指揮者がいるだろうか。演技に嬉々として加わることもしばしば。大好きな瞬間がある。レチタティーヴォの台詞から音楽に主導権が還っていく時、深く息を吸い、指揮棒でゆったり空に弧を描きながらアウフタクトを示す。まるで劇場の天井裏に棲む〝ミューズ〟を呼び込む儀式のように——そんな時「ああ、本当にこの人は劇場に愛された人だな」と思うのだ。だからこそ舞台全体が上手くいったときは子どものように喜ぶし、逆に思うようにいかずに終演後、床にへたり込んで落胆している姿も見てきた……

「多様性の人」だ。アヴィニョンでの宮城聰さんの舞台を観て「面白かったから会ってみたい」と頼まれ、東京の寿司店で会食をセッティングしたのは二〇一五年の冬。それがきっかけで七年かけて結実したのがベルリンの『ミトリダーテ』だ。フランス人が指揮し、日本人が演出、歌手の出身地もサモア、ガボン、ルーマニア、アメリカ、ドイツ、フランス、キプロス、マダガスカルと一〇か国近く、肌の色も国籍も関係のない舞台はいかにもミンコフスキらしい。昔から〝手垢の付いていない〟若い歌手や器楽奏者を発掘しては抜擢しスター街道に導いてきた。コジェナー、クレバッサ、レジネヴァ、サンペ、パティやチェンバロ奏者のコルティ……。同様に日頃から音楽業界だけではなく、ブレのような経済人や馬のコーチたち、医師、政治家、俳優など多士済々の友人たちと付き合い、美食を囲んでその意見にじっくりと耳を傾ける。ジャズやハリウッド映画、ミュージカルも大好きでルーヴルとスウェーデンのABBAを演奏したりもする。よく言えば「多様性」、別の言い方をすれば「誰でも巻き込んでいく」性格――これこそが常に新鮮さを失わないミンコフスキの音楽の源泉なのかもしれない。

「友愛の人」でもある。自身、両親を始め多くの人たちに愛され、機会を与えられ、その才能を伸ばしてきたと語る。そのせいだろうか、これと見込んだ若い才能を積極的に支援する。ボルドーでアシスタントだった指揮者マルク・ルロワ゠カラタユードは「いろんなボスを見てきたが、マルクほどアシスタントを劇場やプロモーターに売りこんでくれる指揮者はいない」と語る。また誰かが困っていると動きたくなるのも彼の性分だ。コロナ禍で苦しむボルドーでは病院に駆けつけ中庭で演奏会を開き、医療従事者らを励ました。そしてこの文章を書いている二〇二四年正月、能登半島地震の報を受け、彼は即座にSNS上でアンサンブル金沢のメンバーに対し「私の心は常にあなた方と共にある」とメッセージを寄せた。次の第九の演奏会に向け、「たとえ慰めがなくとも、ベートーヴェンが星になってくれるでしょう」と。いつも明るく愉悦感に満ち、時に激しい慟哭、真摯な祈りに貫かれたミンコフスキの音楽は、そのヒューマンな人間性の発露でもある。

今、頭の中はとにかく馬、馬、馬……驚くべきことに本気で音楽と馬の融合を試み、実現してきた。馬たちが縦横無尽に駆け回るモーツァルトのレクイエムの映像を目にした方も多いだろう。以前、レ島の曲芸馬術のテントで、彼が馬に乗って現れ、馬上でルーヴル相手にジミ・ヘンドリックスの音楽を指揮し始めた時には仰天したものだ。確かに彼の振る音楽の躍動は馬のギャロップとも通ずる。そういうわけでこの本の原語副題は『オーケストラ指揮者、あるいはケンタウロス』なのだ。

本書の原書はシンプルな文字のみの書籍である。それを、世界初公開を含む写真や世界初のバソン奏者としての録音も含むディスコグラフィ等の資料や特別インタビューも加えた日本版として発刊するに当たり、尽力賜った方々に謝意を述べたい。まず出版を強く後押ししてくれた著者のマルクとアントワーヌ、貴重な写真・資料を提供してくれたイヴァン・アレクサンドル、ルーヴルのヴァイオリン奏者小中麻里央さんとミンコ・ファンの大先輩 Bowles さんからはさまざまな助言と激励を賜り続けた。感謝の言葉しかない。そして真っ先に本書に興味を示し、やや言葉足らずで独特のマルク節に悪戦苦闘しつつ、見事にかみ砕いて行間を敷衍し、美しい日本語にしてくださった翻訳家の岡本和子さんなしでは日本版は存在しえなかった。深い敬意と共に篤く御礼申し上げる。また一緒に出版元を探して下さった音楽ジャーナリストの池田卓夫さんと宮下博さん、協力を快諾してくださったOEKの岩崎巌さんと床坊剛さん、都響の国塩哲紀さん、出版素人の私を最後まで根気よく導いてくださった春秋社の林直樹さんと中川航さんという実に緻密で真にプロフェッショナルな編集者のお二方と、彼らを紹介してくださった高梨公明さんに心より深謝を表したい。

さて特別インタビューの最後にミンコフスキは、日本でも馬を使った音楽イベントをやりたいと語っている。もしや私の次なるミッションなのか――今回、彼に「巻き込まれて」しまった皆さまのお力も借りながら、いつの日か実現出来ればと思っている。

二〇二四年一月

森 浩一

訳者あとがき

本書を翻訳するに至った経緯は、完全な「巻き込まれ事故」だった。通訳として何度か日本で接する機会があり、東京やザルツブルクで指揮している公演を何度か観たり聴いたりしているちょっと気になるアーティストがいて、何故かそうした会場に必ず出没する謎の日本人男性がいて、フランスの音楽雑誌でアーティストの本の存在を偶然知って取り寄せて読んでみたら面白かったので、謎の男性のSNS上に感想を一言書いたことが……すべてのはじまりだった。あれよあれよという間に二人の「策」にひっかかり、気がつけば自分も作者ならぬ「策士」の一人になっていた。

マルク・ミンコフスキといえば、手兵のレ・ミュジシャン・デュ・ルーヴルと来日したときのインタビューで、通訳として久しぶりに再会したときの印象が強烈だった。集合予定の時間は大幅に過ぎているのに当人が行方不明で連絡がつかず、主催者が大慌てしているところに満面の笑みで現れて、発した第一声が、「パンダ、好き?」。拍子抜けしてしまった。動物園が好きで、何としても上野動物園に行きたかったので、行ってきたというのだ。少年のように瞳を輝かせて、大きな身体を揺らしながら、頬っぺたを真っ赤にして動物愛を語るその姿に、それまで苛立っていた現場の空気は一変して、誰もが笑顔になった。まさにミンコフスキ・マジック。

彼は紛れもない天才だと思う。だが自分でそれを公言してはばからないところが、人の反感を買う。それでも多くの人が彼の才能に惹かれ、心酔し、どこまでもついていく。共著者のアントワーヌ・ブレ氏も、この本がきっかけで正体（？）が明らかになった「謎の日本人男性」、森浩一氏も、ミンコフスキという、厄介だが、あまりにも魅力的な天才の世界に完全に「巻き込まれた」人たちだ。かくいう自分も、気がつけば彼等の輪に加わっていた。そして、ミンコフスキの抽象的で不器用な文章相手に悪戦苦闘しながら、ずっとある人物のことを思い出していた。ヴォルフガング・アマデウス・モーツァルトだ。彼の書簡集が好きで繰り返し読んでいるが、自分が秀でた才能の持ち主であることを自覚していて、自分の音楽を褒めてくれる人、演奏してくれる音楽家は絶賛するけれど、批判的な人間には容赦なく噛みつく。人としてはどうかと思うが、彼の才能に惚れ込み、その怒涛のような人生に「巻き込まれた」人間が多々いたのは周知のとおり。みんな幸せな気持ちになって、巻き込まれていくのだ。

通訳・翻訳業と並行して大学で音楽学・音楽史を学んだ私は根っからの歴史好きで、翻訳をすすめていくうちに、ミンコフスキ家のルーツに強い関心を持った。一族の歴史をたどったレヴァンドフスキ監督のドキュメンタリー映画を観ていて、彼の曽祖父がワルシャワで「商売」を始めたときの「リューリ」という共同経営者の名前に注目した。函館に「旧リューリ商会」という大正時代の建物が残っている。リューリというのは、ロシア革命前から日本に住んでいたユダヤ系ロシア人の漁業・貿易商の兄弟の名前で、兄は横浜の外国人墓地に埋葬されている。親戚だろうか？　興味は尽きない……

この本の原書はフランスの読者を対象に書かれているため、日本では馴染みの薄い人名、場所、組織名が次々と出てくる。その数があまりにも多いため、著者の了解を得て、読みやすさを考慮し、注釈や訳注ではなく加筆の形をとり、段組みなどにも若干工夫を加えている。写真、家系図、年譜、レコーディング・演奏記録など、原書に一切ない「特典」も含め、ここに驚くほど豪華な「日本版」が完成した。全ては敏腕プロデューサーの森浩一氏、そして最後まで温かく見守ってくださった春秋社・編集部の林直樹氏と中川航氏のおかげであり、心から感謝したい。

二〇二四年一月

岡本　和子

索引

資料

森 浩一（編）

マルク・ミンコフスキ 年譜
マルク・ミンコフスキ日本公演 全記録
指揮者マルク・ミンコフスキ 全ディスコグラフィ
バソン奏者マルク・ミンコフスキ ディスコグラフィ

マルク・ミンコフスキ 年譜

1962年	10月4日パリで生まれる。戸籍上の名前はマルク＝アンセルム・ギョーム・ミンコフスキ（Marc-Anselme Guillaume Minkowski） 父親は高名な小児科医アレクサンドル・ミンコフキ，母親はアメリカ人でヴァイオリニストの母を持つアン・ウェイド・ミンコフスキ。異母姉と2人の兄がいる。少年時代から両親のレコードを聴き，演奏会に通うなど音楽に親しむ
1972年	レジス・パスキエから初めてヴァイオリンの指導を受ける
1975年	楽器をヴァイオリンからリコーダーに変える 父親の友人の指揮者ジャン＝クロード・カサドシュの勧めでバソン（フランス式のバスーン）を学び始め、アルザス学園のオーケストラで演奏。のちにドイツ式のファゴットも学ぶ
1980年	パリの旧ポール・ロワイヤル修道院跡にある病院の礼拝所で指揮者として初めてヘンデルの『エイシスとガラテア』を指揮 さまざまなオーケストラでバソン奏者として演奏（リール，イルドフランス，レザルクのアカデミーなど）
1981年	アメリカ・メーン州ハンコックのピエール・モントゥー記念学校でシャルル・ブリュックに指揮法を師事。演奏会でベルリオーズ『ローマの謝肉祭』を指揮
1982年	レ・ミュジシャン・デュ・ルーヴル［以下「MdL」］を創立，最初の演奏会はパリ市内のサン＝メリ教会で行われ，バッハ，ヘンデル，ヴィヴァルディを演奏（3月20日）

パリ市内のサン＝テティエンヌ＝デュ＝モン教会にてパーセル『ディドとエネアス』で初めてオペラを指揮（6月28日）。
ヴィヴァルディ『四季』を演奏（12月22日，23日）
初期に『アーサー王』『妖精の女王』（1985年），ヘンデル『イェフタ』（1986年）『エイシスとガラテア』『エジプトのイスラエル人』（1987年）などを演奏
1983年　バロック・バソンの練習を始める。

その後，古楽バソン奏者としては，クレメンチッチ・コンソート，リチェルカーレ・コンソートのメンバーとなり，またウィリアム・クリスティやフィリップ・ヘレヴェッヘ，ジャン＝クロード・マルゴワールらの古楽アンサンブルに参加し数々のレコード録音や演奏会で演奏

1984年　ピエール・アンタイ（Cemb），ユーゴ・レーヌ，セバスティアン・マルク（Fl, Rec）とのアンサンブル「Lous Landes Consort」がブルージュ国際古楽コンクールで1位
1987年　クリスティ指揮リュリ『アティス』の歴史的録音にバソン奏者として参加
エラートと契約。指揮者として最初のCD録音はリュリの没後300年記念したリュリ＝モリエール『コメディ＝バレ名場面集』
1989年　モンテカルロとロンドンのイングリッシュ・バッハ・フェスティバルでグルック『アルセスト』を指揮し，舞台付きオペラ公演デビュー
1990年　フランス・オペラ・ディスク・アカデミーの「オルフェ賞（最優秀若手指揮者賞）」を受賞
1992年　オランダのアムステルダム・バッハ・ゾリステンの芸術監督（3シーズン）に就任。
ロッテルダム・フィルにデビュー。モダンオーケストラへの

客演は初
カナダ・トロントのオペラ・アトリエで，初めてのモーツァルトのオペラ『フィガロの結婚』を指揮
1993年 リヨン歌劇場の新劇場開場記念でリュリ『ファエトン』を蘇演。テレビ中継され大きな話題となる
カンプラ『優雅なヨーロッパ』を指揮してエクサンプロヴァンス音楽祭デビュー
1994年 ドイツ・グラモフォン社のアルヒーフ・レーベルと契約。第1作としてラモー『イポリートとアリシー』を録音
1996年 モーツァルト『イドメネオ』でパリ・オペラ座（バスティーユ）デビュー
レ・ミュジシャン・デュ・ルーヴルがグルノーブル室内楽団と統合し，団体名をレ・ミュジシャン・デュ・ルーヴル＝グルノーブルと変更（市との提携が終了する2014年まで），本拠地をグルノーブルに移す
1997年 オランダの劇場（ネーデルランドライスオペラ，巡業公演）でワーグナー『さまよえるオランダ人』（初稿版）
モーツァルト『後宮からの誘拐』でザルツブルク音楽祭デビュー
オランダのオペラ・フランデレン（アントワープ＆ゲント）の音楽監督に就任（～1999年）。任期中ウェーバー『オベロン』，ロッシーニ『チェネレントラ』，マスネ『サンドリヨン』，ヘンデル『セメレ』など指揮
初めて演出家ロラン・ペリーと組んでジュネーヴ歌劇場およびリヨン歌劇場で初のオッフェンバックの作品『地獄のオルフェ』を指揮
1999年 エクサンプロヴァンス音楽祭でモンテヴェルディ「ポッペアの戴冠」（クラウス・ミヒャエル・グリューバー演出）
パリ・オペラ座（ガルニエ）でラモー『プラテー』（ロラン・ペリー演出）を指揮，20年以上繰り返し再演される人気プロ

ダクションに

2000年　モンテカルロ歌劇場でマスネ『マノン』
ベルリン国立歌劇場でマイアベーア『悪魔のロベール』
パリ・シャトレ座で MdL 初のオッフェンバック作品として『美しきエレーヌ』（ロラン・ペリー演出，フェリシティ・ロット主役）
ベルリオーズ・幻想交響曲でロサンゼルス・フィルにデビュー

2001年　ライプツィヒ歌劇場でドビュッシー『ペレアスとメリザンド』（ジョン・デュー演出）
パリ・オペラ座（ガルニエ）でヘンデル『アリオダンテ』（ホルヘ・ラヴェリ演出）
エクサンプロヴァンス音楽祭で『フィガロの結婚』指揮
ザルツブルク音楽祭で J. シュトラウス『こうもり』（ハンス・ノイエンフェルス演出）を指揮。過激な演出は議論を呼ぶ

2002年　パリ・オペラコミックでドビュッシー『ペレアスとメリザンド』初演100年記念上演（演奏会形式）
エクサンプロヴァンス音楽祭の『フィガロの結婚』引越し公演で日本デビュー
MdL 創立20周年ラモー・ガラ開催

2003年　チューリヒ歌劇場でヘンデル『時と悟りの勝利』（ユルゲン・フリム演出，チェチーリア・バルトリ主演）
ローザンヌ歌劇場でオッフェンバック『ホフマン物語』（ケック校訂新版，ロラン・ペリー演出）を初めて指揮
ベルリン・フィルにルベル，ビゼー，フォーレ『レクイエム』を指揮しデビュー
イタリアのヴェネツィア・マリブラン劇場でオーベール『黒いドミノ』（ピエル・ルイジ・ピッツィ演出）

2004年　父アレクサンドル・ミンコフスキ88歳で死去（5月7日）
フランス国家功労勲章シュヴァリエ受章
シャトレ座でロラン・ペリーとのオッフェンバック第4弾と

	して『ジェロルスタン女大公殿下』
2005年	シュターツカペレ・ドレスデンにニューイヤーコンサートでデビュー
	リヨン歌劇場のオッフェンバックフェスティバルで『ホフマン物語』（ロラン・ペリー演出）『ラインの妖精』（演奏会形式）
2006年	パリ・シャトレ座でパーセル『ディドとエネアス』（ジェシー・ノーマン引退公演）
	モーツァルト生誕250周年のザルツブルク音楽祭で MdL と『ポントの王ミトリダーテ』（ギュンター・クレーマー演出）
2007年	モスクワ，スタニスラフスキー・ネミロヴィチ＝ダンチェンコ劇場の『ペレアスとメリザンド』（オリヴィエ・ピ演出）でロシアデビュー。同プロダクションはロシアで最も優れた舞台芸術公演に贈られる「黄金のマスク賞」受賞
	ナイーヴ・レーベルと契約。第1作はビゼー『カルメン』抜粋と『アルルの女』組曲
2008年	ポーランドのシンフォニア・ヴァルソヴィア音楽監督に就任（～2013年）
2009年	シャトレ座でワーグナー『妖精』（エミリオ・サジ演出）
	パリ・オペラ座（ガルニエ）でニコラ・ジョエル総監督最初のシーズン開幕公演でグノー『ミレイユ』
	MdL を初めて伴っての2度目の来日
2010年	ブリュッセル・モネ劇場でマスネ『ドン・キショット』（ロラン・ペリー演出，ジョゼ・ヴァン・ダム舞台引退公演）
	ヘンデル『アルチーナ』（エイドリアン・ノーブル演出）でウィーン国立歌劇場デビュー
2011年	オペラ・コミックでマスネ『サンドリヨン』（バンジャマン・ラザール演出）
	ブリュッセル・モネ劇場でマイアベーア『ユグノー教徒』（オリヴィエ・ピ演出）オーパンヴェルト誌の年間最優秀プロダクションに選出

フランス・レ島で音楽祭「Ré Majeure」を創設
ネーデルランドオペラでグルックのイフィジェニー２部作連結上演（ピエール・オディ演出）
ポーランド国立歌劇場でモニューシコ『ハルカ』

2012年　アン・デア・ヴィーン劇場でトマ『アムレット（ハムレット）』（オリヴィエ・ピ演出）
ブリュッセル・モネ劇場で初ヴェルディ作品となる「トロヴァトーレ」（ドミトリ・チェルニャコフ演出）
ザルツブルク音楽祭でヘンデル『タメルラーノ』（演奏会形式，プラシド・ドミンゴ主演）
MdL 創立30周年モーツァルト・ガラ開催

2013年　ザルツブルク・モーツァルト週間芸術監督に就任（～2017年）
ウィーン芸術週間でウィーン・フィルを初めて指揮。また同芸術週間でワーグナー『さまよえるオランダ人』（初稿版）とディーチュ『幽霊船』の同時期同題材の２作品を一挙演奏

2014年　モーツァルト『イドメネオ』（マルティン・クセイ演出）でロンドン・コヴェントガーデン王立歌劇場デビュー

2015年　ザルツブルク・モーツァルト週間でバルタバス演出の馬術ショーと共にモーツァルト『悔い改めるダヴィデ』を上演
モーツァルト『ルーチョ・シッラ』でミラノ・スカラ座デビュー（マーシャル・ピンコスキ演出）
スウェーデン・ドロットニングホルム宮廷劇場でモーツァルト・ダ・ポンテ三部作（イヴァン・アレクサンドル演出）３年連続上演
ボルドー国立歌劇場総監督に任命

2016年　ボルドー国立歌劇場総監督就任記念として『ドン・キホーテの旅』公演
2021年の退任までの間にカザルス『かいば桶』，ドリーブ『コッペリア』，ラボー『マルーフ』，オッフェンバック『パリの生活』『ラ・ペリコール』『ホフマン物語』，ロッシーニ

	『セビリアの理髪師』，マスネ『マノン』などを指揮
2017年	ザルツブルク・モーツァルテウム財団から最高の栄誉であるゴールデン・モーツァルト・メダル授与
	モーツァルト『ドン・ジョヴァンニ』でサンフランシスコ歌劇場デビュー
	母アン・ウェイド・ミンコフスキ93歳で死去（９月21日）
2018年	ボルドーでドビュッシー『ペレアスとメリザンド』をセミステージ形式で上演。その後，金沢・東京でもほぼ同一キャストで上演
	プラハ国立劇場（スタヴォフスケー劇場）で，同地初演のモーツァルト『皇帝ティートの慈悲』を指揮
	オーケストラ・アンサンブル金沢の芸術監督就任（～2022年）
	フランス・レジオン・ドヌール勲章シュヴァリエ受章
2019年	ヴェルサイユ宮廷劇場でリュリ＝モリエール「町人貴族」（ジェローム・デシャン演出）
2020年	ジュネーヴ歌劇場のアヴィエル・カーン総監督最初のシーズンにマイアベーア『ユグノー教徒』（ヨッシ・ヴィーラー＆セルジオ・モラビト演出）
	新型コロナウィルス感染拡大で演奏会がキャンセルされる中，ボルドー市内の病院中庭で医療従事者・患者のためにオーケストラ奏者，歌手，ダンサーと共に慈善演奏会を開く
2021年	イスラエル・フィルを指揮しイスラエルデビュー
	ボルドー国立歌劇場でマイアベーア『悪魔のロベール』（セミステージ形式）
2022年	サイモン・ラトルの代役としてシュターツカペレ・ベルリンとシューマン『楽園とペリ』
	ボルドー国立歌劇場でモーツァルトのダ・ポンテ三部作を一挙上演（イヴァン・アレクサンドル演出）
	ジュネーヴ歌劇場開幕公演としてアレヴィ『ユダヤの女』（デヴィッド・オールデン演出）

MdL 創立40周年記念ヘンデル＆グルックガラをヴェルサイユで開催
シャンゼリゼ劇場でオッフェンバック『ラ・ペリコール』（ロラン・ペリー演出）
ベルリン国立歌劇場でモーツァルト『ポントの王ミトリダーテ』（宮城聰演出）

2023年　ヴェルサイユ宮廷歌劇場でモーツァルトのダ・ポンテ三部作を一挙上演（イヴァン・アレクサンドル演出）
ジュネーヴ歌劇場でヴェルディ『ドン・カルロス』（1867年フランス語５幕版，リディア・シュタイアー演出），２年連続開幕公演

2024年　ザルツブルク音楽祭でウィーン・フィルを指揮しオッフェンバック『ホフマン物語』（マリアム・クレマン演出）を上演予定

参考文献

Diapason（1993年５月号，2001年５月号，2010年10月号，2023年９月号）
Opéra International（1997年４月号）
Les Echos（2001年７月６日）
Opernglas（2003年６月号）
『レコード芸術』（2010年６月号）
『モーストリー・クラシック』（2012年８月号）
『季刊アナログ』（2013年春号）
Opéra Magazine（42号，2018年１月号）
『音楽の友』（2019年４月号）
Classica（2022年９月号）
Serge Martin, *Marc Minkowski.*（naïve 2011）
Deutsche Grammophon HP
Marc Minkowski Official HP
ほか各国新聞記事，Operabase，各種 HP の Biography など多数参照

マルク・ミンコフスキ日本公演 全記録（2024年3月現在）

2002年9月　エクサンプロヴァンス音楽祭日本公演『フィガロの結婚』

◎9月3日，5日，6日，7日　東京・オーチャードホール
モーツァルト：『フィガロの結婚』
　アルマヴィーヴァ伯爵…ロラン・ナウリ（Br）
　伯爵夫人…ヴェロニク・ジャンス（S）
　スザンナ…カミラ・ティリング（S）
　フィガロ…マルコ・ヴィンコ（Bs-Br）
　ケルビーノ…ステファニー・ドゥストラック（MS）
　マルチェリーナ…ジェニファー・スミス（S）
　バジリオ…ジャン＝ポール・フシェクール（T）
　ドン・クルツィオ…アレッド・ハール（T）
　バルトロ…ブライアン・バナタイン・スコット（Br）
　アントニオ…ジョセフ・ディーン（Bs）
　バルバリーナ…マガリ・レジェ（S）
　合唱：ヨーロッパ音楽アカデミー
　管弦楽：マーラー室内管弦楽団

2009年11月　レ・ミュジシャン・デュ・ルーヴル＝グルノーブル

◎11月3日　金沢・石川県立音楽堂
モーツァルト：セレナード第9番『ポストホルン』（行進曲 K335–1[320a–1]付）
ハイドン：交響曲第104番『ロンドン』
　アンコール　ラモー：『優雅なインドの国々』より「太陽への祈りのためのプレリュード」
　モーツァルト：「ハフナー」セレナードよりロンド〔ティボー・ノアリ（Vn）〕
　グルック：「ドン・ジュアン」よりフィナーレ
　ハイドン：交響曲第94番『驚愕』第2楽章

◎11月5日　東京・東京オペラシティ，コンサートホール
ラモー：『もう一つのサンフォニー・イマジネール』（空想の管弦楽曲第2集）
モーツァルト：セレナード第9番『ポストホルン』（行進曲 K335-1(320a-1)付）
アンコール　ラモー：『優雅なインドの国々』より「未開人の踊り」
モーツァルト：『ハフナー』セレナードよりロンド〔ティボー・ノアリ（Vn)〕
グルック：『ドン・ジュアン』よりフィナーレ
◎11月6日　東京・東京オペラシティ　コンサートホール
ハイドン：交響曲第101番『時計』，第103番『太鼓連打』，第104番『ロンドン』
アンコール　ハイドン：交響曲第94番『驚愕』第2楽章
ハイドン：チェンバロ協奏曲ニ長調 Hob. XVIII:11より第3楽章
「ハンガリー風ロンド」〔フランチェスコ・コルティ（Cemb)〕
ラモー：『優雅なインドの国々』より「太陽への祈りのためのプレリュード」
「未開人の踊り」
グルック：『ドン・ジュアン』よりフィナーレ
モーツァルト：『ハフナー・セレナード』よりロンド〔ティボー・ノアリ（Vn)〕

2012年7月　オーケストラ・アンサンブル金沢

◎7月25日　金沢・石川県立音楽堂，
◎7月26日　東京・サントリーホール
◎7月28日　横浜・みなとみらいホール
ヴァイル：交響曲第2番
プーランク：2台のピアノのための協奏曲
ギョーム・ヴァンサン，田島睦子（Pf)
ラヴェル：『マ・メール・ロワ』（全曲版）
アンコール　ラヴェル『マ・メール・ロワ』より「パゴダの女王レドロネット」

2013年 2 月　レ・ミュジシャン・デュ・ルーヴル＝グルノーブル

◎2月22日　東京・東京オペラシティ コンサートホール
グルック：『オーリードのイフィジェニー』序曲（終結部ワーグナー版）
シューベルト：交響曲第 7 番『未完成』
　　アンコール　シューベルト：交響曲第 3 番第 4 楽章
モーツァルト：ミサ曲ハ短調
　　Ditte Andersen, Maria Savastano (S1)
　　Blandine Staskiewicz, Pauline Sabatier (S2)
　　Mélodie Ruvio, Owen Willetts (A)
　　Colin Balzer, Magnus Staveland (T)
　　Charles Dekeyser, Luca Tittoto (B)
　　アンコール　モーツァルト：ミサ曲ハ短調より「クレド」
◎2月25日　東京・東京文化会館
◎2月26日　金沢・石川県立音楽堂
シューベルト：交響曲第 7 番『未完成』，第 8 番『ザ・グレート』

2014年 8 月　東京都交響楽団

◎8月3日　東京・東京芸術劇場
ビゼー：交響曲『ローマ』，『アルルの女』第 1 組曲，第 2 組曲
　　アンコール　ビゼー：『カルメン』前奏曲，『アルルの女』より「ファランドール」

2014年 9 月オーケストラ・アンサンブル金沢＆辻井伸行
※健康状態のため来日中止→指揮パスカル・ロフェに変更
◎9月10日　金沢
◎9月11日　東京・オーチャードホール
◎9月12日　高崎
フォーレ：『ペレアスとメリザンド』組曲
ラヴェル：ピアノ協奏曲，『亡き王女のためのパヴァーヌ』
ビゼー：交響曲

2015年12月　オーケストラ・アンサンブル金沢(プリンシパル・ゲスト・コンダクター就任記念),東京都交響楽団

◎オーケストラ・アンサンブル金沢　12月10日　金沢・石川県立音楽堂
シューマン：交響曲第１番「春」，第２番
　　アンコール　シューマン：交響曲第４番第２楽章
◎オーケストラ・アンサンブル金沢　12月11日　金沢・石川県立音楽堂
シューマン：交響曲第３番「ライン」，第４番
　　アンコール　シューマン：交響曲第４番第４楽章
◎東京都交響楽団　12月15日　東京・サントリーホール
ルーセル：『バッカスとアリアーヌ』第１組曲，第２組曲
ブルックナー：交響曲第０番

2017年２月　オーケストラ・アンサンブル金沢

◎２月19日　金沢・石川県立音楽堂
ロッシーニ：『セビリアの理髪師』（セミステージ形式）
　　アルマヴィーヴァ伯爵…デヴィッド・ポーティロ（T）
　　バルトロ…カルロ・レポーレ（Br）
　　ロジーナ…セレーナ・マルフィ（MS）
　　フィガロ…アンジェイ・フィロンチク（Br）
　　バジリオ…後藤春馬（Bs）
　　ベルタ…小泉詠子（MS）
　　フィオレッロ…駒田敏章（Br）
　　演出：イヴァン・アレクサンドル
　　合唱：金沢ロッシーニ特別合唱団
　　管弦楽：オーケストラ・アンサンブル金沢

2017年７月　東京都交響楽団

◎７月10日　東京・東京文化会館
ハイドン：交響曲第102番
ブルックナー：交響曲第３番（1873年第１稿）

2018年 2 月　レ・ミュジシャン・デュ・ルーヴル

◎ 2 月26日　金沢・石川県立音楽堂
メンデルスゾーン：序曲『フィンガルの洞窟』（ロンドン版）
メンデルスゾーン：交響曲第 4 番『イタリア』
メンデルスゾーン：交響曲第 3 番『スコットランド』
　アンコール　メンデルスゾーン：交響曲第 4 番『イタリア』第 4 楽章
◎ 2 月27日　東京・東京オペラシティ コンサートホール
　（本プログラムは 2 月26日と同じ。アンコールなし）

2018年 7 月, 8 月　オーケストラ・アンサンブル金沢（OEK 芸術監督就任記念）, 東京都交響楽団

◎オーケストラ・アンサンブル金沢　7 月30日　金沢・石川県立音楽堂
◎オーケストラ・アンサンブル金沢　8 月 1 日　東京・東京オペラシティ コンサートホール
ドビュッシー：『ペレアスとメリザンド』（映像付き舞台上演）
　ペレアス…スタニスラス・ドゥ・バルベイラック（T）
　メリザンド…キアラ・スケラート（S）
　ゴロー…アレクサンドル・デュアメル（Br）
　アルケル…ジェローム・ヴァルニエ（Bs）
　ジュヌヴィエーヴ…シルヴィ・ブリュネ＝グルッポーソ（A）
　イニョルド…マエリ・ケレ（S, アキテーヌ声楽アカデミー）
　医師, 牧童…ジャン＝ヴァンサン・ブロ（Bs）
　合唱：ドビュッシー特別合唱団
　演出：フィリップ・ベジア＆フローラン・シオー
　衣装：クレメンス・ペルノー
　照明：ニコラ・デスコトー
　映像：トマス・イスラエル
◎東京都交響楽団　8 月 5 日　川崎・ミューザ川崎シンフォニーホール
チャイコフスキー：『くるみ割り人形』全曲
　児童合唱：Tokyo FM 少年合唱団

オーケストラ・アンサンブル金沢　芸術監督期間　2018年9月〜2022年8月

2019年7月　オーケストラ・アンサンブル金沢

◎7月6日　金沢・石川県立音楽堂
◎7月9日　東京・東京芸術劇場
ベートーヴェン：ヴァイオリン協奏曲
　　クリストフ・コンツ（Vn）
ブラームス：セレナード第1番

2019年10月　東京都交響楽団，オーケストラ・アンサンブル金沢

◎東京都交響楽団　10月7日　東京・東京文化会館
シューマン：交響曲第4番（1841年第1稿）
チャイコフスキー：交響曲第6番『悲愴』
◎オーケストラ・アンサンブル金沢　10月12日　金沢・石川県立音楽堂
ドヴォルジャーク：スラブ舞曲第2集 op.72
ドヴォルジャーク：交響曲第9番「新世界より」

2020年　3月21日金沢　オーケストラ・アンサンブル金沢
※来日中止（コロナ禍による入国制限のため）
ブリテン：セレナード
　　トビー・スペンス（T），ヨハネス・ヒンターホルツァー（Hr）
ブラームス：セレナード第2番

2021年7月　オーケストラ・アンサンブル金沢（ベートーヴェン交響曲全曲演奏会）

◎7月10日　金沢・石川県立音楽堂
ベートーヴェン：交響曲第1番，第3番
◎7月13日　金沢・石川県立音楽堂
ベートーヴェン：交響曲第2番，第8番
◎7月15日　金沢・石川県立音楽堂
ベートーヴェン：交響曲第6番，第5番

2021年10月　オーケストラ・アンサンブル金沢（ベートーヴェン交響曲全曲演奏会）

◎10月21日　金沢・石川県立音楽堂
ベートーヴェン：交響曲第４番，第７番
　　アンコール　交響曲第７番第２楽章

※コロナ禍により来日中止→指揮・鈴木雅明に変更
◎2022年３月５日
ベートーヴェン：交響曲第９番
　森谷真理（S），池田香織（MS），小堀勇介（T），大西宇宙（Br）

2023年６月　東京都交響楽団

◎６月25日　東京・東京芸術劇場
◎６月26日　東京・サントリーホール
ブルックナー：交響曲第５番（ノヴァーク版）

2024年３月　オーケストラ・アンサンブル金沢

◎３月15日　金沢・石川県立音楽堂
ベートーヴェン：交響曲第９番
　　ユリア・マリア・ダン（S），中島郁子（MS），小堀勇介（T），妻屋秀和（Bs）
　　合唱：東京混声合唱団
◎３月18日　東京・サントリーホール
ベートーヴェン：交響曲第６番，第５番

指揮者マルク・ミンコフスキ　全ディスコグラフィ

凡例

・○はCD，●はDVDおよびBlu-rayを示す。
・括弧内は〔録音年/発売年，レーベル〕を示す。▷以降は共演者（オーケストラおよび合唱団，ソリスト等）を示す。MdLは「レ・ミュジシャン・デュ・ルーヴル」の略。
・2024年3月時点の情報

ヨハン・セバスティアン・バッハ Johann Sebasitian Bach

○ヨハネ受難曲（1724年版）〔2014/2017, Erato〕
　▷MdL，オディニウス，イムラー，アナセン，ルイテン，ガルー，ハンセン，バルツァー，コンタルド，シュペーア

○ミサ曲ロ短調〔2008/2009, naïve〕
　▷MdL，クロウ，シュトゥッツマン，ティトット，ラン，レジネヴァ，スタスキーヴィッツ，ウェイ，バルザー

●マニフィカト（全曲）そのほか〔2012/2013, Bel Air〕
　チューリヒ・バレエ団公演　▷チューリヒ歌劇場「ラ・シンティッラ」管弦楽団

ベートーヴェン Beethoven

○〈ヴェルビエ音楽祭2014ベスト〉
『フィデリオ』序曲，「悪者よ，どこへ急ぐのだ？」〔2014/2015, Erato〕
　▷ヴェルビエ祝祭管弦楽団，ブリンベリ（S）

ベルリオーズ Berlioz

○幻想交響曲，エルミニー〔2002/2003, DG〕

▷ MdL＆マーラー室内管弦楽団，ルゲ（MS）

○**イタリアのハロルド，夏の夜，テューレの王のバラード**〔2011/2011, naïve〕

▷ MdL，タメスティ（Va），フォン・オッター（MS）

ビゼー Bizet

○**カルメン（抜粋），アルルの女組曲第１番・第２番**〔2007/2008, naïve〕

▷ MdL，リヨン歌劇場合唱団

ボワエルデュー Boieldieu

○**白衣の婦人**〔1996/1997, EMI〕

▷パリ管弦楽団アンサンブル，フランス放送合唱団，ブレイク，マシス，ドランシュ，フシェクール，ナウリ，ブリュネ

シャルパンティエ Charpentier

○**病は気から**〔1988/1990, Erato〕

▷ MdL，プルナール，ロランス，フェルドマン，ラゴン，ヴェルシェーヴ，ドゥレトレ，ビンディ，フシェクール

○**テ・デウム，夜，真夜中のミサ**〔1997/1997, Archiv〕

▷ MdL＆合唱団，マシス，コジェナー，ユシェ，ヘンケンス，スマイス，ビンディ

ディーチュ Dietsch

○**幽霊船**〔2013/2013, naïve〕

▷ MdL，エストニア・フィルハーモニー室内合唱団，ブラウン，マシューズ，リヒター，ラベク，カトラー，カレス

グルック Gluck

○**アルミード**〔1996/1999, Archiv〕

▷ MdL＆合唱団，ドランシュ，ワークマン，ポドレス，ビュロン，ポレガート，ナウリ，ヒーストン，マセ，コジェナー

○**トーリードのイフィジェニー**〔1999/2001, Archiv〕

▷ MdL＆合唱団，ドランシュ，ビュロン，キーンリサイド，ナウリ，クーザン

○**オルフェとユリディース（1774年版）**〔2002/2004, Archiv〕

▷ MdL＆合唱団，クロフト，ドランシュ，アルッソー

●**オーリードのイフィジェニー＆トーリードのイフィジェニー**〔2011/2013, Opus Arte〕

ネーデルランド・オペラ公演，オーディ演出　▷ MdL，ネーデルランド・オペラ合唱団，ジャンス，フォン・オッター，アレール，テステ，アントゥーン，ドランシュ，ラポワント，アルヴァロ，ビュロン

グノー Gounod

●**ミレイユ**〔2009/2011, FRA Musica〕

パリ・オペラ座公演，ジョエル演出　▷パリ・オペラ座管弦楽団＆合唱団，ムーラ，カストロノヴォ，フェラーリ，ヴェルヌ，ブリュネ，ジレ，ドロイ，シャヴァリエ，ブラヒム＝ジェルール

グレフ Greif

● **〈Olivier Greif/Les Incontournables〉**

死の舞踏〔2008/2013, Timpani〕

▷シンフォニア・ヴァルソヴィア

グレトリー Grétry

○**カイロの隊商**〔1991/1991, Ricercar〕

▷リチェルカールアカデミー，ナミュール室内合唱団，バスタン，ラゴン，フッテンロッハー，ド・メイ，ル・テクシエ，プルナール，ド・レイヘール

ヘンデル Handel

○**時と悟りの勝利**〔1988/1988, Erato〕

▷ MdL，プルナール，スミス，シュトゥッツマン，エルウェース

○**アマディージ**〔1989/1989, Erato〕

▷ MdL，スミス，ハリー，ベルタン，シュトゥッツマン，フィンク

○**テゼオ**〔1992/1992, Erato〕
▷ MdL，ジェームズ，ジョーンズ，グッディング，ナポリ，ラジン，ゴール，バゾラ
○**合奏協奏曲集 op. 3**〔1992/1994, Erato〕
○**復活**〔1995/1996, Archiv〕
▷ MdL，スミス，マシス，マグィレ，エインズリー，ナウリ
○**アリオダンテ**〔1997/1997, Archiv〕
▷ MdL，フォン·オッター，ローソン，ポドレス，カンジェミ，クロフト，セドフ，コアドゥ
○**メサイア**〔1997/2001, Archiv〕
▷ MdL＆合唱団，ドーソン，ヒーストン，ヘレカント，コジェナー，アサワ，エインズリー，スマイス，バナティーヌ·スコット
○**メサイア（抜粋「Le Messie」サントラ）**〔1997/1999, Archiv〕
▷ MdL＆合唱団，ドーソン，ヒーストン，ヘレカント，コジェナー，アサワ，エインズリー，スマイス，バナティーヌ·スコット
○**〈ラテン語モテット集 Dixit Dominus〉**
「たとえ暴虐の中に地は荒れ狂おうとも」HWV240，「主の僕たちよ，主をほめたたえよ」HWV237，「サルヴェ·レジーナ」HWV241，「主は言われた」HWV232〔1998/1999, Archiv〕
▷ MdL＆合唱団，マシス，コジェナー，フルゴーニ，ヘンケンス，マクリーン·メア，プジョル
○**〈イタリア語カンタータ集〉**
「あの運命の日」HWV. 99，「おお永遠の神々」HWV. 145，「炎の中で」HWV. 170〔1999/2000, Archiv〕
▷ MdL，コジェナー（MS）
○**ヘラクレス**〔2000/2002, Archiv〕
▷ MdL＆合唱団，フォン·オッター，サークス，クロフト，ドーソン，ダニエルズ，プジョル
○**ジュリオ·チェーザレ**〔2002/2003, Archiv〕
▷ MdL，ミヤノヴィッチ，コジェナー，フォン·オッター，ヘレカント，メータ，ユーイング，ベルタン，アンカオウア
○**水上の音楽，「ロドリーゴ」序曲**〔2010/2010, naïve〕
▷ MdL
○**アルチーナ**〔2023/2024, Pentatone〕
▷ MdL，コジェナー，モーリー，ボニタティブス，デション，ミュールバッハー，コンタルド，ローゼン

●映画「メサイア」〔2001/2001, TDK〕

ウィリアム・クライン監督　▷ MdL，ドーソン，ヒーストン，ヘレカント，コジェナー，アサワ，エインズリー，スマイス，バナティーヌ・スコット

●アルチーナ〔2010/2011, Arthaus〕

ウィーン国立歌劇場公演，ノーブル演出　▷ MdL，ハルテロス，カサロヴァ，ハンマーシュトローム，カンジェミ，ミュールバッハー，プラチェトカ

●メサイア（モーツァルト編曲版）〔2020/2020, C Major〕

ザルツブルク・モーツァルト週間公演，ウィルソン演出，フィルハーモニア・クワイア・ウィーン　▷ MdL，ツァラゴワ，レームクール，クロフト，コカ・ロサ

ハイドン Haydn

○ロンドン交響曲集（全12曲），交響曲第93番～104番〔2009/2009, naïve〕

▷ MdL

リュリ Lully

○ファエトン〔1993/1994, Erato〕

▷ MdL，クルーク，スミス，ジャンス，ナウリ，ヤカール，フッテンロッハー，フシェクール，テルエル

○アシとガラテー（アシスとガラテア）〔1996/1998, Archiv〕

▷ MdL＆合唱団，ジャンス，フシェクール，ナウリ，クルーク，ドランシュ，フェリックス，マセ

○リュリ＝モリエール：コメディ＝バレ名場面集〔1987/1988, Erato〕

▷ MdL，プルナール，メロン，ラゴン，ヴェルシェーヴ，ドゥレトレ，ラプレニー，カントス

マレー Marais

○アルシオーヌ〔1990/1990, Erato〕

▷ MdL，スミス，ラゴン，フッテンロッハー，ル・テクシエ，ドゥレトレ，フシェクール

マスネ Massenet

●ドン・キショット〔2010/2012, naïve〕
ブリュッセル・モネ劇場公演，ペリー演出　▷モネ交響楽団＆合唱団，ヴァン・ダム，トロ・サンタフェ，ヴァン・メヘレン，モセ，メルクス，ヴァン・デア・リンデン，デルーム，ヴィリエ

メユール Mehul

○交響曲第１番，第２番〔1989/1990, Erato〕
▷ MdL

マイアベーア Meyerbeer

○悪魔のロベール〔2021/2022, Bru Zane〕
▷ボルドー＝アキテーヌ国立管弦楽団，ボルドー国立歌劇場合唱団，オズボーン，クルジャル，エドリス，モーリー，ダルマナン，アリソン，ガルシア

モンドンヴィル Mondonville

○ティトンとオロール（暁の女神）〔1991/1991, Erato〕
▷ MdL，フランソワーズ・エール声楽アンサンブル，フシェクール，ナポリ，スミス，フッテンロッハー，モノイオス

○６つのソナタ作品３〔1996/1998, Archiv〕
▷ MdL

モニューシコ Moniuszko

○「ハルカ」序曲，３幕の前奏曲，高地の踊り〔2008/2009, Sinfonia Varsovia（限定版）〕
シンフォニア・ヴァルソヴィア25周年記念 CD 第12巻　▷シンフォニア・ヴァルソヴィア

モンテヴェルディ Monteverdi

●ポッペアの戴冠〔2000/2005, Bel Air〕
エクサンプロヴァンス音楽祭公演，グリューバー演出　▷MdL，ドランシュ，フォン·オッター，ブリュネ，セドフ，フシェクール，ヘレカント，ヒーストン

ムレ Mouret

○ラゴンドの恋（または村の夜なべ）〔1991/1992, Erato〕
▷MdL，ヴェルシェーヴ，フシェクール，マラン＝ドゴール，ラゴン，ビンディ，セール

モーツァルト Mozart

○交響曲第40番，第41番，イドメネオよりバレエ音楽〔2005/2006, Archiv〕
▷MdL

○ミサ曲ハ短調〔2018/2019, PentaTone〕
▷MdL，ラビン，ブレ，ド·バルベイラック，パツケ

○ポントの王ミトリダーテ〔2020/2021, EMI〕
▷MdL，スパイアーズ，ドゥヴィエル，フックス，ドライジグ，ベノス·ディアン，ビニャーニ·レスカ，デュボワ

○ドン·ジョヴァンニ管楽合奏版（トリーベンゼー編曲）〔1989/1990, Erato〕

●後宮からの誘拐〔1997/1997, Image Entertainment〕
ザルツブルク音楽祭公演，サレム演出　▷MdL，ザルツブルク·モーツァルテウム管，ウィーン国立歌劇場合唱団，シェーファー，グローヴズ，ティラウィ，ハヴラタ，コンラッド

●後宮からの誘拐〔2003/2007, Bel Air〕
エクサンプロヴァンス音楽祭公演，デシャン＆マケイエフ演出　▷MdL，ヨーロッパ合唱アカデミー，ハルテリウス，レジェ，クリンク，フェリックス，スミレック，モシュキン＝ガラム

●ポントの王ミトリダーテ〔2006/2006, Decca〕
ザルツブルク音楽祭公演，クレーマー演出　▷MdL，クロフト，メータ，パーション，オル，ボーリン，リー，ベルタン

●悔い改めるダヴィデ，「魔笛」より僧侶の行進，フリーメイソンのための葬送音楽，アダージョとフーガ〔2015/2015, C Major〕

ザルツブルク・モーツァルト週間公演，バルタバス＆ヴェルサイユ馬術アカデミー　▷MdL，ザルツブルク・バッハ合唱団，カルク，クレバッサ，ドゥ・バルベイラック

●**ピアノ協奏曲第23番，ヴァイオリン協奏曲第5番，シューベルト交響曲第5番第4楽章**〔2015/2016, C Major〕

ザルツブルク・モーツァルト週間公演　▷MdL，コルティ（Fp），ノアリ（Vn）

●**ルーチョ・シッラ**〔2015/2017, C Major〕

ミラノ・スカラ座公演，ピンコスキ演出　▷ミラノ・スカラ座管弦楽団＆合唱団，スパイサー，ルイテン，クレバッサ，カルナ，セメンツァート

●**レクイエム（ランドン版），ミゼレーレ，アヴェ・ヴェルム・コルプス，ヘンデル「シオンの道は悲しみ」**〔2017/2017, C Major〕

ザルツブルク・モーツァルト週間公演，バルタバス＆ヴェルサイユ馬術アカデミー　▷MdL，ザルツブルク・バッハ合唱団，キューマイヤー，クールマン，ベーア，デカイザー

オッフェンバック Offenbach

○**地獄のオルフェ（天国と地獄）**〔1997/1998, EMI〕

▷リヨン歌劇場管＆合唱団，グルノーブル室内管，ドゥセ，ジャンス，ポドレス，ナウリ，ビュロン，フシェクール，プティボン，スミス

○**美しきエレーヌ**〔2000/2001, Virgin〕

▷MdL＆合唱団，ロット，ビュロン，セネシャル，ル・ルー，ナウリ，トドロヴィッチ，ドゥストラック，レジェ，ユシェ

○**〈フォン・オッター，オッフェンバックを歌う〉アリア集**〔2001/2002, DG〕

▷MdL，フォン・オッター（MS）／ラゴン，レジェ，ナウリ，アンリ，ケック，グラプロン，ドゥストラック

○**ジェロルスタン女大公殿下**〔2004/2005, Virgin〕

▷MdL＆合唱団，ロット，ピオー，ビュロン，ル・ルー，ユシェ，ルゲリネル，グラッペ，ガブリエル，スタスキーヴィッツ，ルゲ，グラプロン

○**〈オッフェンバック・ロマンティーク〉チェロ協奏曲「軍隊風」，地獄のオルフェ，ラインの妖精，月世界旅行**〔2006/2006, DG〕

▷ MdL, ペルノー（Vc）

○**ラ・ペリコール**〔2018/2019, Bru Zane〕

▷ MdL, ボルドー国立歌劇場合唱団, エクストレモ, ドゥ・バルベイラック, デュアメル, ユシェ, モイヨン, ド・イス, パラダイエ, ドレイ, パスチュロー, ルヴィオ, ビリニャーニ・レスカ

●**地獄のオルフェ（天国と地獄）**〔1997/1997, TDK〕

リヨン歌劇場公演, ペリー演出　▷リヨン歌劇場管＆合唱団, グルノーブル室内管, ドゥセ, ジャンス, ポドレス, ナウリ, ビュロン, フシェクール, プティボン, スミス

●**美しきエレーヌ**〔2000/2000, TDK〕

シャトレ座公演, ペリー演出, ▷ MdL＆合唱団, ロット, ビュロン, セネシャル, ル・ルー, ナウリ, トドロヴィッチ, ドゥストラック, レジェ, ユシェ

●**オッフェンバック・ガラ**〔2001/2002, TDK〕

シャトレ座公演　▷ MdL＆合唱団, フォン・オッター, ドゥストラック, ラゴン, レジェ, ナウリ, ルラン（合唱指揮）

●**ジェロルスタン女大公殿下**〔2004/2004, Virgin〕

シャトレ座公演, ペリー演出　▷ MdL＆合唱団, ロット, ピオー, ビュロン, ル・ルー, ユシェ, ルゲリネル, グラッペ, ガブリエル, スタスキーヴィッツ, ルゲ, グラプロン

プーランク Poulenc

○**スターバト・マーテル**〔2016/2021, BBC Music Magazine〕

雑誌付録　▷ BBC 交響楽団, BBC シンガーズ, フックス（S）

ラモー Rameau

○**演奏会用組曲「愛の驚き」**〔1987/1990, Erato〕

▷ MdL

○**プラテー**〔1988/1990, Erato〕

▷ MdL, ラゴン, スミス, ド・メイ, ル・テクシエ, ロランス, ドゥレトレ, ジャンス, ヴェルシェーヴ, ドゥ・コロビアク, ソソン

○**イポリートとアリシー**〔1994/1995, Archiv〕

▷ MdL, サジタリウス声楽アンサンブル, ジャンス, フシェクール, フィンク, スミス, ナウリ, フェイガン

○**アナクレオン，忠実な羊飼い**〔1995/1996, Archiv〕
▷ MdL，マシス，ジャンス，フェリックス
○**「イポリートとアリシー」組曲**〔1995/1998, ORF〕
ORF EDITION ALTE MUSIK，メルク修道院国際バロック週間ライブ
▷ MdL
○**ダルダニュス**〔1998/2000, Archiv〕
▷ MdL，エインズリー，ジャンス，ナウリ，ドランシュ，スミス，マセ，コジェナー
○**サンフォニー・イマジネール（空想の管弦楽曲）**〔2003/2005, Archiv〕
▷ MdL
○**ヌーヴェル・サンフォニー（新しい管弦楽の響き）**〔2021/2022, Chateau de Versailles Spectacles〕
▷ MdL，サンペ（Br）
●**プラテー**〔2002/2003, TDK〕
パリ・オペラ座公演，ペリー演出　▷ MdL＆合唱団，アグニュー，ドランシュ，ビュロン，ナウリ，ル・テクシエ，ガバイユ，ランプレヒト，ラグエリネル
●**プラテー**〔2022/2024, Bel Air〕
パリ・オペラ座公演，ペリー演出　▷ MdL＆パリ・オペラ座合唱団，ブラウンリー，フックス，テトジェン，モイヨン，ディ・ピエロ，ヴィダル，ファン・メヘレン，ブナズ，ビニャーニ・レスカ

ルベル Rebel

○**四大元素，さまざまな舞踏，リュリ氏のトンボー**〔1992/1993, Erato〕
▷ MdL

ロッシーニ Rossini

○**幸せな間違い**〔1996/1997, Erato〕
▷ル・コンセール・デ・テュイルリー，マシス，ヒメネス，ギルフリー，スパニョーリ，レガッツォ
○**〈アリア集〉**
アリア，「チェネレントラ」序曲〔2010/2011, naïve〕
▷シンフォニア・ヴァルソヴィア，レジネヴァ（S）
○**〈“FIGARO? SI!”〉**

アリア，二重唱，「セビリアの理髪師」序曲，「アルジェのイタリア女」序曲〔2021/2022, Alpha〕
▷ボルドー・アキテーヌ国立管弦楽団，サンペ（Br）／デエ，ディ・ピエロ，デュブリュク

シューベルト Schubert

○**交響曲全集**〔2012/2012, naïve〕
▷ MdL

ストラデッラ Stradella

○**洗礼者聖ヨハネ**〔1991/1992, Erato〕
▷ MdL，ボット，レーヌ，フッテンロッハー，バッティ，エドガー＝ウィルソン

ヨハン・シュトラウスII世 Johan Strauss II

●**こうもり**〔2001/2003, Arthaus〕
ザルツブルク音楽祭公演，ノイエンフェルス演出　▷ザルツブルク・モーツァルテウム管，ホンベルガー，ハドレー，ドランシュ，モス，デュージング，ベーア，ハルテリウス，クリンク

ヴェルディ Verdi

●**トロヴァトーレ**〔2012/2014, Bel Air〕
ブリュッセル・モネ劇場公演，チェルニャコフ演出　▷モネ交響楽団＆合唱団，ディディク，ポプラフスカヤ，ヘンドリックス，ブリュネ＝グルッポーソ，フルラネット

ワーグナー Wagner

○**さまよえるオランダ人（初稿版）**〔2013/2013, naïve〕
▷ MdL，エストニア・フィルハーモニー室内合唱団／ニキティン，ブリンベリ，カトラー，カレス，リヒター，シュナイダーマン
●**さまよえるオランダ人（初稿版）**〔2015/2016, Naxos〕

アン・デア・ヴィーン劇場公演，ピ演出　▷ MdL，アルノルト・シェーンベルク合唱団，ユン，ブリンベリ，ヴォルト，リヒター，ギュンター，ソルヴァング

コンピレーション・アルバム

○ **〈フランス・カンタータ集〉**
コラン・デ・ブラモン：ディドン／クレランボー：太陽よ雲の勝利者よ／シュトゥック：エラクリトとデモクリト〔1995/1996, Archiv〕
▷ MdL，スミス，ドランシュ，フェリックス
○ **コジェナー〈フランス・オペラ・アリア集〉**
オーベール，ベルリオーズ，ボワエルデュー，グノー，マスネ，オッフェンバック，ラヴェル，トマ，ヴェルディの作品〔2002/2003, DG〕
▷マーラー室内管弦楽団，コジェナー（MS）
○ **〈禁じられたオペラ〉　A. スカルラッティ，カルダーラ，ヘンデルの作品**〔2004/2005, Decca〕
▷ MdL，バルトリ（MS）
○ **〈聖セシリアのために〉**
パーセル：聖セシリアの祝日のためのオード「万歳，輝かしいセシリア」／ヘンデル：聖セシリアの祝日のための頌歌／ハイドン：チェチーリアミサ〔2009/2009, naïve〕
▷ MdL，クロウ，シュトゥッツマン，クロフト，ティトット，ダーリン
○ **〈"Oh, Boy!"〉**
グルック，モーツァルト，マイアベーア，オッフェンバック，トマ，グノー，マスネ，シャブリエの作品〔2016/2016, Erato〕
▷ザルツブルク・モーツァルテウム管，クレバッサ（MS）

その他，ドキュメンタリー映画

● **〈L'Opera Baroque Vol. 1〉**
リュリ：ファエトン（抜粋）上演ドキュメント〔1993, ECHO〕
1993年３月ジュニヴィリエ劇場公演の練習ドキュメント　▷スミス，ヤカール，クルーク，ナウリ
● **〈L'Opera Baroque Vol. 2〉**

パーセル：ディドとエネアス（抜粋）上演ドキュメント〔1991/1991, ECHO〕

1991年11月の上演準備ドキュメント　▷マーク·モリス舞踏団，デラ·ジョーンズ

● **〈Pelleas et Melisande, le chant des aveugles〉**
「ペレアスとメリザンド～盲人達の歌」ドキュメンタリー映画〔2007/2008, naïve〕

モスクワ·スタニスラフスキー·ネミロヴィチ＝ダンチェンコ劇場，フィリップ·ベジア監督，ピ演出　▷ブ，マラン·ドゴール，ル·ルー

● **『ミンコフスキ·サーガ Minkowski Saga』ドキュメンタリー映画**〔2013/2014，非売品，FILM〕

ラファエル·レヴァンドフスキ監督　モニューシコ，シマノフスキ，バツェヴィチ，グレツキの音楽使用

バソン奏者マルク・ミンコフスキ ディスコグラフィ

凡例

・括弧内は〔録音年，レーベル，ミンコスフキのクレジット〕を示す。▷以降は演奏家（指揮者，オーケストラおよび合唱団，共演者）を示す。

・2024年１月時点で判明している，ミンコフスキの名前がクレジット付で掲載されている録音のみ。他にも参加録音が存在すると思われる。

ヨハン・セバスティアン・バッハ Johann Sebasitian Bach

○**ヨハネ受難曲**〔1987, HMF, Basson Marc Minkowski〕

▷ヘレヴェッヘ指揮，シャペル・ロワイヤル，コレギウム・ヴォカーレ合唱団，クルーク，リカ，シュリック，パトリアス，ケンダル，コーイ

○**カンタータ BWV198哀悼頌歌，78**〔1988, HMF, Basson Marc Minkowski〕

▷ヘレヴェッヘ指揮，シャペル・ロワイヤル，シュミットヒューゼン，ブレット，クルーク，コーイ

○**ミサ曲ロ短調**〔1989, Virgin〕

▷ヘレヴェッヘ指揮，コレギウム・ヴォカーレ・ゲント，シュリック，パトリアス，ブレット，クルーク，コーイ

○**バスのためのカンタータ BWV82，56，158**〔1991, HMF, Basson Marc Minkowski〕

▷ヘレヴェッヘ指揮，シャペル・ロワイヤル，コーイ（Bs）

ブルーンス Bruhns

○〈**Deutsche Barock Kammermusik（IV）**〉

カンタータ「人間ではありえない」〔1989, Ricercar, Basson Marc Minkowski〕

▷リチェルカール・コンソート，ド・レイゲール，ボウマン，ド・メイ，ヴァン・エグモンド／フェルナンデス，木村美穂子（Vn），ピエルロ，

上村かおり（Viole），インマー，プティ·ロラン（Tp），ツヴァイストラ（Vc），フォクルール（Org）

シャルパンティエ Charpentier

○**ミゼレーレ，モテット H372，346，434**〔1985, HMF, Basson Marc Minkowski〕
▷ヘレヴェッヘ指揮，シャペル·ロワイヤル，メロン，プルナール，ルドロワ，ケンドール，コーイ

○**ダヴィドとジョナタス**〔1988, HMF, Basson Marc Minkowski〕
▷クリスティ指揮，レザール·フロリサン，レーヌ，ザネッティ，ガルデイル

フォンタナ Fontana

○**12のソナタ**〔1988, Accord, Barockfagott Marc Minkowski〕
▷クレメンチッチ指揮，クレメンチッチ·コンソート，カニアック（Cor），ヒロ·クロサキ（Vn），クレメンチッチ（Fl）

フックス Fux

○**月桂樹になったダフネ**〔1990, Nuova Era, Fagotto Barocco Marc Minkowski〕
▷クレメンチッチ指揮，クレメンチッチ·コンソート，アンサンブル·ヴォーカル·ラ·カペラ／ファン·デル·スルイス，アカールンド，レーヌ，ピッコロ，クリートマン

ヘンデル Handel

○**フルートソナタ第 5 番ト長調 op. 1，ソナタ第 9 番変ロ長調**〔1991, Ricercar, Basson Marc Minkowski〕
▷リチェルカール·コンソート　ビュッケルス（Ft），マルフェイト（Theob），ピエルロ（Vg），ペンソン（Clav&Org）

ハイドン Haydn

○**協奏交響曲 Hob. I:105/Op. 84**〔1988, BMG, Bassoon Marc Minkowski〕
▷スピヴァコフ指揮，モスクワ·ヴィルトーゾ室内管，ミルマン（Vc），

ウトキン（Ob），スピヴァコフ（Vn）

カイザー Keiser

○**クロイソス**〔1990, Nuova Era, Fagotto Barocco Marc Minkowski〕
▷クレメンチッチ指揮，クレメンチッチ・コンソート，アンサンブル・ヴォーカル・ラ・カペラ，クリートマン，水口聡，グリゴロヴァ，ファン・デル・スルイス，マーティン，タッカー，アカールンド，ベネット，ターグラー，ミルデンホール

レーヴェ Löwe

○**〈Deutsche Barock Kammermusik（II）〉**
カプリッチョ・プリモ，セコンド〔1989, Ricercar, Basson Marc Minkowski〕
▷リチェルカール・コンソート，インマー，プティ・ロラン（Tp），コーネン（Org）

リュリ Lully

○**アティス**〔1987, HMF, Basson Marc Minkowski〕
▷クリスティ指揮，レザール・フロリサン，ド・メイ，ロランス，メロン，ガルディユ，ボナ，スメナーズ，ラゴン，フシェクール，ドゥレトレ，マツェイェフスキ

モンテヴェルディ Monteverdi

○**聖母マリアの夕べの祈り**〔1987, HMF, Fagott Marc Minkowski〕
▷ヘレヴェッヘ指揮，シャペル・ロワイヤル，レ・サックブーティエ・トゥルーズ，コレギウム・ヴォカーレ合唱団，メロン，ロランス，ダラス，クルーク，ケンドール，オベイルヌ，コーイ，トーマス

モーツァルト Mozart

○**ピアノ協奏曲21番（2，3楽章），22～27番**〔1991, Channel Classics, Bassoon Marc Minkowski〕
▷インマゼール，アニマ・エテルナ，インマゼール（Fp）

ロセッティ Rosetti

○〈Harmonie und Janitscharenmusik〉
パルティータ ヘ長調（1785）〔1988, Accent, Bassoon solo Marc Minkowski〕
▷パウル・ドンブレヒト指揮，オクトフォロス

シュッツ Schütz

○**シンフォニエ・サクレ Op. 6**〔1986, Erato, Bassoon Marc Minkowski〕
▷レ・サックブーティエ・トゥルーズ，ディエッチ，ベラミ，ロランス，ゼプフェル，エルウィス，ド・メイ，ファブル＝ガル

テレマン Telemann

○〈Doppelkonzerte und Suite mit Blockflöte〉
リコーダー，ファゴット，弦楽と通奏低音のための協奏曲ヘ長調〔1988, Ricercar, Basson Marc Minkowski〕
▷リチェルカール・コンソート，ド・ロース（bf），ピエルロ（vg），フェルナンデス，木村美穂子（Vn）

ヴィヴァルディ Vivaldi

○〈Cantate Italiane e Sonate〉
カンタータ RV684，674，683，677，ソナタ Op. 2–3〔1986, Adda, Bassoon Marc Minkowski〕
▷イル・セミナリオ・ムジカーレ，レーヌ（CT），ビオンディ（Vn）

○**モテット RV633，スターバト・マーテル RV621，ミゼレーレの導入歌 RV638，ニシドミヌス RV601**〔1988, Harmonic Records, Bassoon Marc Minkowski〕
▷イル・セミナリオ・ムジカーレ，レーヌ（CT）

○**オリンピーアデ**〔1990, Nuova Era, Fagotto Barocco Marc Minkowski〕
▷クレメンチッチ指揮，クレメンチッチ・コンソート，アンサンブル・ヴォーカル・ラ・カペラ，シュルツェ，メーウヴゼン，フォン・マグヌス，ファン・デル・スルス，レーヌ，クリストフェリス，オーベルホルツァー

コンピレーション・アルバム

○**〈18世紀パリの礼拝堂の少年合唱〉**
シャルパンティエ，デュ・モン，ド・ヴィゼー，ボエセ「クリスマス小カンタータ他少年合唱曲集」〔1988, SM, Bassoon Marc Minkowski〕
▷パトリック・マルコ，ユーゴ・レーヌ指揮，国立パリ少年合唱団，サンフォニー・デュ・マレ，ゲヴェルス，キプファー（Vn），レーヌ（Fl& Ob），マルク（Fl），モロー（Ob），プミール（Clav），マンドラン（Org），モンテイエ（Theob）〕

○**〈Deutsche Barock Kammermusik（VI）〉**
葬送カンタータ：テレマン「ダニエルよ行け」／ボクスベルク：「家を整えておきなさい」〔1990, Ricercar, Basson Marc Minkowski〕
▷リチェルカール・コンソート，ド・レイゲール，ボウマン，ド・メイ，ヴァン・エグモンド，フェルナンデス，木村美穂子（Vn），ピエルロ，ワティヨン（Vg），ディールティンス（Vc），デ・ルース（Fl a bec），レーヌ（Ob），マト（Cb），ルプラント（Org）

○**ヴィヴァルディ：ヴィオラダモーレ，２本のコルノダカッチャ，２本のオーボエのための協奏曲／シュテルツェル：オーボエ，ヴァイオリン，コルノダカッチャと通奏低音のためのソナタ／グラウン：ホルン，オーボエダモーレ，バソンのためのトリオ／ファッシュ：４声のソナタ**〔1988, Ricercar, Basson Marc Minkowski〕
▷リチェルカール・コンソート，モーリー，フェロン（Hr），フェルナンデス（Vn），ポンセル，北里孝浩（Ob），マト（Cb），ペンソン（Clav）

訳者

岡本和子（おかもと・かずこ）

オーストリア社会・文化史研究、通訳・翻訳家。４才〜８才までフランス（パリ）、８才〜高校卒業までオーストリア（ウィーン）で育つ。ウィーンの独仏バイリンガル・スクール卒、仏バカロレア取得後帰国。慶応義塾大学美学美術史学科（音楽学）卒、東京大学大学院ドイツ語独文学科修士課程終了。NHK 衛星放送独・仏ニュースの同時通訳のほか、クラシック音楽番組・雑誌のインタビュアー、エッセイスト、プロデューサーとしても活躍。CD 解説文の翻訳、歌曲やオペラの翻訳・字幕多数てがける。慶応義塾大学、上智大学（非）講師。著訳書（共著を含む）：『ドイツ統一までの365日』（NHK 出版）、『ウィーン・オペラ』（リブロポート出版）、『ウィーン　芸術と社会1890–1920』（岩波書店）、『ドヴォルザーク』（音楽之友社）、『さすらい人ブレンデル』（音楽之友社）、『30日で話せるドイツ語会話』（ナツメグ出版）他。

日本版監修

森 浩一（もり・こういち）

1971年生まれ。東京大学法学部卒。在京テレビ局でディレクターを経て報道記者・デスクとして勤務。幼少期よりクラシック音楽に親しみ、大学時代はオーケストラでチェロを演奏。国内外の演奏会に多数通い、音楽業界の友人も多い。2002年以降、マルク・ミンコフスキの音楽に魅せられ世界各地の公演に足を運ぶ。

著者

マルク・ミンコフスキ　*Marc Minkowski*

1962年、フランス・パリ生まれ。バソン奏者として活躍しながら、徐々に指揮に転向。1982年にパリで古楽アンサンブル、レ・ミュジシャン・デュ・ルーヴルを創設。バロック・オペラを中心にした録音を次々とリリースし、一躍世界的脚光を浴びる。バロックからロマン派まで幅広いレパートリーを持つ、現在もっとも注目される指揮者のひとり。2016年から21年までボルドー国立歌劇場の総監督として指揮をするだけでなく劇場全体の運営を行う。2002年以来たびたび来日し、オーケストラ・アンサンブル金沢と東京都交響楽団を指揮。とくに前者は2018年から2022年まで芸術監督を務める。

編者

アントワーヌ・ブレ　*Antoine Boulay*

企業家であり、元大臣付参謀兼顧問、銀行家、エコノミスト。長年音楽に傾倒し、マルク・ミンコフスキが創設したレ・ミュジシャン・デュ・ルーヴルの副代表を務める。2015年から2023年までフランスで最も著名な声楽アンサンブル「Ensemble Aedes」（マチュー・ロマノ指揮）の代表、その他の音楽団体の役員も務める。またブルゴーニュ地方のスミュール・アン・ノーソワでフランス音楽のための音楽祭「オーヴェルチュール！」を創設した。文化・芸術への貢献が認められフランス芸術文化勲章「シュヴァリエ」を受章。

マルク・ミンコフスキ
ある指揮者の告解

2024年３月20日　第１刷発行

著　　者――――マルク・ミンコフスキ
編　　者――――アントワーヌ・ブレ
訳　　者――――岡本和子
日本版監修――――森　浩一
発 行 者――――小林公二
発 行 所――――株式会社 春秋社
〒101-0021東京都千代田区外神田2-18-6
電話03-3255-9611
振替00180-6-24861
https://www.shunjusha.co.jp/
印　　刷――――株式会社 太平印刷社
製　　本――――ナショナル製本 協同組合
装　　幀――――芦澤泰偉

ISBN 978-4-393-93611-5　C0073
定価はカバー等に表示してあります。

M・ティール　小田山豊［訳］
マリス・ヤンソンス
すべては音楽のために

世界的に活躍した指揮者マリス・ヤンソンス。オスロ・フィル、コンセルトヘボウ管、バイエルン放送響のシェフとして、精緻で魅力あふれる音楽づくりに邁進した指揮者の生涯が綴られる。

3630円

A・シフ　岡田安樹浩［訳］
静寂から音楽が生まれる

ピアニスト、アンドラーシュ・シフのインタビュー&エッセイ集。円熟した偉大な芸術家の素顔と、音楽への深い洞察が、ユーモアやウィットに富んだ繊細なタッチで紡がれる。

3300円

H・グリモー　横道朝子［訳］
幸せのレッスン

世界中のファンを魅了するピアニストが贈る、新たな目覚めの物語。スターとして慌ただしく飛び回る生活に疲れ果てた彼女は、自分を見つめ直し、魂の枯渇を癒すために旅に出る……。

2420円

チャールズ・バーニー　今井民子、森田義之［訳］
チャールズ・バーニー音楽見聞録
〈フランス・イタリア篇〉


一七七〇年にフランス・イタリア各地を巡り、音楽文化から社会風土までくまなく記録した英国人の旅行記。西洋音楽の実情とそのルーツをもとめた博覧強記の「グランド・ツアー」。

8800円

チャールズ・バーニー　小宮正安［訳］
チャールズ・バーニー音楽見聞録
〈ドイツ篇〉


一七七二年にウィーンやベルリンなどドイツ諸都市を巡り、類まれなる観察眼と洞察力で音楽文化の実情を活写。往時の宮廷音楽文化の息吹を今に伝える貴重なフィールドワークの結晶。

7700円

水谷彰良
美食家ロッシーニ
食通作曲家の愛した料理とワイン

「ロッシーニ風」料理の歴史と真実。手紙や逸話、カリカチュアからのぞく美食家ロッシーニの素顔と19世紀の食文化。ロッシーニ風ステーキはじめレシピ多数掲載。

2200円

▼価格は税込（10％）。